# EL PIZARRÓN DE GALLARDO

## ASÍ ARMÓ UN RIVER GANADOR

CHRISTIAN LEBLEBIDJIAN

El pizarrón de Gallardo / Christian Leblebidjian. -
LIBROFUTBOL.com, 2020.
288 páginas; 15,2 x 22,9cm.

ISBN 978-987-3979-05-7

1. Fútbol. I. Título.
CDD 796.334

**EL PIZARRÓN DE GALLARDO**
de Christian Leblebidjian



**Diseño de cubierta**: Luciano Medvetkin
**Diagramación interior**: Luciano Medvetkin
**Esquemas del interior:** Christian Leblebidjian
**Foto del autor:** © Christian Leblebidjian
**Fotos de portada:** © Gentileza Diario *La Nación*
**Fotos de interiores:** © Gentileza Diario *La Nación y Diego Haliasz* (Prensa River)

LIBROFUTBOL.com
Olga Cossettini 1112 - oficina 8F
Ciudad de Buenos Aires - Argentina
ediciones@librofutbol.com - whatsapp +54 9 11 2215 1982

Tercera edición, febrero 2020

ISBN: 978-987-3979-05-7

"El general que conoce a sus hombres sabe que el valiente puede atacar, el precavido defender y el sensato aconsejar y organizar. Ningún talento queda desperdiciado, porque da a cada uno la tarea que puede esperar de él y los retribuye con el reconocimiento de sus respectivas capacidades".

**Li Chuan**
*El arte de la guerra*

"Este equipo no solo va a quedar en la historia, sino también en la memoria del hincha de River. Sin grandes figuras, pero con un corazón enorme. Cuando pase el tiempo, los jugadores se van a dar cuenta de que consiguieron algo de muchísimo valor: no solo por ganar títulos, sino porque la gente se vio reflejada en este equipo".

**Marcelo Gallardo**

# ÍNDICE

# INTRODUCCIÓN

## EL GEN GALLARDO: LA SEMILLA QUE LE DIO FORMA AL FENÓMENO

Hubo una hora cero de Marcelo Gallardo en River, también el punto más alto de su éxito ganándole nada menos que la final de la Copa Libertadores a Boca en Madrid. Pero el punto de conexión entre sus primeros pasos como DT en Núñez y el reconocimiento que encontró cuatro años y medio después tiene varios sistemas tácticos, un sinfín de estrategias y una re-

novación (a veces lógica, a veces inevitable) que le fueron dando forma a la transformación: el gen Gallardo. Esa semilla estaba en su personalidad, pero al mismo tiempo fue creciendo dentro suyo en función de las necesidades que (veía) tenía River.

Pero, ¿cómo nació ese gen Gallardo, cuál fue el principal desafío que impulsó el Muñeco no bien asumió como DT de River a mediados de 2014? ¿Cuál fue el punto de conexión en los nueve títulos conseguidos? ¿Cuál fue el motor que le dio fuerza? ¿Qué fue lo que lo movilizó primero a él, para generar modificaciones y luego ser el entrenador millonario más reconocido? ¿Cómo le cambió la mentalidad a River?

Gallardo ya había empezado a definir su perfil como entrenador en Nacional de Uruguay, pero River no solo le significaba como reto regresar al club donde se formó, sino que encima heredaba un plantel que acababa de salir campeón con Ramón Díaz. ¿Y entonces? Más allá de eso y que sabía que el Monumental le iba a exigir ganar, desde ese momento ya Gallardo tenía en mente empezar a saldar "pagarés", en aportar su granito de arena para que River empiece a traspasar varias fronteras. El gen Gallardo nace de lo que el propio enganche había vivido en su época de jugador: no entendía, mientras jugaba, cómo varios equipos de los que él integró tenían nombres rutilantes y desplegaban un juego vistoso, ganaban con amplio margen en algunos casos el campeonato local y en forma sostenida, pero tropezaban en el ámbito internacional. "No lo sé... Por las experiencias personales que he tenido y basándome en el paso del tiempo, hay circunstancias que uno recuerda que podrían haber sido mejores. Esa década del 90 en la que a nosotros nos tocó ser un equipo muy representativo, a nivel local e internacional, nos quedamos cortos con los logros, podríamos haber ganado algo más. Había cualidades y capacidades, pero…", reflexionaba Gallardo. Entonces, ahí se explica porqué intentó generar en su ciclo un estilo de juego futbolístico propio pero que –al mismo tiempo– muestre desde lo mental un carácter fuerte y sólido que le permita alcanzar a River objetivos que en la época del Muñeco jugador le eran esquivos.

El Gallardo DT tenía que saldar deudas del Gallardo jugador. A partir de esas vivencias, a partir de empezar a buscar respuestas en qué le faltó a esos planteles que él integró para dar el salto de calidad, para generar un plus, empezó a edificar su ciclo. Y para eso entendió que los sistemas de juego, los nombres y las características para armar los equipos podía modificarse, pero no el carácter o la intensidad para buscar el protagonismo y los objetivos a mediano y largo plazo.

El Muñeco dice que no hubo ni habrá otro título como el conseguido ante Boca en la historia de River. "Es el mejor título de mi carrera. El mejor logro. Va a ser eterno. Gracias a los hinchas por sostenernos, por alentarnos, por el amor recibido todos estos años. Es una gran emoción lo que siento. Hace tres años, cuando ganamos la Copa Libertadores 2015, parecía mentira pero fue un sueño hecho realidad. Y les dije a los hinchas, de corazón, que agradecía el momento y que íbamos por más. ¿Se acuerdan? No solo fuimos por más, sino que ganamos la final más soñada del mundo, la que va a quedar en la eternidad".

Pero ni eso le impide ir por más. Por eso antes de arrancar el 2019 dijo que se verá el mismo "insoportable de siempre", el Gallardo que en 2015 quiso reinventarse tras ganar la Copa Sudamericana en 2014, el mismo que en 2016 buscó revalidar medallas tras conquistar la Libertadores en 2015, el mismo que en 2018 proyectó volver a la cima luego de quedarse con la Copa Argentina 2017 y masticando la bronca por la eliminación con Lanús en la semifinal de la Libertadores. "Siempre queda algo", repite. Y agrega: "El tema es sostenernos. ¿Ahora qué viene? Miro eso, prepararse para volver a empezar, no relajarnos, volver a repetir y sostenernos. Relajarse significaría empezar a perder".

Lo que lo impulsó fue eso. Armar un equipo que no solo juegue bien, sino que además logre –desde la personalidad y una mentalidad aguerrida– sobreponerse a las mayores adversidades. Y no perder nunca las ganas de ganar. Afirmarse en lo conseguido, pero mirar más allá, reinventarse. Desde la hora

cero hasta la final en Madrid, se apoyó en el factor distintivo de haberle dado a River un plus como DT, ese plus que sus equipos de jugador no lograban conseguir. El gen Gallardo: "Ganarle la final de la Copa Libertadores a tu eterno rival no estaba en los libros. Ahora sí".

# CAPÍTULO 1.
# EL CONTEXTO INICIAL, SUPERAR A UN CAMPEÓN

## EL DICCIONARIO DE GALLARDO

Desde lo global de su gestión en River, hay palabras y números que aparecen con resaltador en el diccionario de Gallardo: mentalidad ganadora, exigencia, liderazgo, capacidad de gestión, trabajo en equipo, competitividad, protagonismo con elaboración y finalización, darle sentido a la posesión, centrales bien lejos del arquero, intensidad, pressing, centros-gol, delanteros que defiendan, defensores que ataquen, mediocampistas con ida y vuelta, pelotas paradas preparadas, visión de juego, adaptación a los cambios, 4-3-1-2, 4-4-2, corazón, garra, rebeldía ante la adversidad, credibilidad, sacrificio, orden, agresividad, evolución. Cada palabra, cada concepto por separado no dice absolutamente nada. Son como piezas de un rompecabezas que solo empiezan a tener sentido cuando se las analiza globalmente, encadenadas desde la función que una característica lleva a la otra. Y así, al triunfo, que (en el orden alfabético) caería en la "z", como resultado de todo lo generado anteriormente.

Cada atributo, además, estuvo empujado por un gran deseo de ganar. Y un convencimiento que no se quedó en las arengas antes de los partidos decisivos, sino que tenía fundamentos tácticos, técnicos, estratégicos y físicos para dejarle a las ejecuciones individuales y colectivas el mayor porcentaje de incidencia

y, el menor, a la suerte, aunque también es necesaria en todo proceso positivo. Así construyó River triunfos históricos como ante Boca, tanto en la Copa Sudamericana 2014 como en la Copa Libertadores 2015, así tuvo sus respuestas de pico máximo de rendimiento en la revancha ante Cruzeiro, en el Mineirao. El deseo de ganar fue el motor que impulsó los desafíos. El primer paso que dio en la dirección del éxito. Pero, claro, nada hubiera sido posible sin un trabajo en equipo del cuerpo técnico, sin una planificación alcanzable acorde a las posibilidades de los jugadores con los que contaba.

Gallardo fue el primer millonario en ser campeón de la Copa Libertadores como jugador y como director técnico. "¿Mi principal virtud? Se me hace difícil... Me toca liderar un grupo de jugadores que son increíbles, que se esfuerzan y dedican para interpretar una idea. Y esa idea se desarrolla con mucho trabajo y exigencia. Ni bien llegué, River venía de ser campeón con Ramón Díaz y le dije al plantel: 'Yo les voy a exigir más porque creo que se puede llegar más lejos. Cuando nos tocó ganar la Sudamericana les dije lo mismo para afrontar la Libertadores, que era el gran objetivo de 2015'. Y ahora lo mismo. Si a fines de 2017 renové contrato por cuatro años con River es porque vislumbro objetivos y tengo la fuerza y motivación necesarias para lo que viene. Para que nos vaya bien, no debemos bajar la guardia. Porque fueron muy lindos los títulos obtenidos, pero yo siento que podemos ir por más".

# LA HORA CERO

Superar a un River campeón de Ramón Díaz. Ese era el reto que le esperaba a Marcelo Gallardo ni bien firmó su contrato con los dirigentes. Eso no le generó temor en su primera experiencia como entrenador en el fútbol argentino. Al contrario. Para él fue un desafío en busca de la evolución. Lo primero que hizo fue un rápido análisis en cuanto al plantel que recibía y de qué forma lo podía potenciar, con un condicionante a tener en cuenta: la economía del club no iba a posibilitar incorporaciones de renombre. La salida del técnico más ganador en la historia millonaria le podía generar cierta incertidumbre, pero él buscó una solución para cada problema que se le podía presentar. Y fue, sin dudas, su equipo de mayor vuelo futbolístico, acompañado por una alta eficacia desde la elaboración, pero también en los dos arcos a la hora de atacar y defender. Pero todo tuvo un comienzo.

Los contextos siempre juegan su partido. Los dirigentes de River, quienes veían con mejores ojos un cambio de rumbo y la llegada de Gallardo como DT, seguro evaluaron un punto clave: a falta de dinero para incorporar en cantidad y calidad (sólo había llegado Leonardo Pisculichi y con un signo de inte-

rrogación), una variable para potenciar a un plantel que venía de salir campeón y sufría bajas era transformar en primeros refuerzos a aquellos futbolistas que regresaban de sus préstamos, más otros que formaban parte del club, pero que por ahí no eran tenidos en cuenta por el anterior entrenador.

Es así que, sin la salida de Ramón Díaz (y en función de sus gustos) difícilmente Carlos Sánchez, Rodrigo Mora y Leonardo Ponzio hubieran tenido el protagonismo que adquirieron. Ninguno de los tres entraba en la proyección del riojano para el segundo semestre de 2014. Sin embargo, una primera lectura positiva de Gallardo fue darles a ellos las mismas chances que al resto, no solo en el contexto de la imposibilidad para reforzar a gusto y *piacere*, sino además perdiendo en esos puestos a Carlos Carbonero (Cesena, de Italia), Cristian Ledesma (emigró a Argentinos) y Fernando Cavenaghi, baja por lesión. "En algún momento pensé que iba a dirigir a River, aunque no sabía que se me iba a dar tan rápido. Por suerte desde que arrancamos se fue dando todo, varias situaciones con objetivos cumplidos y otros por cumplirse todavía", señaló el entrenador cuando comenzó un balance de su gestión luego de estar más de un año en el cargo. Cuando arrancó todo era ilusión y expectativa. Tenía muchas ganas de ganar, claro. Pero ahí, la única certeza que Gallardo tenía era que el nuevo River estaba en marcha.

# CAPÍTULO 2.
# DESDE LOS CENTRALES AL MUNDIAL DE CLUBES

El primer anticipo de Jonathan Maidana sobre el francés André-Pierre Gignac en campo de Tigres fue a los 45 segundos. El calor pegaba fuerte en la primera final en Monterrey y se sabía que el desgaste sería un rival extra. No es un detalle aislado, ya que el gen del ciclo Gallardo, el ADN de un estilo ganador, se fue formando desde los centrales hacia delante, sobre todo a partir de Jonathan Maidana y Ramiro Funes Mori,

pero también desde Germán Pezzella, Eder Alvarez Balanta y Emanuel Mammana a medida que les tocó ingresar. Porque, independientemente de quienes jugaran, todos sabían cuál era el plan a cumplir. Y eso significaba marcar territorio, no retroceder, hacerles sentir el rigor a cuanto delantero rival se les opusiera. Ellos sabían que debían respaldar los avances ofensivos con un movimiento tan simple como complejo al mismo tiempo: marcar en ataque.

Es cierto que durante la gestión de Gallardo hubo varios puntos altos que se fueron turnando para acaparar los elogios y los flashes. Al principio fue Leonardo Pisculichi, luego Rodrigo Mora y Carlos Sánchez, más tarde Leonardo Ponzio y Matías Kranevitter. Incluso Marcelo Barovero tuvo algunas fallas de esas que pueden detener los corazones de los más fanáticos, pero también salvadas que quedarán en la retina de todos por lo determinantes y novelescas, algo así como soluciones ante problemas de casi imposible acción inmediata. Hasta se dijo, en la previa del desquite en el Monumental por la segunda final de la Copa Libertadores 2015, que River podría llegar a sentir más la baja de Gabriel Mercado que las de Rodrigo Mora y Tabaré Viudez, lesionados. Sin embargo, las piedras fundacionales (y fundamentales) del River de Gallardo que hizo historia fueron los centrales Maidana y Funes Mori.

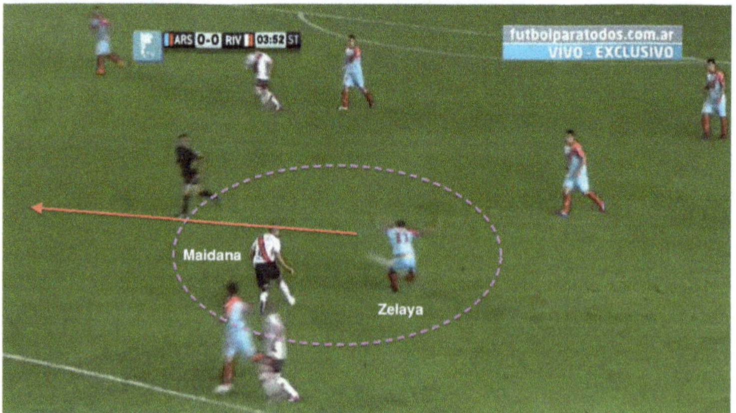


El equipo fue mutando de acuerdo a sus necesidades, bajas, ventas, lesiones, suspensiones. Incluso el entrenador admitió modificaciones en el sistema táctico y en la elección de los nombres según los contextos por los bajos rendimientos, ya sea para variar la estructura en algunos partidos como visitante (Copa Sudamericana) o para buscar caminos alternativos en las elecciones directamente de forma más pragmática de manera global (Copa Libertadores).

Los centrales siempre dieron un plus de confianza y determinación. Incluso no jugando del todo bien, como algunos partidos de Mammana como lateral derecho. Pero Gallardo se la jugó por los centrales como laterales derechos cuando la empresa era compleja, cuando se trataba de partidos decisivos que obligaban a jugar también con el corazón y el fervor, no sólo desde la técnica individual o el rendimiento físico. Por eso en la primera final de la Sudamericana 2014 ante Atlético Nacional, en Medellín, la línea de fondo formó con Mammana, Pezzella, Funes Mori y Vangioni.

Se dijo: el equipo sufrió alteraciones en el medio del camino hacia las distintas consagraciones, pero si hubo algo que nunca se modificó fue la responsabilidad de los centrales. La mayoría de las veces jugando con mucha presencia y en gran nivel, pero -cuando hubo pifias o errores groseros-, ahí apareció la mano del DT para respaldarlos y marcarles a todos que el camino comenzaba en ellos. River se lanzó a la aventura a partir de ellos. De los centrales a Japón. Así fue el viaje al éxito y la confirmación para seguir ganando. Porque en el fútbol puede ser fácil llegar a conquistar un campeonato o dar una vuelta olímpica, pero lo más complejo es confirmar, repetir dando pasos que rubrican que lo obtenido no fue producto de la casualidad, sino del respaldo y el trabajo en equipo de un grupo que, desde su líder, siempre tuvo las ideas claras.

Gallardo es un entrenador que tiene en cuenta el rival a la hora de planificar un partido, pero sin perder lo que considera la esencia del equipo. "River puede tomar recaudos, pensar los partidos en función del adversario y nuestras posibilidades; analizar nuestros puntos a favor y en qué debemos corregir cosas, pero no quiero que nos metamos en situaciones que desconocemos, como sería pararnos 30 metros más atrás y jugar casi en nuestra área. Eso sería ilógico", explica confirmando la regla.

## EL MOVIMIENTO DE LOS CENTRALES VS. TIGRES (IDA)

● = la ubicación de dónde tomó contacto con la pelota **Funes Mori**.
▲ = la ubicación de dónde tomó contacto con la pelota **Maidana.**

Ataque de River

***Maidana***

***Funes Mori***

## EL MOVIMIENTO DE LOS CENTRALES VS. TIGRES (VUELTA)

● = la ubicación de dónde tomó contacto con la pelota **Funes Mori**.
▲ = la ubicación de dónde tomó contacto con la pelota **Maidana**.

Ataque de River

***Maidana***

***Funes Mori***

# MAIDANA, UN LÍDER SILENCIOSO

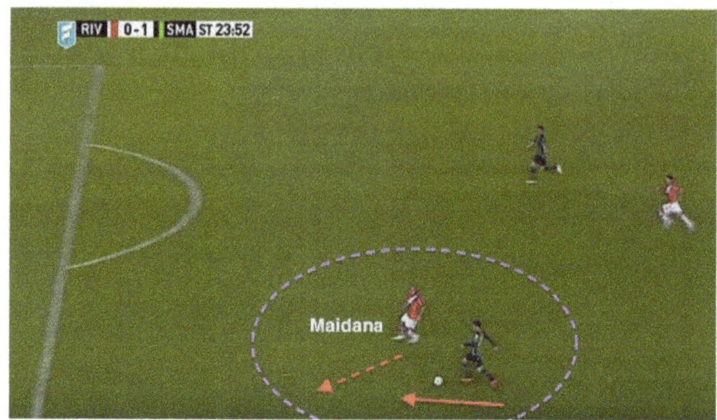


En los últimos años, Jonathan Maidana consiguió más títulos internacionales en River que en Boca (Recopa 2006 y 2008, más la Libertadores 2007). No pudo estar en la final de la Copa Sudamericana de 2014 por una lesión, pero se tomó revancha en la Libertadores 2015 con asistencia perfecta en el torneo y un gol clave en la histórica goleada a Cruzeiro (3-0) en Belo Horizonte, por los cuartos de final. Antes también había ganado la Recopa ante San Lorenzo. Junto a Nicolás Bertolo tienen la exclusiva sensación de haberse coronado campeón de América con los dos clubes más populares del fútbol argentino. Maidana fue uno de los pilares del River de Gallardo, una de las piezas importantes en la columna vertebral. Sobre todo en la Libertadores, sacó a relucir el manual del zaguero: anticipos con la pelota a ras del piso o desde el juego aéreo; *timing* para cruzar a la espalda del lateral o para cubrir a su compañero Funes Mori; también presencia en el área de enfrente en las jugadas de pelota parada, como en el golazo que le marcó de cabeza a Cruzeiro tras un córner desde la izquierda de Rojas (fue el 2-0), en un momento clave del encuentro, cuando estaba por finalizar el primer tiempo. Hizo un solo gol en la Copa, pero su mayor aporte en las jugadas de los tiros libres frontales a favor fue cómo ganó en los envíos pasados. No solía picar allí para definir en forma directa él, pero es quien bajaba o cruzaba las pelotas hacia adentro, uno de los que activaba las segundas jugadas.

Asistencia de Maidana para Alario para ganar la Recopa 2016 vs. Independiente Santa Fé.

Si bien supo controlar a Jonathan Calleri y Daniel Osvaldo mientras duró la serie con Boca por la Libertadores, sus cruces más recordados fueron ante Gignac y Sobis, por las finales. Tras la ida en Monterrey, Maidana dio una muestra del plus que entregaba el actual plantel de River en estos partidos: "La batalla psicológica al final la ganamos nosotros. Por cómo declararon en la semana, los jugadores de Tigres estaban confiados en hacer dos o tres goles. No fue de esa manera, se la hicimos difícil y ahora sí, de locales, intentaremos ser protagonistas y dejar todo, porque estamos a noventa minutos de algo histórico. Es por lo que luchamos desde que comenzó esto". Y sobre los duelos con Gignac y Sobis agregó: "Uno siempre juega de la misma manera, sin faltarle el respeto al rival, ni nada. Simplemente, trato de no darles espacios a los delanteros y más a ellos, que son jugadores importantes, que desequilibran. Durante los cruces se hablan cosas, pero quedan en la cancha, al menos en lo que a mí respecta".

A Maidana no se lo recuerda por declaraciones grandilocuentes ni por salvar un gol en la línea. Su trabajo es más silencioso pero regular, constante en el tiempo. Hace lo correcto, casi siempre decide bien. Y sea cual fuere su compañero de zaga, se entiende con él para llevar adelante el plan de Gallardo, de que los centrales presionen lo más lejos posible del arco de Barovero.

Y por eso se los ve anticipar a los puntas rivales casi a la altura del círculo central con mucha naturalidad.

Maidana elogia a la defensa como uno de los pilares del ciclo Gallardo: "Hace bastante que veníamos jugado juntos y nos conocemos. Y más allá del cambio de nombres, tratamos de afianzarnos cada vez más, en cada entrenamiento, en cada partido. Uno sale a cruzar y sabe que por detrás tiene un compañero que lo respalda. O que puede fallar en un anticipo, pero después todos nos matamos para compensar ese error. En los mano a mano con los rivales, en las llaves ida y vuelta de los torneos internacionales, el equipo siempre respondió, y a la hora de defender, los once nos dimos una mano para hacer bien las cosas. Nosotros somos los primeros eslabones de la estructura, pero la solidez que se vio es por el trabajo de todos".

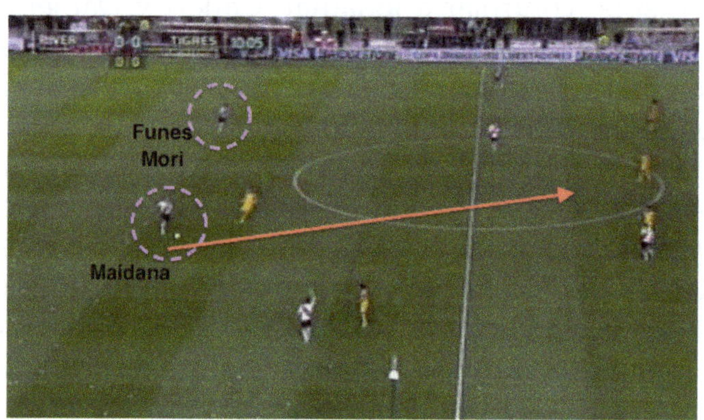


## RAMIRO, EL VALOR DE LA AUTOESTIMA

Ramiro Funes Mori llegó con edad de 5ª división a River desde Mendoza y como mediocampista central. Pero enseguida lo reubicaron más atrás. "En River nos probamos con mi hermano. Yo entré jugando de volante central, de número cinco. Pero había muchos cinco y Baliño, el DT en aquel entonces, me recomendó que pasara a jugar como central, que probara ahí, más atrás, por mi buen porte físico y mi altura. Por suerte no se equivocó...", recuerda hoy Funes Mori. Todavía estando en la B Nacional, su hermano Rogelio lo elogiaba y le veía un gran futuro: "Ramiro es un central completo. Marca, anticipa, gana de arriba en las dos áreas. Es fuerte. Encima es zurdo, otra cualidad que lo potencia, ya que la mayoría de los centrales son diestros". Después del regreso a primera, dijo que nunca había sentido tanta presión cómo en aquél recordado partido ante Almirante Brown (2-0), en el Monumental. Eso explica porqué, luego, dio tantas muestras de personalidad. Es que Funes Mori es un ejemplo de moral. De cómo un futbolista puede potenciar sus recursos y virtudes partiendo desde la base de la confianza y el perfeccionamiento, la dedicación para mejorar. Así fue un jugador que, alternando como central o lateral izquierdo, se transformó en un bastión fundamental, en un líder dentro de la estructura de Gallardo que hizo goles importantes y hasta sorprendió convirtiendo de tiro libre, como en el tanto que le anotó a Temperley (1-1). "En el entrenamiento del día anterior, estaba practicando y le dije: mirá que si mañana hay un tiro libre así, le tenés que pegar vos. Confiaba en él y la verdad es que hizo un gol extraordinario, pero también es cierto que no había muchos ejecutores...", bromeó el entrenador luego del partido por la 16ª fecha del torneo de primera división 2015. Estaba lesionado Pisculichi, Ariel Rojas y Carlos Sánchez fueron preservados y Ponzio con el Pity Martínez estaban en el banco de los suplentes.

El gol que hizo un click en su carrera fue el que le anotó a Boca, en la Bombonera, con un cabezazo ante la mala salida de Agustín Orion y le significó a River la victoria 2-1 sobre el final. Eso generó que Reinaldo Merlo hable maravillas de el Mellizo: "En el fútbol argentino faltaba un caudillo. Funes Mori habla, va, viene, cruza, hace goles en la cancha de Boca, es zurdo, va bien de arriba. Para mí le viene bárbaro al fútbol argentino. En su momento fueron Passarella y Ruggeri, ahora está Funes Mori", lo elogió Mostaza.

Una vez consolidado, nadie dudó por qué Gallardo lo eligió a él por encima de Eder Alvarez Balanta no bien asumió. Pero ¿qué fue lo que le vio el entrenador para jugársela con esa decisión? "Le vi una fortaleza física y anímica importante para disputar los mano a mano y estuvo convencido desde el primer momento de la idea que, desde lo táctico, pretendíamos llevar a cabo para el equipo".

Todo lo que se marcaba de él en relación a ser un jugador completo lo fue demostrando en los puntos oficiales. Y hasta incluso superó las proyecciones, ya que no solamente se destacó haciendo goles importantes, sino también agarrando la lanza y rompiendo líneas, cruzando a campo rival y aportando varias asistencias en el ciclo Gallardo. Incluso de varias formas. Con un centro largo al punto penal para el cabezazo de Germán Pezzella en el 1-1 ante Boca, en el clásico disputado bajo el diluvio en el Monumental, por el torneo Transición 2014; con un desborde y centro atrás para el 1-1 de Carlos Sánchez en Asunción, ante Libertad, por la Copa Sudamericana 2014, y en la vuelta de esa llave ante Libertad en Núñez, con un pase filtrado para la definición cruzada de Giovanni Simeone para el 2-0.

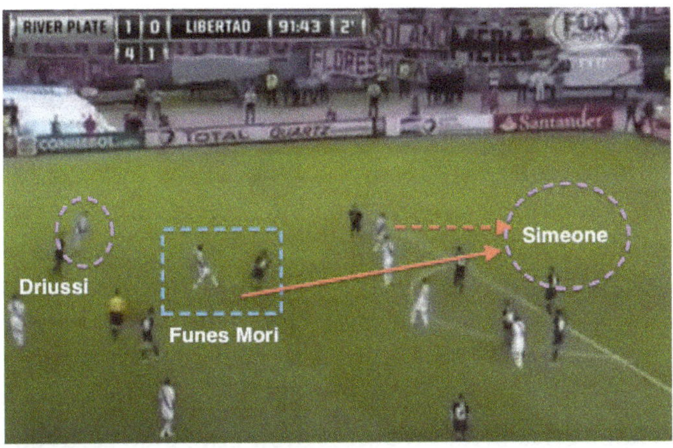

"Eso se da por la forma de jugar que tiene el equipo. River presiona alto y empezando por los delanteros, pero con nosotros, los centrales, respaldando las dos líneas más adelantadas del equipo. Esa jugada del gol de Gio fue así, presionamos alto y recuperamos con Driussi; Sebastián me la pasó y la punteé justo vertical para Gio", explicó Ramiro, que además aportó como característica los cambios de frente largos, sobre todo de izquierda a derecha para las proyecciones de Mercado o Carlos Sánchez.

Gallardo completa su concepto: "En esa posición tenía a dos jugadores de primer nivel. Funes Mori, durante todo el primer semestre, tuvo buenas y malas, era un jugador que no terminaba de ser confiable del todo, pero yo le veía un potencial para

estimular y para que sea lo que terminó siendo, un jugador de mucha importancia. Y le ganó la pulseada a Balanta, que es otro futbolista de una jerarquía enorme, pero que además tuvo problemas físicos que lo relegaron. Luego se le presentó a Eder la posibilidad de mostrar toda su valía. Estoy convencido que lo va a poder hacer, con la regularidad que le va a dar jugar más minutos".

Gerardo Martino, DT de la selección argentina, fue otro de los que puso sus ojos en Funes Mori: "Es difícil encontrar un central zurdo que mida 1,90m, que tenga juego aéreo; además inicia de zurda, cambia de frente de derecha, hace goles en un área, rechaza en la otra. En algún momento bajó el nivel, pero yo nunca tuve dudas con respecto a él. Lo tengo permanentemente presente. Más allá de no haberlo llevado a la Copa América, creo que es parte del futuro de la selección". El Tata dijo eso y lo convocó en la primera lista posterior al torneo de Chile.

Ramiro tiene un juego temperamental y vehemente, pero también hay veces que se excede en el rubro. Por eso fue expulsado en la revancha con San Lorenzo, por la Recopa Sudamericana; y estuvo al filo de la roja en los cruces con Boca. Sobre todo por la Copa Libertadores, en la ida en el Monumental, cuando pisó a Lodeiro y le fue después con una plancha a Pablo Pérez.

Una de sus mayores virtudes es su fortaleza anímica, cómo puede recuperarse de un error incluso dentro del mismo partido. Tuvo un par de fallas groseras, como la salida desde abajo en La Plata que finalizó en el gol de Diego Vera para Estudiantes, por la Copa Sudamericana 2014, o la pifia en el rechazo que terminó en gol de Miguel Borja para Olimpo, por el torneo Transición 2014. Así fue que sacó pecho luego del escándalo con Boca en la Bombonera, que derivó en la eliminación xeneize y el pasaje millonario para los cuartos de final de la Libertadores 2015: "Si jugábamos diez partidos más, igual no nos iban a ganar".

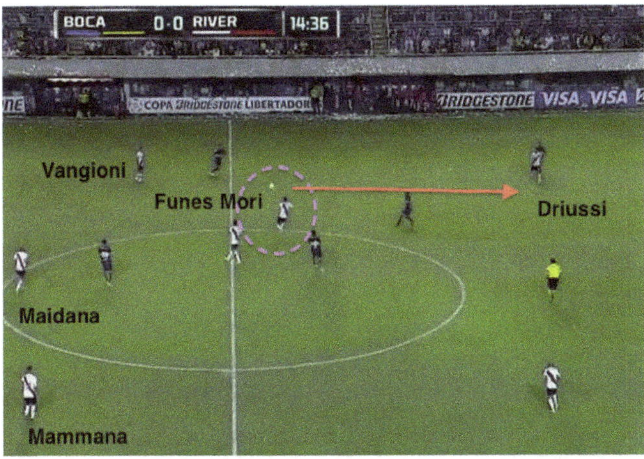


Funes Mori hizo goles importantes, como el de la final ante Tigres (para sellar el 3-0) en el Monumental, pero en la ida, en México, mostró la misma determinación. Como cuando, a diez minutos del final (y el 0-0 pasaba a ser negocio para River), anticipó en campo rival, agarró la lanza y terminó rematando de derecha desde afuera del área. El balón se fue lejos, pero era otra forma de mostrar autoridad en campo enemigo.

En la Sudamericana, le anotó a Estudiantes el 3-2 en Núñez tras un tiro libre lateral de Pisculichi desde la izquierda, en uno de los encuentros más emotivos. La fórmula "pegada de Pisculichi-gol de Funes Mori" se vio también por la Copa Argentina ante Liniers, tras un tiro libre lateral del zurdo desde la izquierda al punto penal que fue cabeceado por Ramiro al palo izquierdo del arquero.

En agosto de 2015, cuando Funes Mori fue vendido a Everton de Inglaterra en casi diez millones de euros, el defensor dijo: "Gallardo tuvo mucho que ver en todo esto, se lo he dicho: le voy a estar siempre agradecido por la confianza que me dio". Y para reafirmar la moral que siempre tuvo Ramiro, vale como ejemplo a lo que se animó cuando debutó en la Premier League. Jugó solo los últimos quince minutos por la lesión de Coleman. Pero en ese tiempo anticipó, cruzó a campo rival, se animó a gambetear e hizo amonestar rivales nada menos que ante el Chelsea de Mourinho en la victoria de su equipo 3-1.

## EL TERMÓMETRO DEL EQUIPO

**Más ejemplos en el ciclo Gallardo.** River salió desde el comienzo a tratar de anticipar lejos (y más como local). Por eso es que se los veía a Maidana (Pezzella) y Funes Mori tomando contacto con la pelota en zona 2. Esto se notaba más cuando el equipo jugaba en el Monumental. Ejemplo vs. Godoy Cruz, por Copa Sudamericana 2014; también ante Independiente, por el torneo de Transición. Ante Arsenal y Lanús el seguimiento fue jugando como visitante. A Funes Mori se le complicaba cuando fallaba en el anticipo: ahí estuvo al borde del penal (a Palacios se lo hizo).

### 1 vs. Godoy Cruz (Sudamericana)

● = la ubicación de dónde tomó contacto con la pelota Funes Mori.
▲ = la ubicación de dónde tomó contacto con la pelota Pezzella.

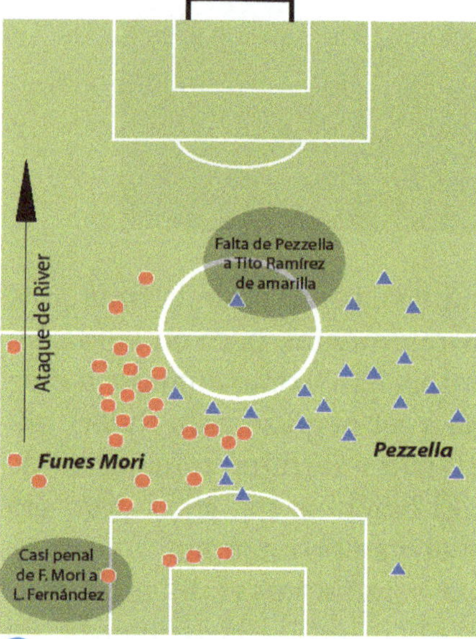

● = la ubicación de dónde tomó contacto con la pelota Funes Mori.
▲ = la ubicación de dónde tomó contacto con la pelota Maidana.

Ataque de River

Funes Mori

Maidana

### 3 vs. Arsenal (en Sarandí)

● = la ubicación de dónde tomó contacto con la pelota Funes Mori.
▲ = la ubicación de dónde tomó contacto con la pelota Maidana.

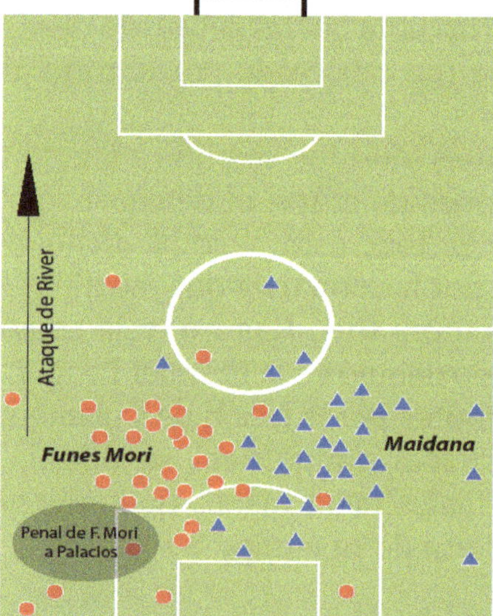


### Maidana en campo rival

**Anticipos ofensivos y proyecciones.** Dos ejemplos de Maidan yendo hasta campo rival: **1)** le robó a Acosta (Lanús), tocó con Teo y fue a buscar como wing (y eso que iban ST, 46m) y **2)** se mandó al ataque y remató desde afuera vs. Defensa (PT, 24m).

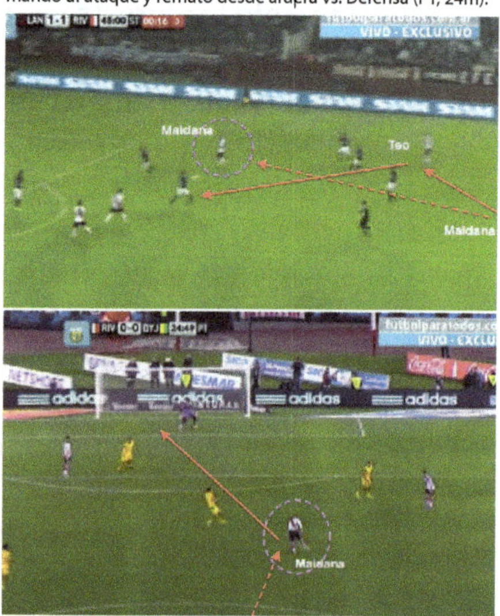

**Copa Libertadores 2015**

FRENTE A FRENTE

| Jonathan Maidana | | Ramiro Funes Mori |
|---|---|---|
| 14 | Partidos Jugados | 12 |
| 1215 | Minutos Jugados | 991 |
| 52,1 | Porcentaje de Duelos Ganados | 70,5 |
| 51,6 | Duelos Aéreos Ganados | 73,5 |
| 1 | Goles | 1 |
| 1 | Asistencias | 0 |
| 7 / 3 | Remates / al arco | 9 / 3 |
| 22 | Quites | 31 |
| 39 | Despejes dentro del área | 34 |
| 478 | Pases totales | 514 |
| 68 | Porcentaje de Eficacia en Pases | 70 |
| 7 | Faltas recibidas | 12 |
| 19 | Faltas cometidas | 16 |
| 3 / 0 | Amarillas / Rojas | 3 / 0 |

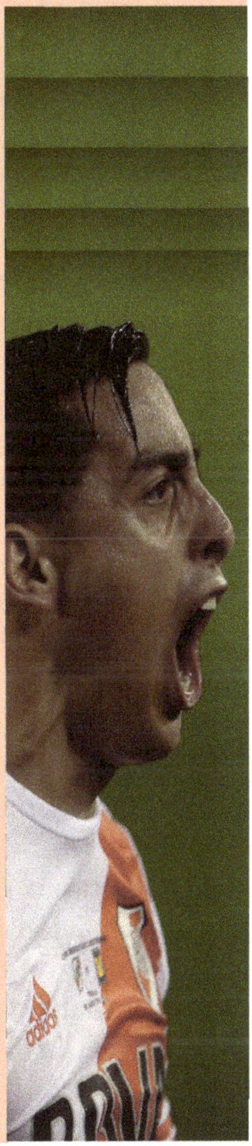

# BALANTA, EL MÁS OFENSIVO DE TODOS

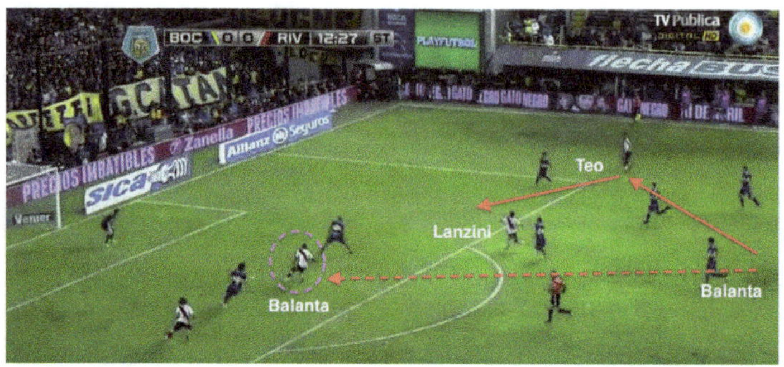


Eder Alvarez Balanta es un central con alma de Nº 9. Una de sus mayores capacidades no solo está en anticipar o recuperar, sino que además (como dice un gran entrenador como Oscar López) "el que anticipa se olvida lo que deja". El colombiano no solo tiene una gran fortaleza física para hacerle sentir el rigor a los delanteros rivales o para extirparles la pelota más limpia yendo al piso, cruzando abajo, sino que además se lanza decidido a campo rival y hasta genera una superioridad numérica en zona de volantes que (incluso hoy) muchos entrenadores piensan que solo los laterales pueden generar. Sin embargo, que los centrales corten y pasen, rompan líneas hacia delante con la posesión o con un pase filtrado vertical es otra forma de sorprender para generar un 5 vs. 4 o un 4 vs. 3 en campo rival.

Un ejemplo de su virtud se vio en el recordado triunfo de River a Boca en la Bombonera (2-1), por el torneo Final 2014, el mismo en donde Funes Mori terminó convirtiendo sobre el final. Pero el primer tanto de esa tarde, que anota Manuel Lanzini tras una habilitación de Teo Gutiérrez, es una jugada que arranca con un corte de Balanta en campo rival, él abre para el pique de su compatriota como wing derecho y el defensor sigue proyectándose, atacando en diagonal hacia el punto penal. Lanzini termina desequilibrando en forma individual dentro del área, pero Balanta (que había sorprendido con el anticipo ofensivo) siguió respaldando el avance y llegó como alternativa de descarga y, al mismo tiempo, de finalización. Impresionante. En ese partido, el entrenador todavía era Ramón Díaz. Pero sirve para destacar sus habilidades. Después, ya con Gallardo en el banco, también tuvo un par de incursiones en campo rival que le dieron crédito, aunque el Muñeco se la terminó jugando con Funes Mori como titular.

Balanta es otro de los tantos casos de un futbolista que comenzó como volante central y terminó jugando más retrasado. Sufrió lesiones y también circunstancias personales que le afectaron su rendimiento, pero es un defensor muy interesante que no sólo tiene fortaleza en los mano a mano y gana de arriba en las pelotas paradas en las dos áreas, sino que tiene un gran ímpetu y apariciones que levantan a la gente, que contagian hasta el compañero más desanimado. Incluso produce el efecto contrario en los puntas adversarios, ya que los domina con un goteo desgastante, jugada por jugada, presión por presión. Es cierto que pudo sufrir (y seguirá sufriendo) errores por desconcentración en algunos partidos, pero aún como suplente, las veces que Gallardo recurrió a él cumplió.

No solo está en su haber el gol anotado de cabeza ante Juan Aurich en Perú, por la Libertadores 2015, también tuvo una aparición similar a la marcada antes de los cruces con Boca, frente a Estudiantes, en La Plata, por la Copa Sudamericana 2014: la acción que finalizó, a los 33 minutos del segundo tiempo, con el gol en contra de Jonathan Schunke. ¿Por qué? En el estadio Ciudad de La Plata anticipó una pelota en campo rival y arrancó...; descargó con Teo Gutiérrez sobre la izquierda y fue a buscar la devolución; Teo siguió la apertura con Carlos Sánchez, que se proyectó y envió un centro-gol a la altura del vértice izquierdo y, tras el desvío, la pelota terminó dentro del arco de Hilario Navarro.

# EL TRABAJO INVISIBLE DE BALANTA EN EL GOL EN CONTRA DE SCHUNKE EN TRES PASOS

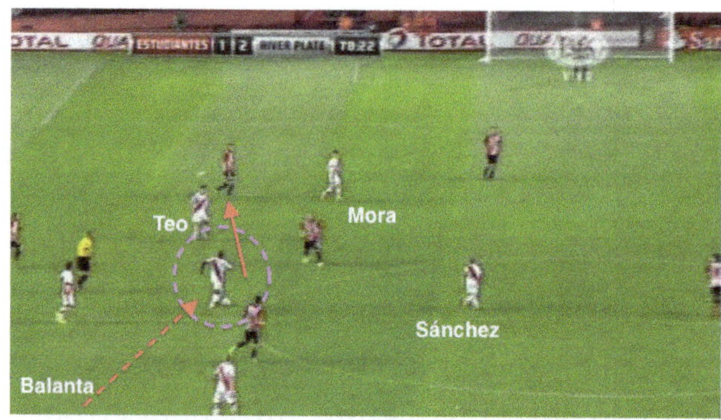


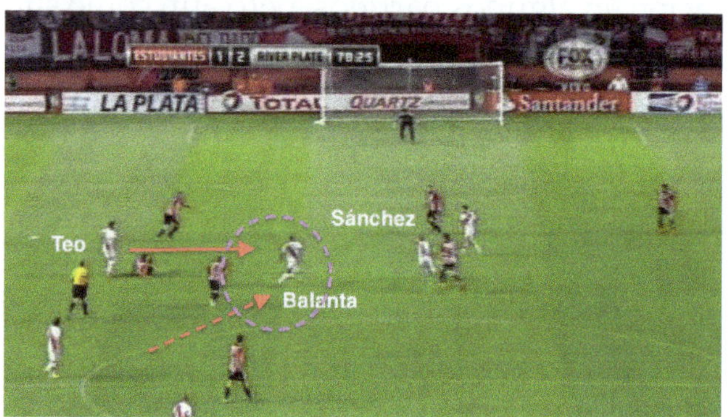


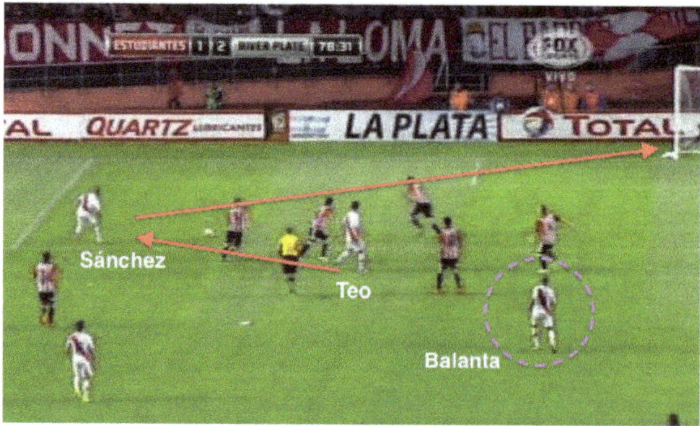

Balanta volvió a ser titular tras la venta de Funes Mori. Y como se ve en la imagen en el partido en La Plata, ante Estudiantes, por la 21ª fecha del Torneo de Primera División 2015, tiene por costumbre cortar y avanzar. Sin embargo, muchas veces no se desprendía a tiempo de la pelota, por lo que se terminaba limitando solo, porque los rivales lo corrían para presionarlo y marcarlo, y él se quedaba encerrado contra la raya y sin alternativa de descarga posible. Esa acción, puntualmente, terminó con el colombiano rodeado por Damonte, Mendoza y Cerutti, lanzando la pelota fuera del campo de juego.

A Balanta lo complicaron un par de lesiones, un desgarro y una fractura de tibia, pero también cuestiones personales que tuvieron que ver con una pelea con quien era su representante. Por eso, a partir de la venta de Funes Mori, Gallardo hizo hincapié en que si sostenía el rendimiento físico y anímico, no tendría problemas en consolidarse, desde lo futbolístico, como titular.

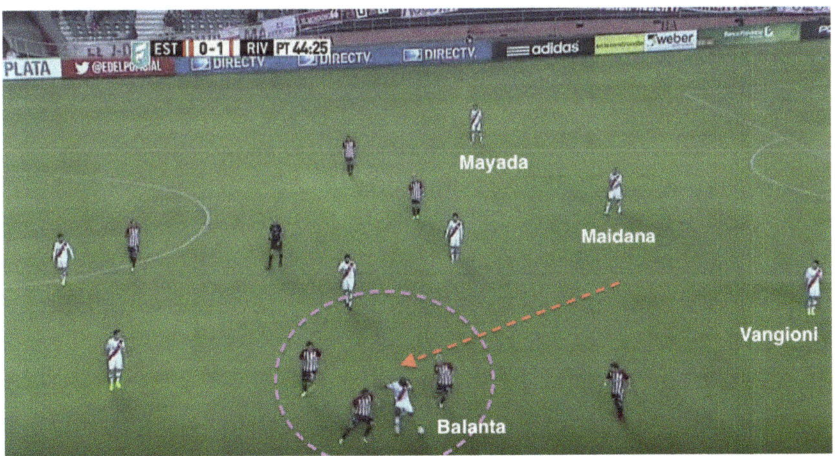

## LOS MOVIMIENTOS DE MAMMANA Y BALANTA VS. COLÓN, CON PARTICIPACIÓNEN CAMPO RIVAL

● = la ubicación de dónde tomó contacto con la pelota **Balanta.**

▲ = la ubicación de dónde tomó contacto con la pelota **Mammana.**

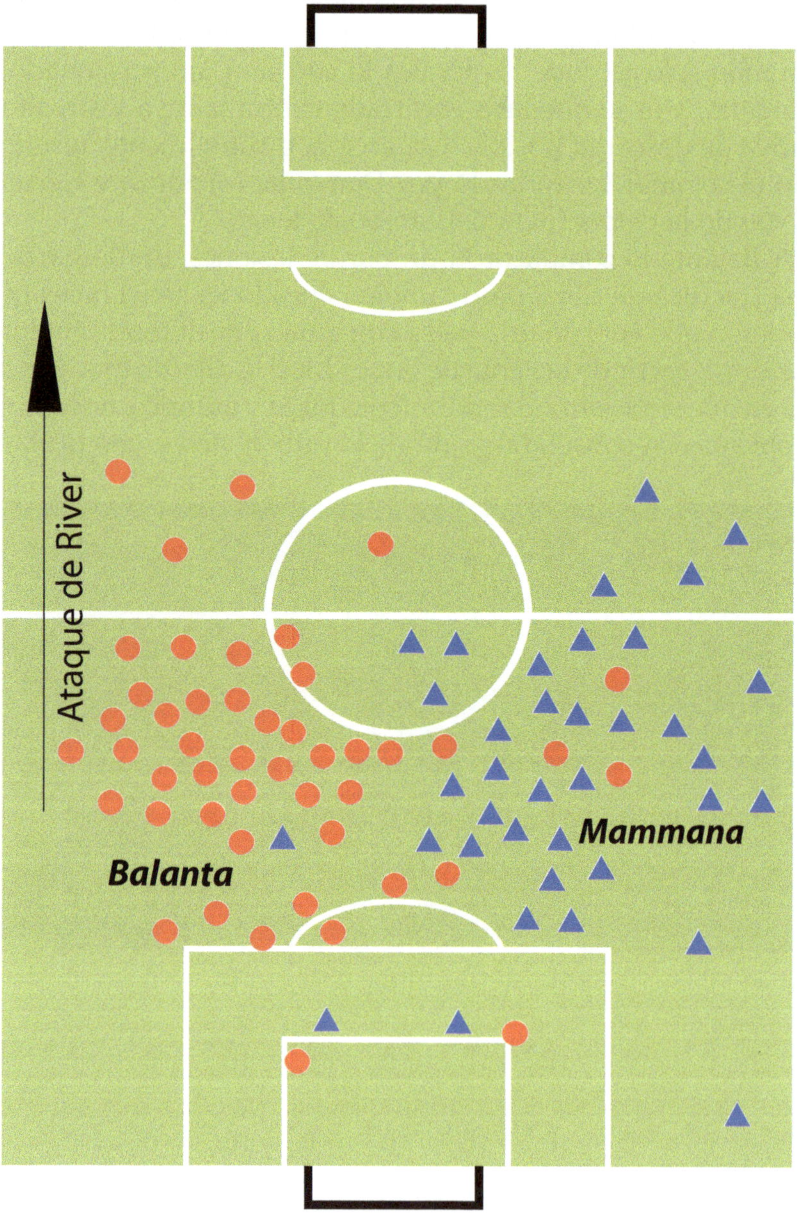

Ataque de River

***Mammana***

***Balanta***

# MAMMANA SIEMPRE CUMPLE

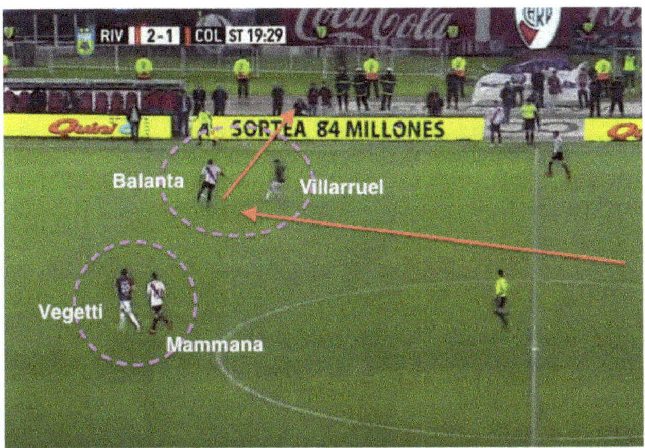


Emanuel Mammana comenzó a destacarse en el Sub 20 de Humberto Grondona, en el Sudamericano de Uruguay que consagró campeón al seleccionado juvenil argentino antes de dar, con continuidad, sus primeros pasos en la primera de River. Ya asomaba como una promesa, pero Gallardo lo empezó a tener en consideración después de mostrar personalidad y presencia en el Sub 20. El Muñeco ya le había dado pista como eventual reemplazante de Mercado como lateral derecho, pero resolvió, luego de la Copa América y ante un equipo alternativo ante Colón, ubicarlo en su puesto natural como central junto con Balanta (luego volverían a armar dupla ante Boca). Por la 18ª fecha del torneo de primera división y bajo el esquema 4-3-1-2, River salió a jugar en el Monumental con Chiarini; Carreras, Mammana, Balanta y Vega; Mayada, Guido Rodríguez y Driussi; Pity Martínez; Saviola y Cavenaghi. Como se puede observar en el gráfico de la canchita donde se les hizo el seguimiento, Mammana y Balanta mantuvieron, desde la estrategia, el plan habitual de Maidana y Funes Mori: estar atentos y marcar en ataque lo más lejos posible del arquero millonario. Por eso incluso anticiparon en forma ofensiva varias pelotas en campo adversario. Y fueron alternativa de cabezazo ofensivo ante cada pelota parada. Tanto Mammana como Balanta

podían cometer errores, pero también se animaban a defender mano a mano. Mostraron oficio y capacidad para el puesto.

Mammana estuvo un tiempo inactivo producto de dos desgarros que le hicieron perder terreno, pero regresó en la 23ª fecha ante Nueva Chicago (4-1), en Mataderos. Ingresó en el segundo tiempo por Ponzio y se ubicó como segundo central de Maidana, pasando Guido Rodríguez a su puesto natural de mediocampista y haciendo tándem con Lucho González.

Antes del último clásico con Boca, en donde se le abría una puerta a Mammana para jugar como primer central en el Monumental por la lesión de Maidana, Gallardo opinó: "Mammana es un jugador con una de las mejores proyecciones del fútbol argentino, con una técnica individual destacada y ya le tocó jugar este tipo de partidos. Balanta es un jugador que puede volver a demostrar la jerarquía que ya mostró y tiene la confianza nuestra y del público, que lo quiere mucho".

## PEZZELLA, UN SUPLENTE CONFIABLE

Germán Pezzella fue unos de los centrales que más veces ganó de arriba en las pelotas paradas. Cada vez que Gallardo lo necesitó, cumplió. Se muestra confiado en los mano a mano, se adaptó a ser alternativa de cambio y responder con regularidad sin que necesite mucha continuidad en el juego. Estaba por detrás de Maidana y Funes Mori, pero su ingreso no resintió la estructura. Incluso mostró la misma determinación que los titulares a la hora de jugar partidos complejos o finales. Su gol más recordado fue el que le anotó a Boca (1-1), por el torneo transición 2014, en donde entró a jugar de doble 9 ante la necesidad de revertir un resultado adverso y terminó consiguiendo la igualdad a puro empuje.

Aquella tarde ingresó por Carlos Sánchez y su entrada podría haberse pensado como una modificación defensiva, pero Pezzella fue arriba, junto con Mora, Teo Gutiérrez y Boyé: "Le dijimos que vaya y se ponga a jugar en el centro del área, que la pelota iba a llegar por ahí", contó Gallardo luego del partido en el Monumental, sonriendo porque le hizo caso a una idea de su ayudante Matías Biscay.

Antes de ser titular en la final de la Copa Sudamericana 2014 ante Atlético Nacional de Medellín, Gallardo opinó sobre Pezzella: "Maidana se resintió de la lesión y no va a poder estar en la final. Jugará Germán (Pezzella). Decidimos darle una semana más, venía mostrando muy buena evolución hasta el día de hoy. Más allá de que él quiera estar, la verdad es que sabe que si no está al ciento por ciento no es útil para el equipo. Germán es su reemplazante natural, lo supo hacer de buena manera y con buen nivel".

Justamente sus buenos rendimientos le posibilitaron un traspaso a Betis de España. Pero sobre todo su personalidad y liderazgo fueron las cualidades que cautivaron a Eduardo Macía: "Eduardo fue claro conmigo desde el primer momento. En mi puesto se necesita personalidad y capacidad de liderazgo porque tienes todo el equipo de frente", reconoció Pezzella qué fue lo que le pidió el DT no bien desembarcó en Europa. Ni más ni menos que lo que le pedía Gallardo.

## DÓNDE Y CÓMO NACIÓ LA JUGADA DE SU GOL A BOCA

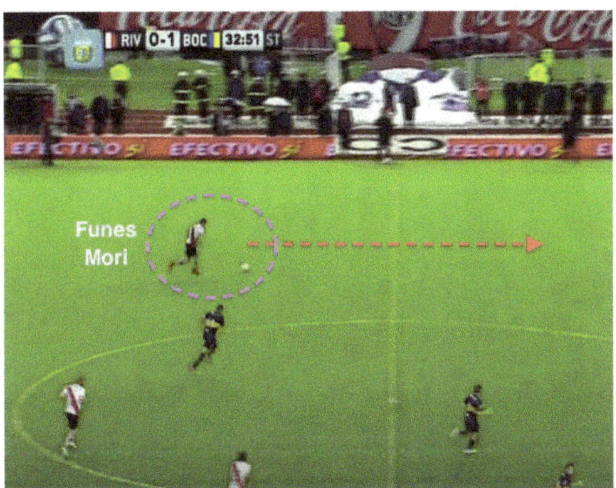


Ramiro tomó la pelota y cruzó a campo rival

Nadie lo bloqueó y siguió adelante

Funes Mori se animó y lanzó un centro largo

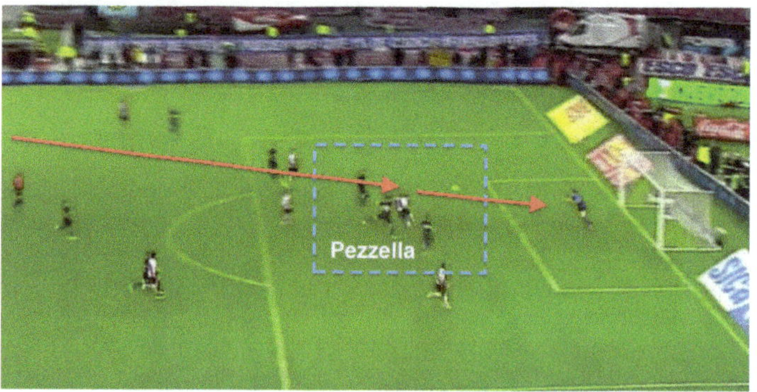


Pezzella terminó convirtiendo de rebote

## GUIDO RODRÍGUEZ, SEGÚN LOS CONTEXTOS

Ante la falta de Balanta y con Mammana todavía sin estar al ciento por ciento, Gallardo se la jugó con Guido Rodríguez como segundo central de Maidana por la 23ª fecha del torneo de Primera División 2015. Fue goleada 4-1 ante Chicago y, aunque River no jugó bien defensivamente, el mediocampista cumplió en la doble función. Como se podrá observar en los gráficos, ya sea jugando en la zaga como de doble 5, Guido Rodríguez mantuvo las consignas pedidas por el entrenador para los centrales. Salida desde el fondo y pararse lo más lejos posible de Barovero.

# El "doble partido" de Guido Rodríguez

**Arrancó como 2º central y luego pasó como mediocampista.** Frente a Nueva Chicago, en Mataderos (4-1) Gallardo debió suplantar a Balanta y Vangioni (desgarrado); para el primero eligió a Guido Rodríguez; para el segundo, a Vega.

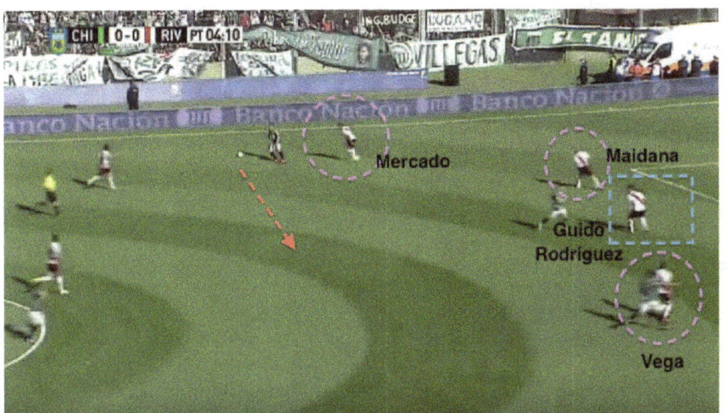


▶ **La metamorfosis.** En esta acción se lo ve a Guido Rodríguez en la línea de fondo, como 2º central de Maidana. Sin Balanta y con Mammana con poco ritmo futbolístico, Gallardo se la jugó con el alto mediocampista para que defienda en la zaga. En el ST, con el ingreso de Mammana, él se adelantó y fue doble 5 de Lucho González. Guido ya había jugado atrás, como defensor, en el verano, en un amistoso ante Nacional de Uruguay.

## vs. Nueva Chicago

**23ª fecha torneo 2015**

● = la ubicación de dónde tomó contacto con la pelota **como segundo central**.
▲ = la ubicación de dónde tomó contacto con la pelota **como volante**..
■ = quitó el balón y de allí nació la jugada del 3-1 de Alario.

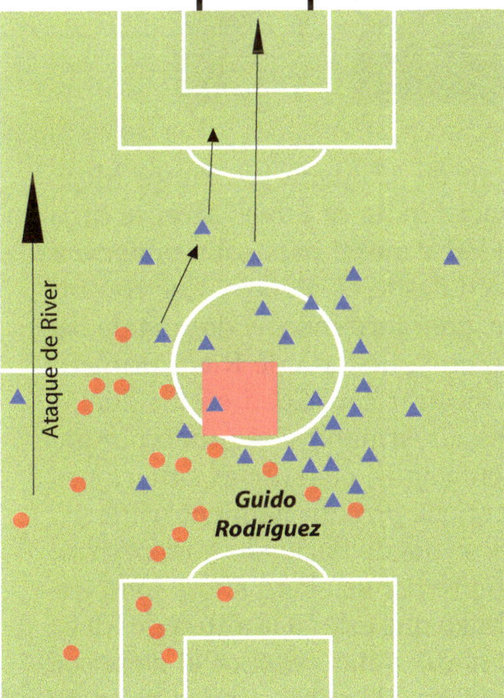

**toques de balón** completó Guido Rodríguez, de los cuales 59 fueron pases.

**84**

**porcentaje de eficacia** tuvo en las entregas, un partido correcto.

**1**

**Remate al arco.** Lo intentó en el segundo tiempo, ya jugando como volante. Un remate desde afuera.

**2**

**faltas cometió.** No fue un partido bueno de la defensa, pero él cumplió en líneas generales. Y recibió 1 infracción.

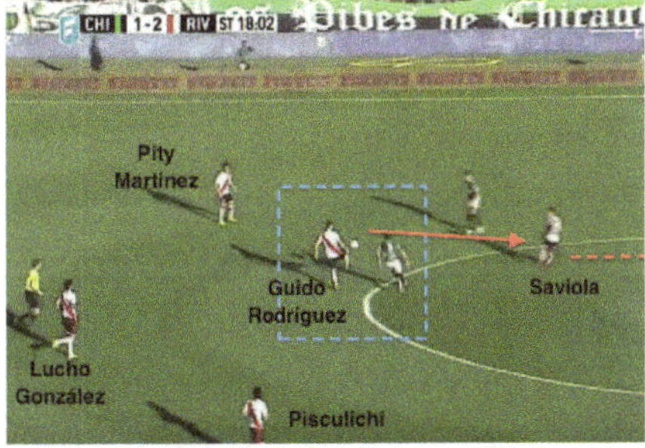


▶ **El nacimiento del 3-1 (ST, 18m):** Ya estaba Mammana en el fondo y él se adelantó; quitó en la mitad, jugó para Saviola y allí comenzó la contra para el 3-1 de Alario.

# PINOLA, UN GRAN SOCIO DE MAIDANA

Si el primer gran compañero de Maidana fue Funes Mori, el segundo socio ideal fue Javier Pinola. Si Funes Mori se hizo notar más desde su personalidad y moral para sobreponerse a la adversidad, Pinola se destacó desde el silencio. Revirtió un semestre que no fue favorable, pero terminó siendo una de las columnas vertebrales y quedó en la historia de River primero por saber defender bien, por mostrar capacidad en los duelos individuales (incluso bien lejos de Armani) y segundo porque también supo romper líneas en ataque, cuando las situaciones lo permitían. A los 36 años mantiene un entrenamiento diferencial. Después de cada práctica, se queda haciendo horas extras: "Soy de exigirme mucho, siempre fue así. Pero ahora también juega la edad y el momento. Tengo que estar a la altura de River y de los jugadores jóvenes en el día a día", explicó el defensor que incorporó esa metodología en Alemania, donde es ídolo

en Nuremberg (jugó más de 400 partidos) y hasta una tribuna lleva su nombre en el estadio Grundig Stadion.

Los centrales tuvieron un lugar destacado en las renovaciones que Gallardo fue buscando para River con el paso del tiempo, aunque hayan transitado por momentos de adaptaciones, lesiones, suspensiones o rendimientos irregulares. Porque la dupla Maidana-Martínez Quarta terminó festejando ante Central por la Copa Argentina 2016 y la pareja Maidana-Pinola en la edición 2017 frente a Atlético Tucumán y en las finales ante Boca de 2018, tanto en la Supercopa Argentina como en la Copa Libertadores.

El Muñeco no creyó que a Luciano Lollo, a quien se lo recomendaron por la personalidad del defensor, su voz de mando y fácil adaptación para jugar en un equipo grande, lo iban a condicionar tanto las lesiones. También tenía una gran consideración de Pinola, a quien había solicitado en varios mercados de pases. El zurdo arrancó de mayor a menor, pero luego se reposicionó. Y en el gol de Pity Martínez a Banfield, en el Monumental (en septiembre de 2017), podemos encontrar una muestra de lo que pretende Gallardo de los centrales: que sean agresivos desde los anticipos incluso en campo rival si se puede, y que ellos sean los punta de lanza de cada avance.

¿Por qué es tan importante contar con un defensor central que pueda ser el primer eslabón de un avance? Más allá de los sistemas y los estilos, una de las máximas variables a la hora de ganar un partido se consigue por la superioridad numérica, la búsqueda del "tercer hombre", la antesala de todo ataque respaldado. Y cuanto más se respalde un avance, cuantas más alternativas de pases tenga quien posee la pelota, más argumentos tendrá un equipo a la hora de definir una situación de riesgo.

En el torneo argentino, con la mayoría de los entrenadores jugando con línea de 4 en la defensa, la principal vía de búsqueda para generar esa superioridad numérica la intentan con la proyección de los laterales. River siempre juega con laterales que se lanzan a campo rival, que tienen características ofensivas. Incluso lo hacen al mismo tiempo. Los primeros en la era Gallardo fueron Mercado y Vangioni; en el partido detallado ante Banfield fueron Casco (que cambió al sector derecho)

y Saracchi, que se presentó por la izquierda. Pero al adversario se le agrega una preocupación extra cuando un anticipo ofensivo o un pase filtrado de un central no solo queda en la recuperación y el apoyo con el compañero más cercano, sino que además (por características y personalidad) está en condiciones de comandar un ataque, de sorprender y romper líneas, como hacía Pinola desde la época de Nuremberg (Alemania) y Rosario Central.

En la revancha frente a Lanús por la Libertadores 2017, los centrales no la pasaron bien frente al inquieto Sand, pero el fútbol tiene esas cosas. En la ida, en Núñez, Maidana, y sobre todo Pinola, habían doblegado tanto al Nº 9 granate -presionándolo bien lejos-, que casi lo hicieron jugar de lateral derecho.

# MAIDANA Y PINOLA EN LA FINAL VS. ATLÉTICO TUCUMÁN

| Maidana (90 min.) | Def |
|---|---|
| Evento | Tot |
| Tarjetas amarillas | - |
| Faltas cometidas | - |
| Recuperaciones | 2 |
| Juego aéreo | 10 |
| Anticipaciones | 1 |
| Pases largos buenos | 6 |
| Entradas | - |
| % de entradas con éxito | - |
| Recuperaciones/Faltas | - |
| Despejes | 3 |
| Despejes de cabeza | 2 |
| Goles | - |

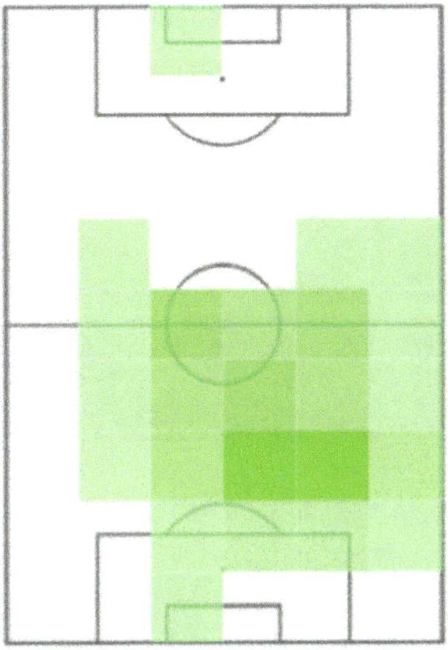

| Pinola (90 min.) | Def |
|---|---|
| Evento | Tot |
| Tarjetas amarillas | - |
| Faltas cometidas | 1 |
| Recuperaciones | 6 |
| Juego aéreo | 14 |
| Anticipaciones | 3 |
| Pases largos buenos | 1 |
| Entradas | - |
| % de entradas con éxito | - |
| Recuperaciones/Faltas | 6.00 |
| Despejes | 5 |
| Despejes de cabeza | 2 |
| Goles | - |

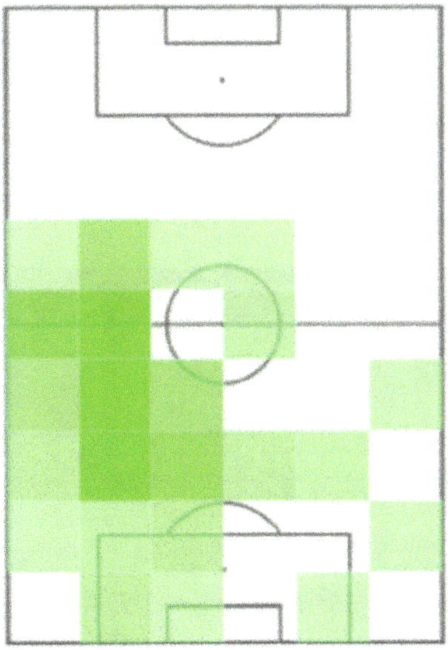

Fuente: Opta

# LA INFLUENCIA DE PINOLA EN EL GOL DE PITY MARTÍNEZ A BANFIELD (2017)

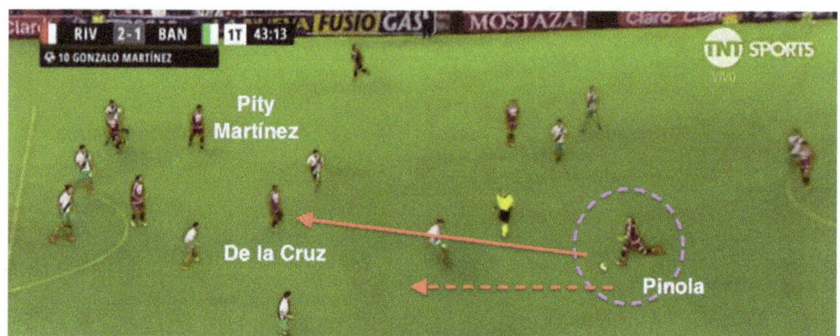

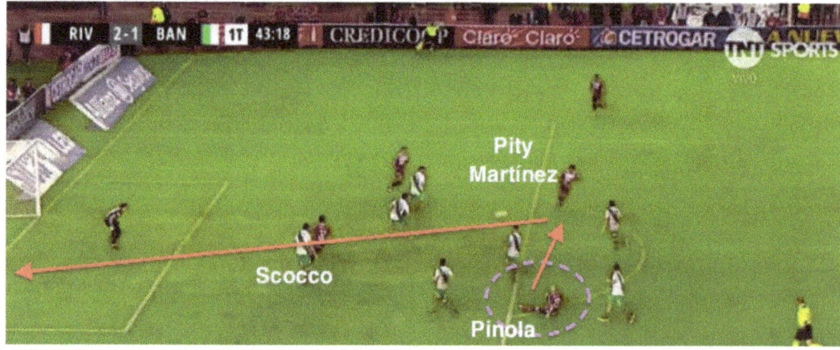

Un semestre anterior, cuando observó que Mina como central en línea de 4 no le daba muchas garantías, Gallardo probó una defensa con línea de 3. Por ejemplo, en enero de 2017, en un amistoso que River le ganó a Millonarios de Colombia 1-0, el equipo formó 3-4-1-2 con Batalla; Maidana, Martínez Quarta y Mina; Moreira, Ponzio, Nacho Fernández y Olivera; Pity Martínez; Driussi y Alario.

En la misma gira por los Estados Unidos, en el empate con San Pablo 0-0, volvió a repetir el esquema 3-4-1-2 hasta probando a Gonzalo Montiel como líbero y a Iván Rossi (ex Banfield) como central por la izquierda. El equipo alternativo formó con Bologna; Mina, Montiel y Rossi; Mayada, Domingo, Denis Rodríguez y Medina; Andrada; Mora y Alonso.

En esa misma jornada, hasta ensayó con Mina como líbero (hizo la modificación a los 28 minutos del primer tiempo) y corrió a Montiel sobre la derecha. En la segunda etapa, como Rossi no la estaba pasando bien y encima había recibido una amonestación por una falta sobre Nem en la puerta del área, volvió a la línea de 4 con Mayada, Montiel, Mina y Medina, mientras que Arzura (ingresó por Domingo), conformó el doble 5 con Rossi.

Volvió a recurrir a un sistema con tres defensores centrales nada menos que ne la primera final de la Libertadores ante Boca, en la Bombonera: con una línea de cinco compuesta por Montiel, Martinez Cuarta, Maidana (líbero), Pinola y Casco.

# MAIDANA Y PINOLA EN LA FINAL VS. BOCA EN MADRID

| Maidana (120 mins) | Def |
|---|---|
| Evento | Tot |
| Tarjetas amarillas | 1 |
| Faltas cometidas | 1 |
| Recuperaciones | 4 |
| Cabezazos | 14 |
| Intercepciones | - |
| Pases largos buenos | 3 |
| Quites | 2 |
| Quites con éxito % | 100% |
| Recuperaciones / Faltas | 4.00 |
| Despejes | 5 |
| Despejes de cabeza | 4 |
| Goles | - |

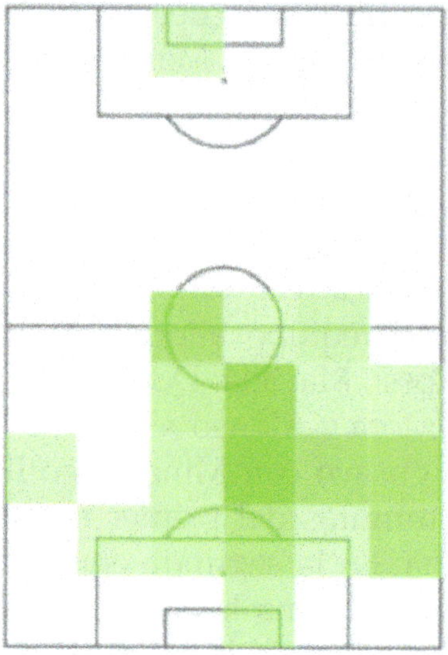

| Pinola (120 mins) | Def |
|---|---|
| Evento | Tot |
| Tarjetas amarillas | - |
| Faltas cometidas | 3 |
| Recuperaciones | 8 |
| Cabezazos | 22 |
| Intercepciones | 1 |
| Pases largos buenos | 3 |
| Quites | - |
| Quites con éxito % | - |
| Recuperaciones / Faltas | 2.67 |
| Despejes | 4 |
| Despejes de cabeza | 4 |
| Goles | - |

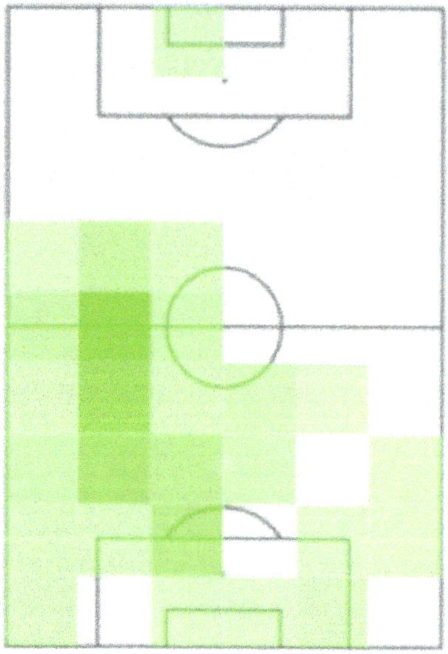

Fuente: Opta

# CAPÍTULO 3.
# EL *PRESSING* NO SE NEGOCIA

Gallardo fabricó un River protagonista, combativo y agresivo no solo para atacar, sino también para presionar, para recuperar la pelota. El equipo se mueve en un bloque corto y eso le da rédito al pressing. Cuando, en cambio, queda largo, dificulta la eficacia de la estrategia, porque hace más difícil automatizar los movimientos en bloque y simétricos. El esfuerzo para jugar en

equipo pero a través de un orden no se negocia. Bajo esa estructura, la columna de más roce y recuperación, conformada por el cuadrado Maidana-Funes Mori y Kranevitter-Ponzio, fue la que más se destacó, sobre todo con los centrales generando anticipos o foules tácticos en campo rival. Ni que hablar cuando Ponzio, más suelto, llegaba a presionar los pases de los defensores adversarios a su arquero. Pero quienes le daban sentido a ese trabajo en bloque eran justamente los delanteros. Fueron ellos los que empezaron a sacrificarse en el retroceso para marcar desde atrás a los mediocampistas rivales que pretendían empezar a salir del ahogo. Y esa presión forzaba el error del rival, lo obligaba a dividir la pelota o, en su defecto, que caiga en la telaraña de Ponzio y Kranevitter, firmes en los carriles centrales.

River juega para que los rebotes le queden a favor. Un ejemplo de esto se vio ante Gamba Osaka, en Japón, por la Suruga Bank. A los 40 segundos de comenzado el partido, Driussi presionó a un defensor y ganó un córner tras un pase fallido de Bertolo. Y a los seis minutos, el penal de Ideguchi a Bertolo que terminó en el 1-0 anotado por Carlos Sánchez nació de tres presiones en una sobre el área rival, luego de tres remates fallidos: uno de Vangioni y dos del propio Sánchez. Para muchos, ganar los rebotes puede ser fortuna. Y algo de eso hay, pero es el equipo el que, respaldando los ataques en bloque y no dando ninguna pelota por perdida, ayuda a la suerte para generar desequilibrios por esa vía.

## CÓMO SACARLE RÉDITO A LA PRESIÓN

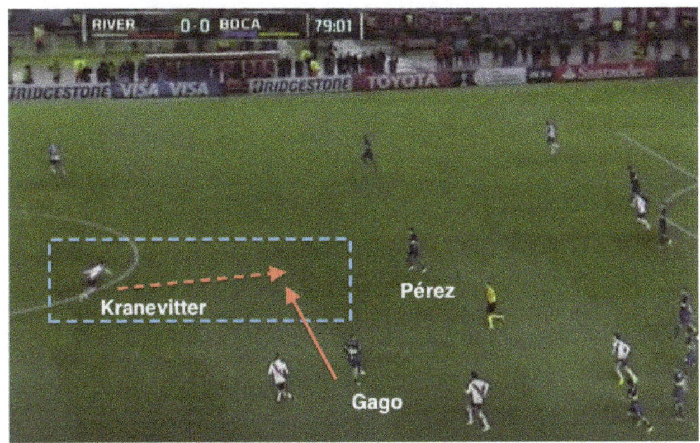


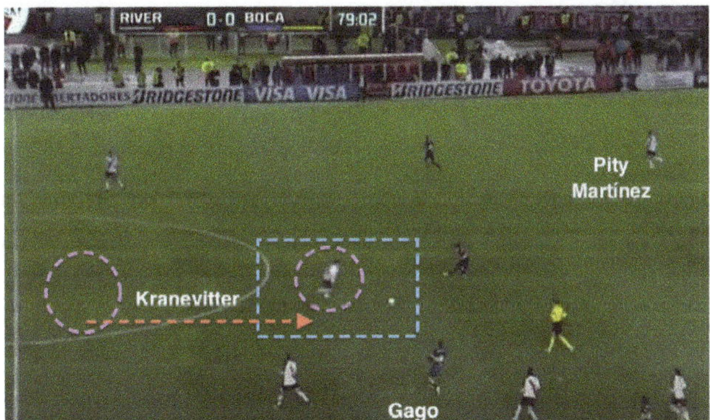


Kranevitter anticipa un pase lateral - interior de Gago

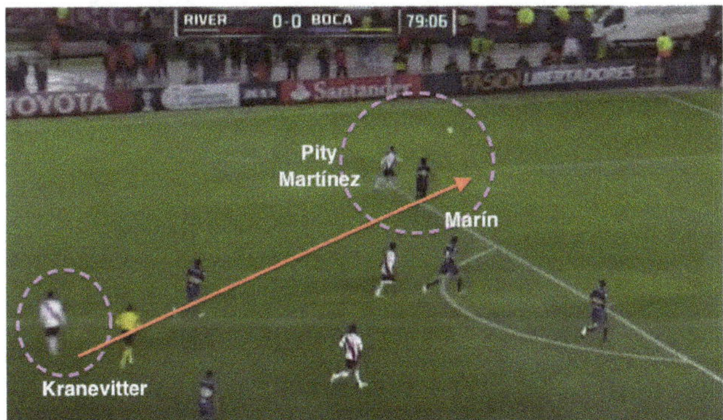


Cambio de frente para el pique de Pity Martínez

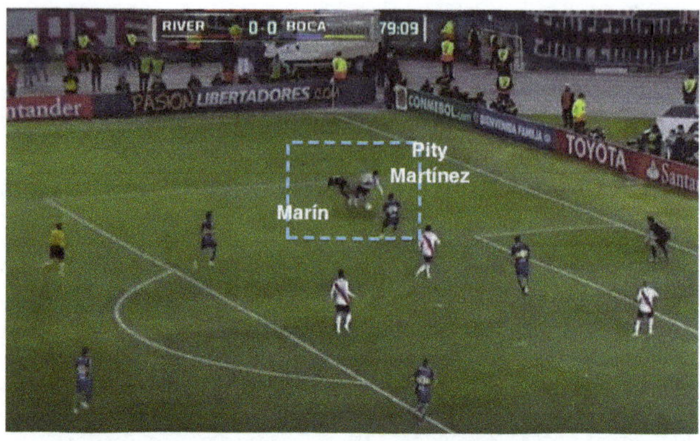


La jugada termina con el penal de Marin a Martínez

Uno de los goles más decisivos en el ciclo Gallardo, casualmente, también se generó así. Y fue el penal que Carlos Sánchez le marcó a Boca en el Monumental, por los octavos de final de la Copa Libertadores. La acción nació con una presión de Kranevitter sobre un pase lateral interior de Fernando Gago, la descarga posterior hacia la izquierda para Pity Martínez y la infracción de Leandro Marín cuando el zurdo encaraba hacia el arco de Orion.

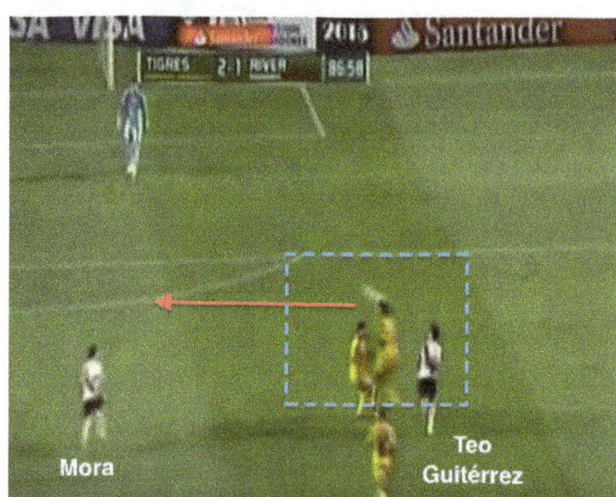

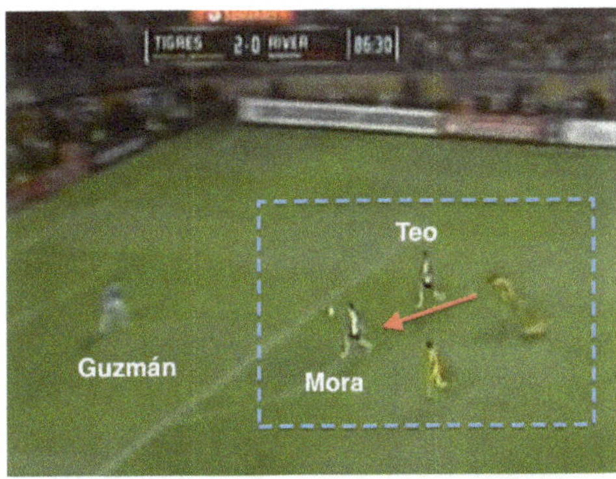


La presión, protagonista de la remontada en México

Por el mismo torneo, en aquella recordada recuperación de River ante Tigres en México, que perdía 0-2 a cuatro minutos del final y terminó empatando. El descuento de Teo Gutiérrez se generó por un error infantil de uno de los centrales mexicanos pero fueron Teo y Mora quienes, luego de un anticipo defensivo de Maidana cerca del círculo central, presionaron para forzar el error del zaguero José Rivas y quedaron mano a mano con Nahuel Guzmán. La primera resolución de Mora no fue buena, pero Teo la terminó corrigiendo con un pase a la red.

## SACARLE RÉDITO A LA PRESIÓN PARA HACER UN GOL EN 40 SEGUNDOS

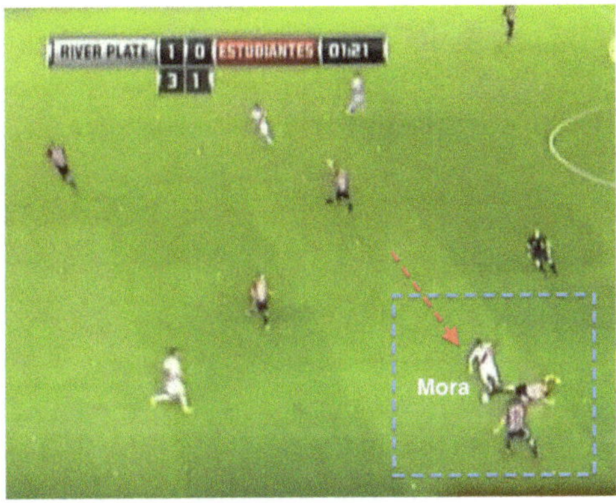


Mora recupera ante Auzqui

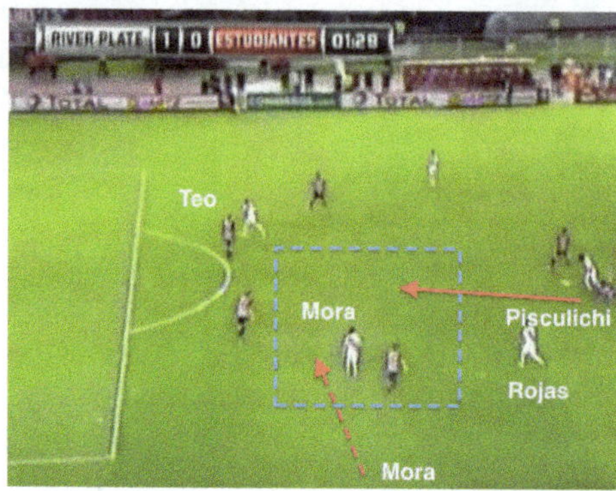


Pisculichi recibe por el centro y quiere descargar con Mora

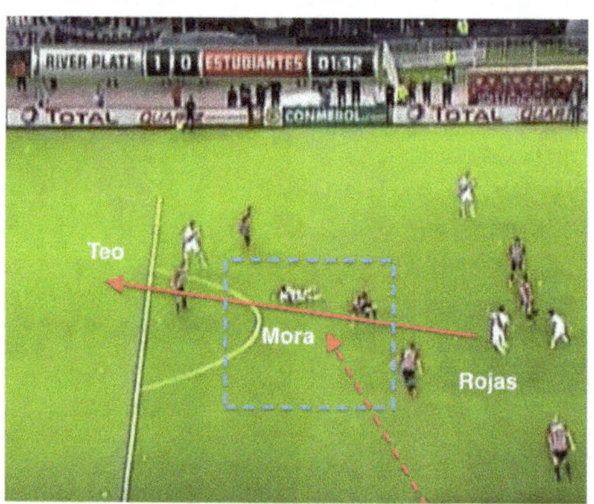


Traban al número 10 y Rojas resuelve de primera con una gran asistencia para Teo Gutiérrez

Uno de los mejores partidos del 2014 en emotividad y goles fue el que jugaron River 3 vs. Estudiantes 2, por los cuartos de final de la Copa Sudamericana. El primer gol de Teo Gutiérrez en el Monumental fue a los 40 segundos. Y nació de una presión alta de Rodrigo Mora sobre Carlos Auzqui en un intento de salida desde el fondo del por entonces equipo de Mauricio

Pellegrino. Mora recuperó y se apoyó atrás con Vangioni y la acción siguió por el centro: arremetida de Pisculichi, otra vez Mora fue a piso y trabó con Schunke y ese nuevo rebote fue tomado por Rojas, que asistió magistralmente a Teo Gutiérrez.

Todos se sacrifican, todos muerden. Todos olfatean peligro aún perdiendo la pelota en los metros finales. Y ese es otro de los símbolos de este River. No dar ninguna pelota por perdida. El gol de Pisculichi a Boca, en Núñez, por la vuelta de la semifinal de la Copa Sudamericana 2014 (1-0), es una muy buena definición del enganche zurdo, aunque la pelota le llega en un remate fallido de Vangioni al arco que termina en asistencia para el ex Argentinos. Pero esa acción, antes de que Mora se apoye atrás con Ponzio y que el mediocampista limpie la jugada para el sector de Vangioni, comenzó con una presión alta del propio Pisculichi sobre Nicolás Colazo (lateral izquierdo), así forzó un despeje sucio, defectuoso y eso le posibilitó luego a River ganar la segunda pelota. Y en ese ataque por la derecha, fue Pisculichi quien había descargado para Teo Gutiérrez (en posición de wing derecho) y fue a buscar la devolución errónea del colombiano. Pero el zurdo no se resignó ante un pase defectuoso, siguió presionando y... ya se sabe cómo finalizó la acción.

## PISCULICHI, DE PRINCIPIO A FIN

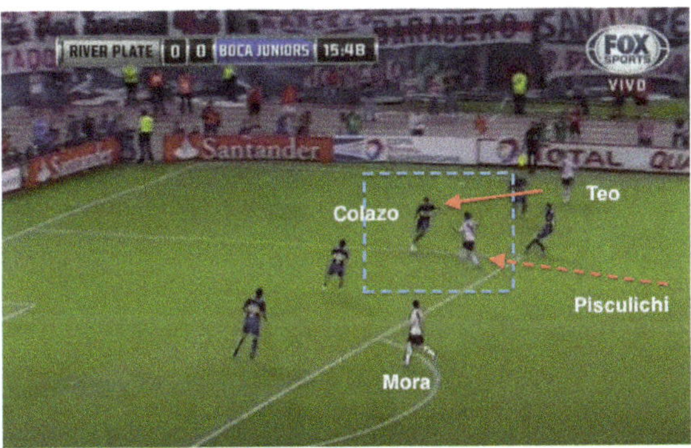


Colazo intercepta un pase de Teo a Pisculichi

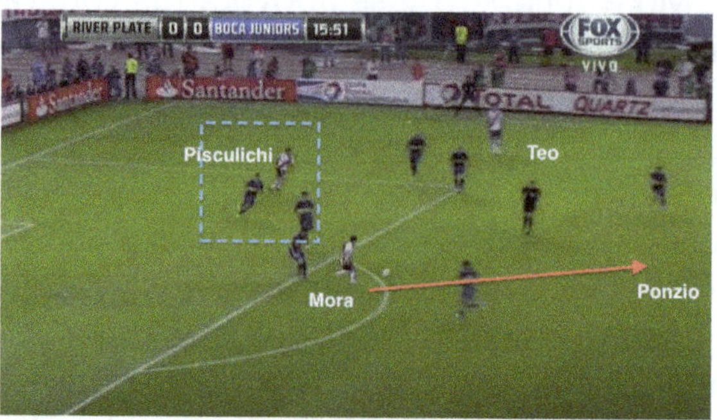


Pisculichi presiona a Colazo y logra que River recupere la pelota en la medialuna con un apoyo de Mora a Ponzio

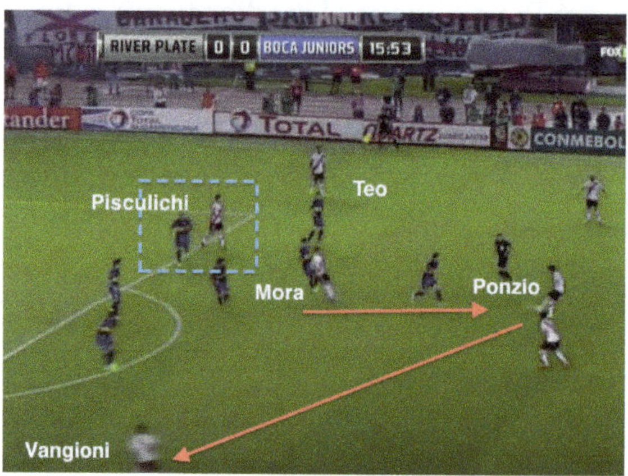


Ponzio abre del centro hacia la izquierda para Vangioni

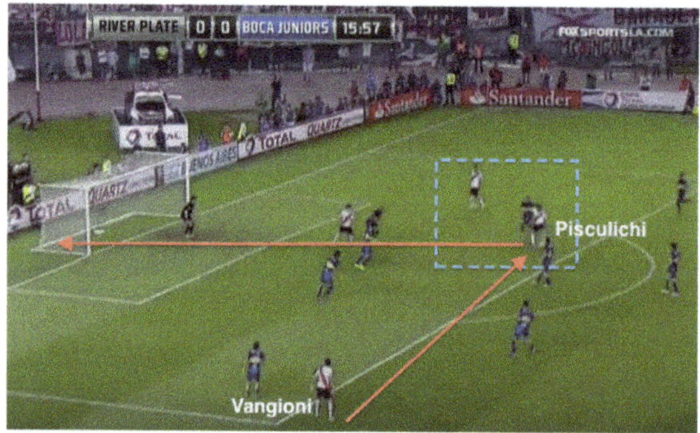


Gran definición de Pisculichi junto al palo derecho de Orion

## LOS DELANTEROS, EL PRIMER ESLABÓN DE LA PRESIÓN

Lucas Alario hizo dos de los goles más importantes para la historia de River y los flashes se quedaron ahí, donde más disfruta un goleador. Pero también hubo un trabajo casi invisible desde lo táctico no bien se sumó a la estructura de Marcelo Gallardo: su sacrificio por la marca, algo que estuvo obligado a aprender cuando fue dirigido por Diego Osella en ese Colón compacto y aguerrido que, en un envase 4-1-4-1, hizo una buena campaña pero que no pudo evitar el descenso. Porque una de las marcas registradas de este River campeón está en el *pressing*, en cómo ahoga a sus adversarios en todos los sectores de la cancha. Pero esa presión, por más que es un recurso defensivo, comienza desde sus delanteros, de adelante hacia atrás.

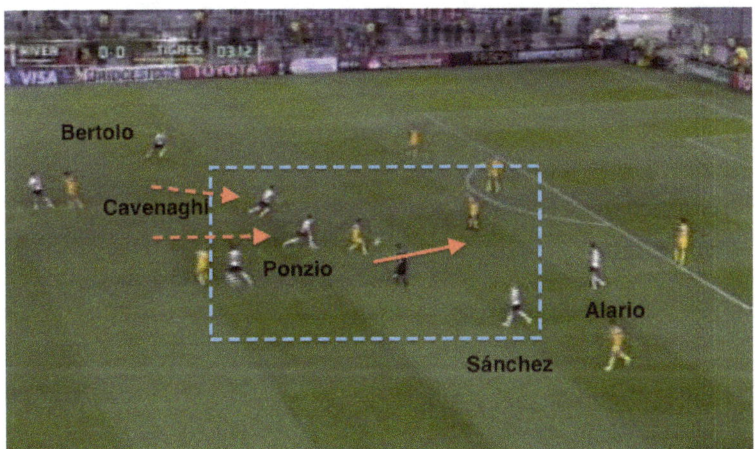


Ejemplo 1 de la presión alta de River ante Tigres

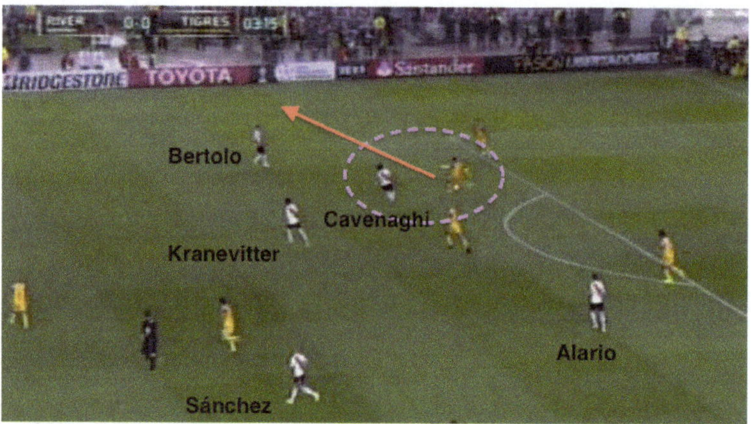

Ejemplo 2, con Cavenaghi siendo punta de lanza

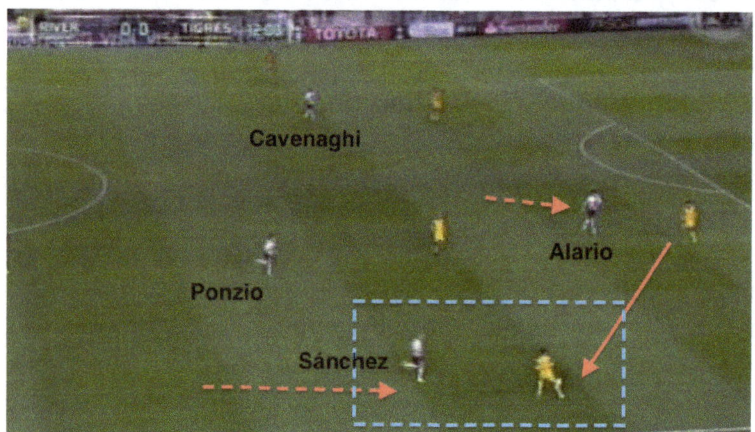

Ejemplo 3 con Carlos Sánchez + Alario yendo bien arriba

"Nuestra presión arranca desde los delanteros. Mientras tengamos la mentalidad y el físico lo vamos a intentar hacer de esta manera. Ningún equipo nos sale a jugar *palo a palo*, nosotros íbamos al frente y corríamos riesgos. Pero estábamos muy sólidos", explica la idea Gallardo.

Así, los puntas millonarios son los primeros en ejercer ese movimiento para recuperar la pelota. Y, dentro de esa variable, está el subrecurso de las faltas tácticas, aunque algunas lleguen a producirse al filo de la expulsión. Una prueba de esto es que en apenas tres partidos con la camiseta de River, Alario cometió 15 infracciones, seis en cada una de las finales ante Tigres y tres en la revancha ante Guaraní.

A los ocho minutos de la segunda final con Tigres, Alario intentó recuperar una pelota que él había perdido tras un lateral de Vangioni y le cometió una dura falta a Guido Pizarro que debió ser castigada con expulsión aunque solo fue amonestado. Algo parecido se vio luego, en la derrota de River ante Estudiantes por la 21ª fecha del torneo local (1-2). En el segundo tiempo, y sobre otra pelota perdida por Alario en ataque, tras un pase de Pisculichi, el Nº 9 decidió retroceder para recuperar, pero (en el contraataque) Ezequiel Cerutti fue más rápido que él en la corrida y cuando se tiró de atrás Alario, lo barrió con foul. Diego Abal lo expulsó, cuando ahí quizás pudo ser al revés. La roja pareció excesiva y con una amonestación hubiera castigado de manera correcta el ímpetu del delantero.

La dura falta de Alario (desde atrás) a Guido Pizarro

# EL SACRIFICIO DE ALARIO, AL SERVICIO DEL EQUIPO

Dónde empieza la acción de la tarjeta roja de Alario vs. Estudiantes

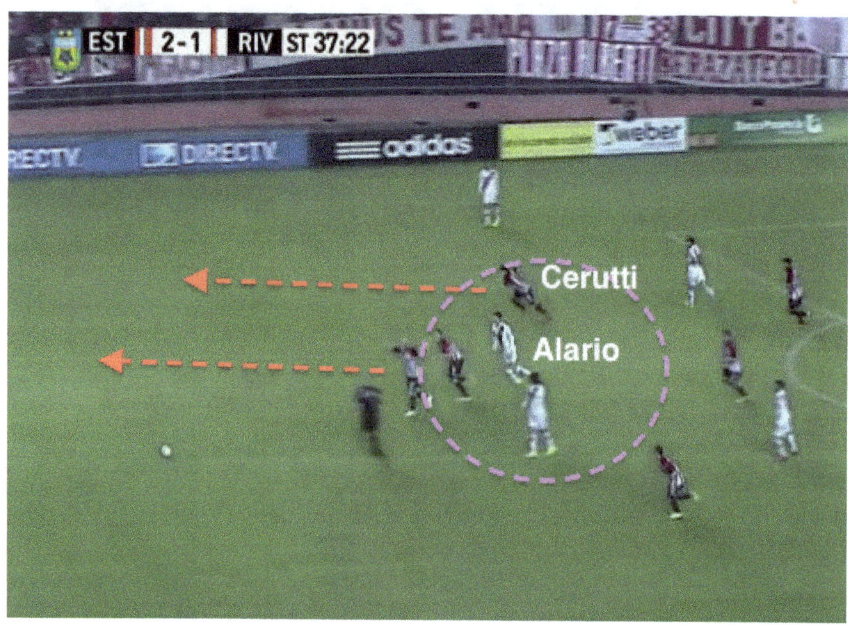


Tras la pérdida en ataque enseguida empieza la corrida de Alario a Cerutti

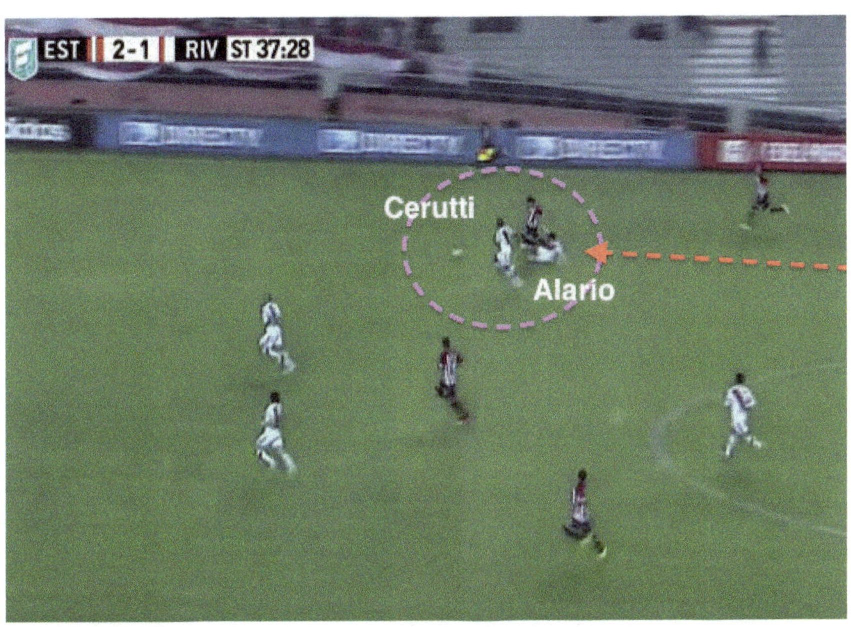


Alario lo termina barriendo desde atrás, y Abal lo expulsa

Sebastián Driussi, delantero por naturaleza, debió retrasarse unos metros para encontrar un lugar en el equipo. Gallardo lo probó como mediocampista por afuera en un 4-4-2 o cuando jugó 4-1-4-1 en la Bombonera, desdoblándose para un 4-3-3 en la presión alta cuando tuviera que ir sobre Gino Peruzzi, para exigirlo y evitar que sea una salida limpia para el equipo de Arruabarrena. Y, si era necesario, terminaba como tres bis para tapar el desequilibrio del lateral en la ofensiva xeneize. Lo mismo hizo Rodrigo Mora contra los centrales Guillermo Burdisso (esa noche le ganó la titularidad a Marco Torsiglieri) y Daniel Díaz.

BBVA

BBVA
BBVA

Leonardo Ponzio fue uno de los referentes en la Copa Libertadores 2015 por su entrega e inteligencia táctica, por ser uno de los principales ejecutores de la presión alta de River, pero en esa intensidad recurrió en exceso a las faltas, cometiendo 28 de las 239 que hizo el equipo en todo el certamen. Sin embargo, ¿cuántas cometieron los delanteros? Muchas. Mora 19, Teo Gutiérrez 17 y lo mencionado, Alario 15, cifras que no están demasiado lejos de las que podrían aportar los mediocampistas defensivos. Hasta Cavenaghi, en su único partido como titular internacional, hizo 3. Como se ve, la presión no se negocia.

Ese *pressing* de los delanteros fuerza a los defensores rivales a dividir largo con un pelotazo, lo que potencia otra virtud de River: los anticipos de los centrales Maidana y Funes Mori; incluso Vangioni y Ponzio tienen una eficacia alta en este rubro.

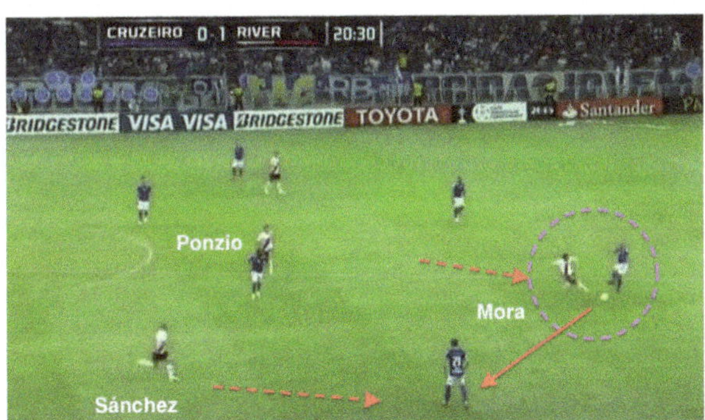


Presión alta en el Estadio Mineirao

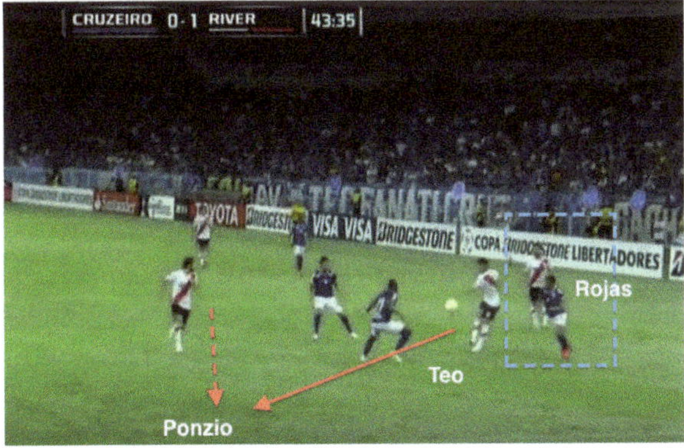


Pase de gol de Teo Gutiérrez a Ponzio vs. Cruzeiro

Como se dijo, no dar nunca una pelota por perdida fue uno de los sellos de este River ganador, aunque en la ida en México, en la primera final, el rendimiento estuvo influenciado por un factor extra: el calor. "Mientras nos dio el físico, intentamos jugar lejos de nuestra área y ser agresivos en la recuperación para salir con velocidad y atacar a Tigres. El gran factor que nos jugó en contra fue el clima. Lo teníamos en cuenta, pero no lo queríamos advertir para que eso no afecte el rendimiento del equipo con anticipación. Vi a futbolistas que se jugaron la piel en cada pelota y cuando el físico y la cabeza no les respondía se agruparon y trataron de defender. Eso vi. La grandeza de estos jugadores es sobreponerse", opinó Gallardo.

No solo en defensa River se hizo fuerte con el *pressing.* También en ataque. Como ejemplo vale el córner que consiguió Ponzio persiguiendo a Torres Nilo luego de una mala ejecución de Sánchez tras un tiro libre lateral. Eso, en la final. Durante el torneo, vale repasar cómo nació la acción del penal que Marín (Boca) le cometió a Pity Martínez. Y se recuerda aquella remontada sobre el final ante el mismo Tigres en México, cuando el 0-2 parecía inmodificable.

El gol de Alario ante Tigres se gestó de una presión en bloque en campo rival y de una apertura de Ponzio para Vangioni. Después, la historia conocida. River es el equipo que más (y mejor) explota el recurso de los "centros-gol", esos que se lanzan desde los vértices del área grande y caen a la altura del primer palo, para los anticipos de los delanteros. Así fue el lanzamiento del lateral izquierdo y el cabezazo de Alario para el 1-0.

Una mezcla de las dos cosas se vieron en la acción del penal cometido a Carlos Sánchez en la misma final. No dar una pelota por perdida y explotar el anticipo ofensivo. Aquino le pellizcó la pelota a Driussi sobre la banda derecha del ataque, pero Sánchez se filtró en ese robo y anticipó a Aquino con una presión alta, se metió en el área y fue penal por toque desde atrás del volante mexicano.

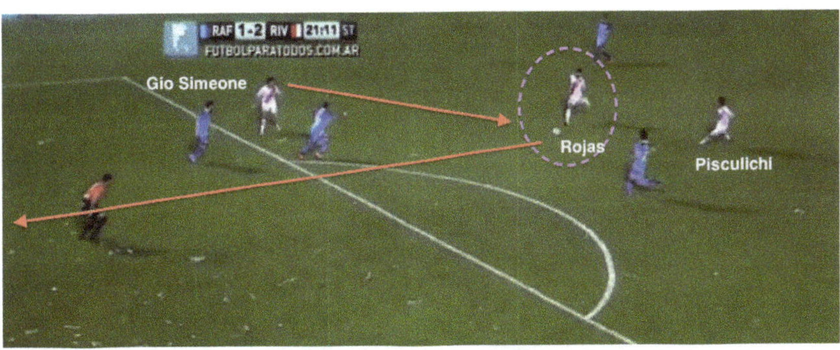


Gol de Rojas a Rafaela

## MÁS EJEMPLOS EN IMÁGENES DE LA PRESIÓN ALTA DE RIVER EN EL CICLO GALLARDO

Mal cambio de Desábato y casi gol de Teo

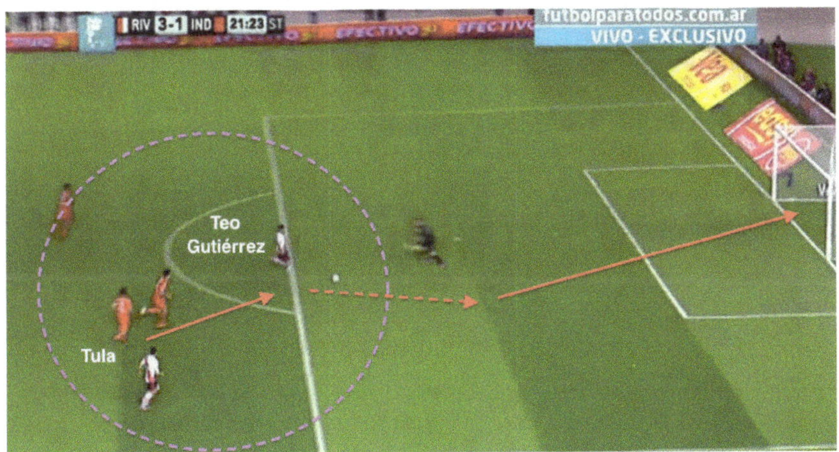


Presión alta y gol de Teo a Independiente

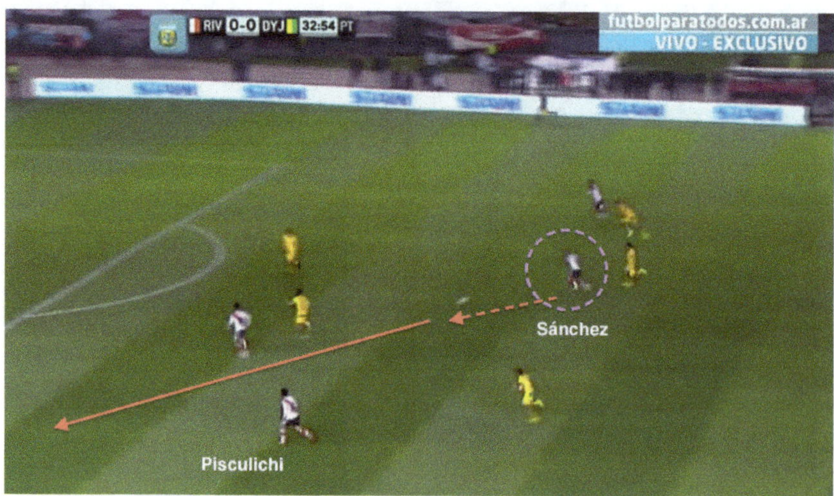


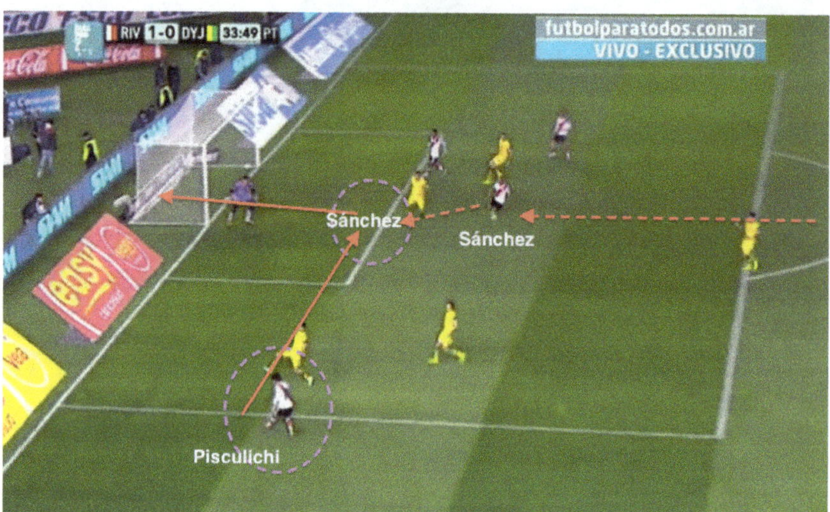


Presión alta de Sánchez y gol a Defensa y Justicia; apertura para Pisculichi y llegada al área para finalizar la jugada

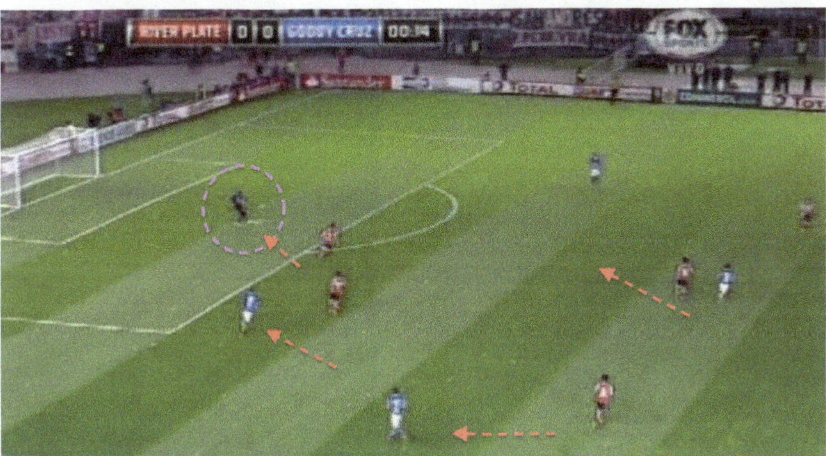


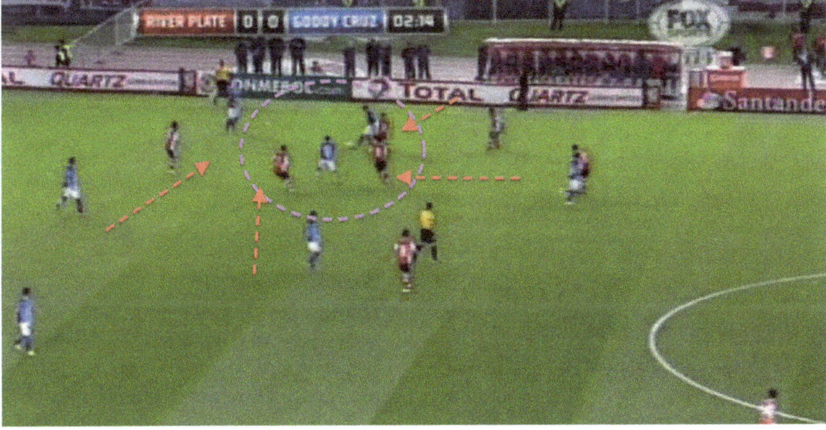


Tres pasos de la presión alta y en bloque frente a Godoy Cruz, por la Copa Sudamericana 2014

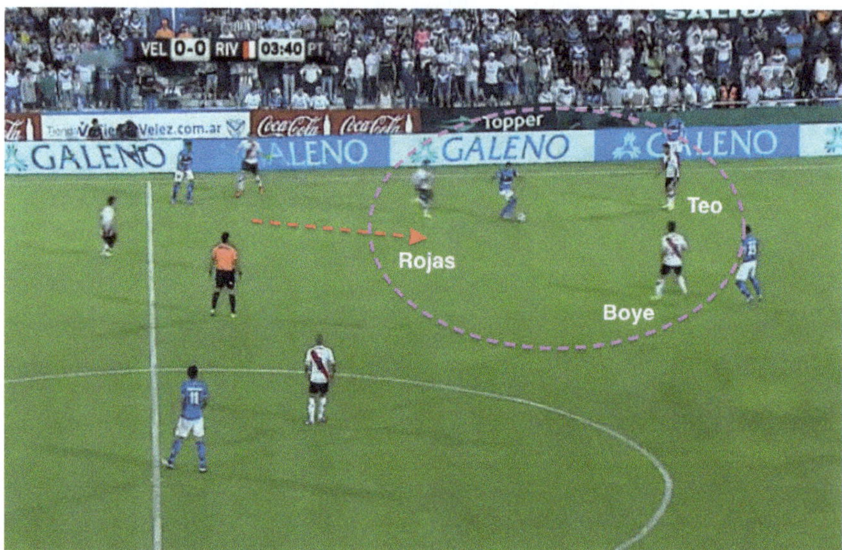


Presión alta de River ante un lateral defensivo de Vélez

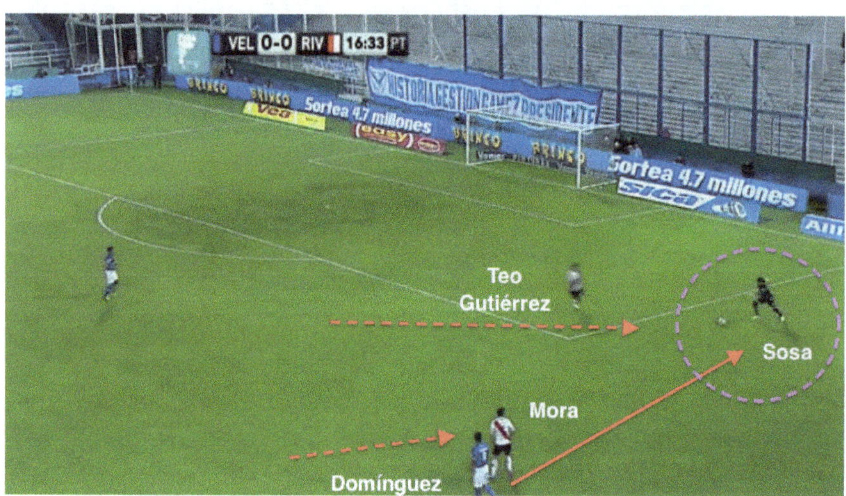


Mora sobre Domínguez y Teo Gutiérrez sobre el arquero Sosa

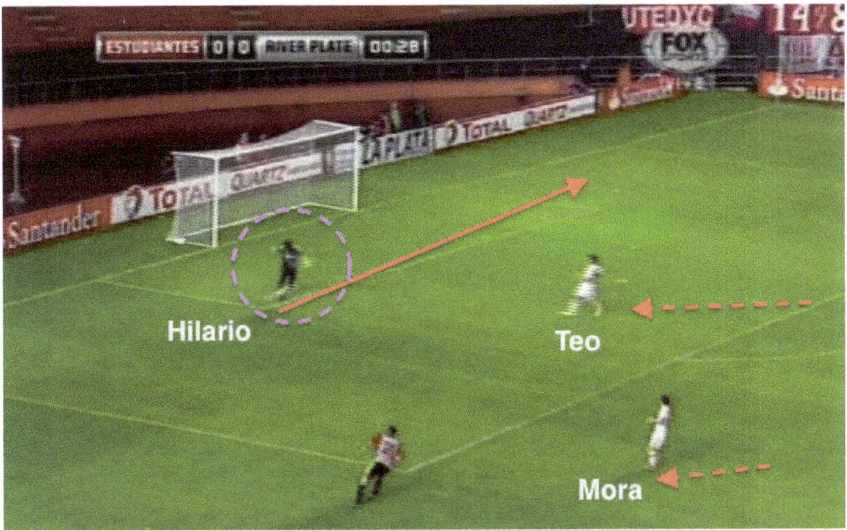


Presión alta vs. Estudiantes en La Plata

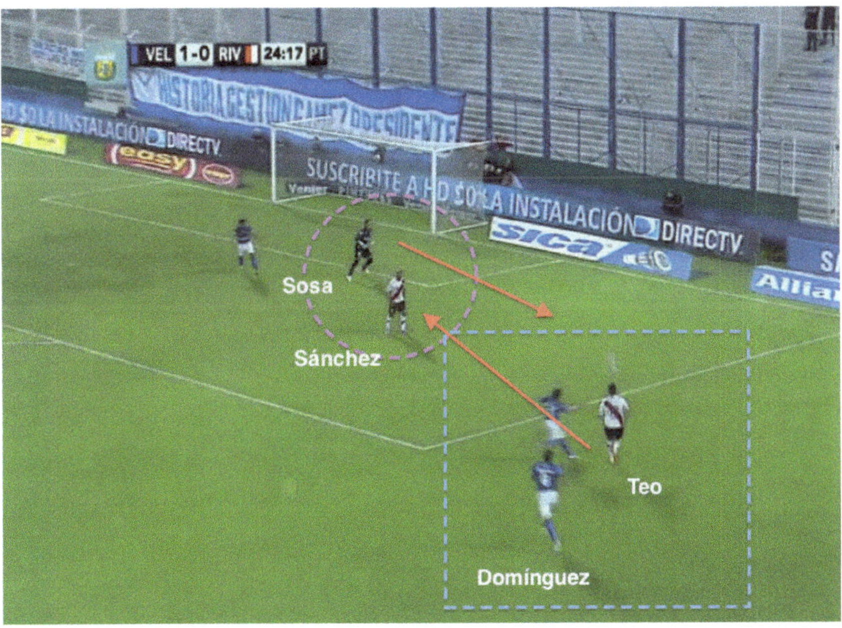


Presión alta vs. Vélez en Liniers; también se llega hasta el arquero Sosa

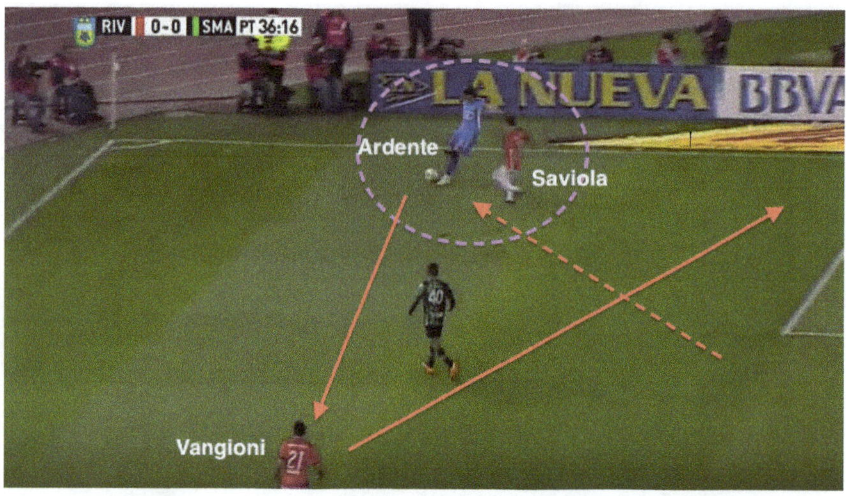


Otro ejemplo de un delantero de River (Saviola) presionando sobre un arquero rival: Ardente (San Martín de San Juan)

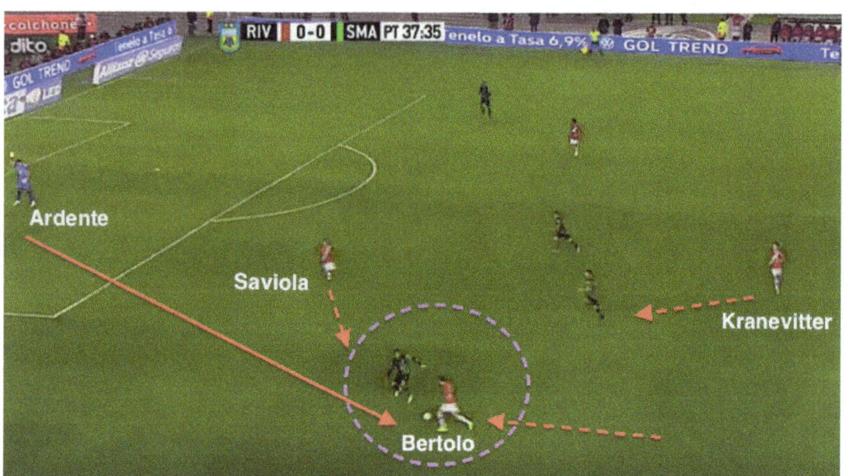


Bertolo y Saviola se activan para ir sobre una salida desde el fondo de San Martín de San Juan

En la Copa Argentina 2016, River le gana la semifinal a Gimnasia 2-0 en San Juan. Y el segundo tanto, anotado por Alario, nace de una presión alta que justamente generan entre el Nº 9 y Driussi ante el central Christian Ramos, en una salida desde el fondo del Lobo. Alario (sobre todo) y Driussi sabían leer muy bien los momentos en cuándo percibir un mal control de un defensor rival para utilizar eso como "llamado" para una presión alta. Al mismo tiempo, los mediocampistas sabían que debían respaldar esa presión de los puntas. Si Pity Martínez no hubiera acompañado ese *pressing* de Alario y Drissi, la jugada no habría prosperado. Ramos no controló bien la devolución del marcador central de Gimnasia y ese fue el "alerta" para Alario: su presión dio resultado y fue él quien luego terminó convirtiendo de cabeza ante un centro-gol de Pity Martínez desde la izquierda.

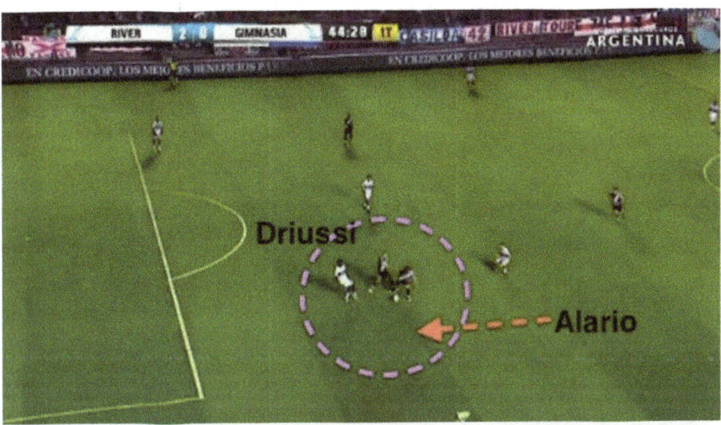


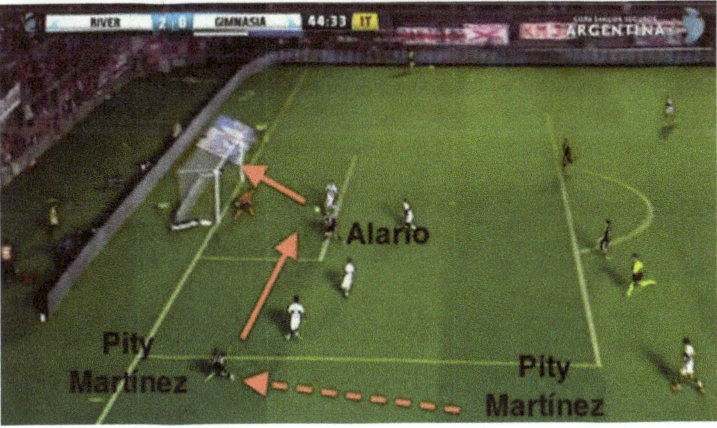


En el verano de 2017, River le ganó a Boca 2-0, en Mar del Plata, con Driussi y Mora como delanteros. Y el primer gol (de penal de Driussi) nació de una presión alta del propio Driussi sobre Peruzzi tras una salida desde el fondo comenzada por el arquero Werner, que cedió la pelota con las manos hacia el lateral derecho. Driussi presionó a Peruzzi, le quitó y encaró por la izquierda, con Pity Martínez haciendo la diagonal por dentro. Al final fue Insaurralde quien cometió penal por mano cuando fue al piso para intentar frenar el mano a mano de Martínez.

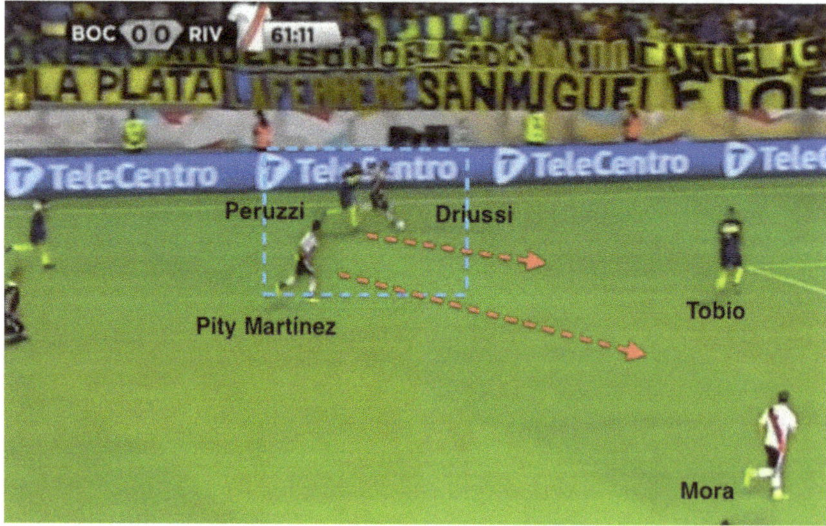

Pero con el cambio de delanteros la consigna no se modificó. Tal es así que Scocco hizo en River más faltas y recuperó más pelotas que cuando jugaba para Newell's. Se vio un Scocco rejuvenecido. Nacho supo desde la primera charla que (jugando para Gallardo) debe ser el primero en sacrificarse cuando River no tiene la pelota. En uno de los mejores partidos en el ciclo, en la victoria ante Lanús 1-0 en el Monumental, por la primera semifinal de la Libertadores 2017, el gol de Scocco nació de una presión ante alta pérdida de De la Cruz. El pase inicial del uruguayo (hacia Scocco, en la medialuna) había sido interceptado por García Guerreño, pero De la Cruz fue enseguida sobre él, recuperó y cedió para Pity Martínez, que remató desde afuera; y Scocco le sacó rédito al rebote dado por el arquero Andrada. Y así como los delanteros debían presionar las salidas desde el fondo de sus rivales, los centrales debían hacer que el equipo esté parado en 40 metros, achicando líneas para adelante, como se ve con Pinola yendo sobre Sand bien lejos de su arco.

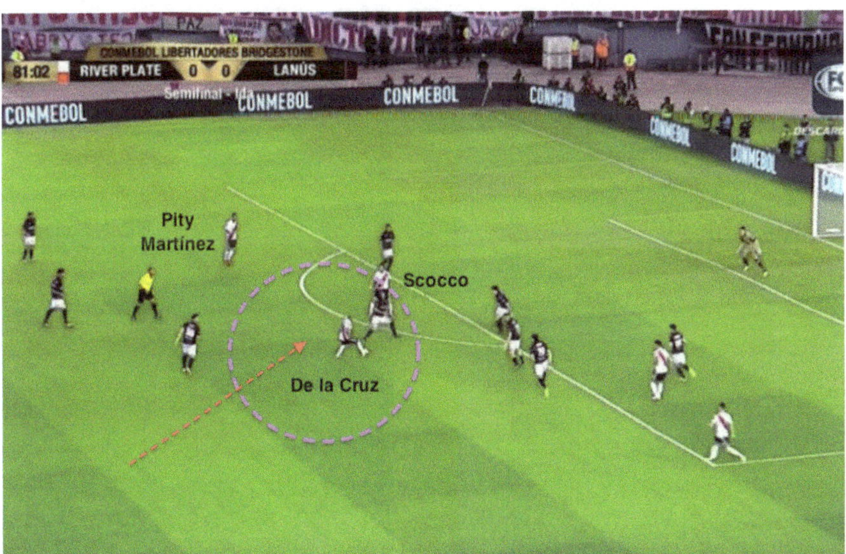

CONMEBOL LIBERTADORES BRIDGESTONE
00:28 RIVER PLATE 0 0 LANÚS
Semifinal - Ida
BRIDGESTONE
Pinola
Sand

# CAPÍTULO 4.
# EL PRIMER MEJOR RIVER

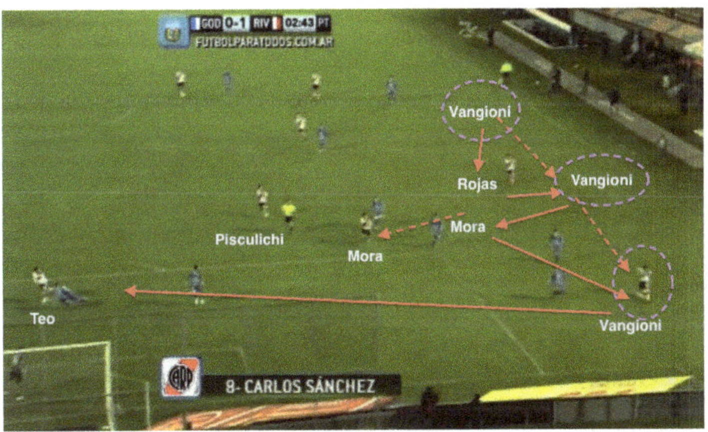


En el armado del nuevo River *made in* Gallardo, dentro del esquema 4-3-1-2, Carlos Sánchez fue una pieza clave aplicando el concepto de un jugador completo: despliegue, visión de juego, ida y vuelta para recuperar la pelota, pases gol y también presencia en el área rival. Tal fue así que, sumando ambos torneos, el uruguayo aportó 5 goles y 6 asistencias. Augusto Solari cumplía cuando ingresaba; lo que sucedía es que Sánchez dejaba la vara tan alta que fue motivo para su convocatoria al seleccionado. Pero el regreso del mediocampista uruguayo no fue la única modificación con respecto al conjunto campeón con Ramón Díaz. Rodrigo Mora regresó de su préstamo en la

Universidad de Chile y fue el más 9 de todos. En la planilla aparecía Teo Gutiérrez como la referencia de ataque, pero él salía para dejarle el punto penal a un delantero que (aunque mide 1,72m) gana muy bien con el juego aéreo. Allí recibió todos los envíos de Mercado y Sánchez, de Rojas y Vangioni. Mora sumó ocho goles y dos asistencias. En el tercer lugar del podio surgió Leonardo Ponzio, quien con Ramón ni siquiera era suplente. Con Gallardo arrancó como titular y fue el primer recambio ante la lesión de un sólido Matías Kranevitter, aunque también apareció Guido Rodríguez para equilibrar sus cargas en la doble competencia. Pero Ponzio tomó importancia cuando el River de la elegancia se tornó más combativo, sobre todo en los últimos cuatro partidos de la Copa Sudamericana, donde el equipo hizo un promedio de 20,7 infracciones y el volante central caminó (entre algunos excesos) al borde de la tarjeta roja.

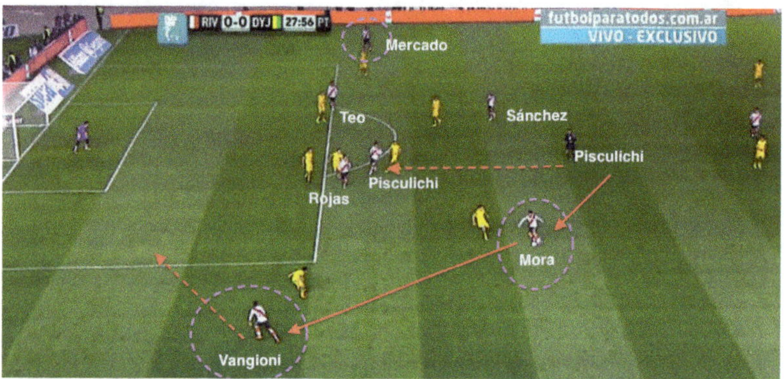


Los contextos también sirven para analizar lo que se proyectaba Gallardo con Leonardo Pisculichi. Como Gallardo prefería la venta de Álvarez Balanta a la de Manuel Lanzini, el zurdo aparecía como recambio para un media punta que, aún reubicado por la izquierda en un 4-4-2 con Ramón Díaz (desdoblando el sistema al 4-3-3), era capaz de aportar desequilibrio en el uno contra uno, asistencias y gol. Pero se fue el N° 10. Y ahí Pisculichi encontró un espacio de protagonismo superior, muy bien justificado desde su rendimiento y las ejecuciones en la pelota parada. Como se ve, los contextos también juegan, en función de las decisiones de los dirigentes, las estrategias de los técnicos y los rendimientos de los futbolistas. Hasta en eso sirve el trabajo en equipo.

## UN EQUIPO DIRECTO, PERO CON ATAQUES RESPALDADOS

El River que mejor jugó, tomando como referencia la elegancia y el desequilibrio como sus estandartes, se vio durante los primeros meses del ciclo de Gallardo. Más allá de desempeñarse bajo un sistema táctico 4-3-1-2, la clave estaba en la movilidad y el entendimiento de sus intérpretes, desdoblándose para cumplir varias funciones, aunque cada futbolista tenía un rol específico en el campo de juego.

En ese comienzo deslumbrante, River fue un equipo que salía a presionar desde el primer minuto en la zona de volantes, pero también arriba. Todo nacía desde sus delanteros porque Pisculichi, Mora y Teo Gutiérrez eran los primeros encargados de esa presión. Con respecto al equipo de Ramón Díaz, el de Gallardo pasó a tener un estilo más directo y agresivo (avanzando a uno o dos toques), aunque así y todo se las arreglaba para generar ataques respaldados. Iba rápido, con precisión en velocidad (algo difícil de lograr en el fútbol argentino), pero avanzaba al mismo tiempo con mucha gente, como muestran las imágenes: un ataque modelo vs. Defensa y Justicia (PT, 27min), en el Monumental. Y otro ejemplo fue el golazo de Carlos Sánchez a Godoy Cruz (PT, 2min), en Mendoza, donde River avanzó por la izquierda (donde aparecía el tándem más desequilibrante entre Vangioni y Rojas), participaba siempre un punta como apoyo para continuar la jugada (Mora), siguió con una doble pared con Vangioni y se finalizó con el centro para la volea de Sánchez.

Por aquél entonces, los entrenamientos podían variar desde la estructura global, pero en todos se apuntaba a lo mismo: ya

en las entradas en calor con la pelota pedía que los futbolistas hagan hincapié en la precisión del pase, en la recepción, en el control, en los movimientos. Algo similar a lo que buscó con Nacional en su primera etapa como entrenador, en Uruguay, como contará más adelante Israel Damonte, jugador que él dirigió y que hoy está en Estudiantes. Si era necesario paraba las prácticas, sobre todo, cuando veía que el poseedor del balón no tenía alternativas de pase. Apuntaba a tener un equipo veloz también, por eso luego se vio un River con un despliegue rápido y que podía ser preciso al mismo tiempo.

## La "zona" Teo Gutiérrez

Si bien era uno de los goleadores de River y del campeonato con 8 conquistas transcurridas las primeras fechas, a él le gustaba jugar más con otro Nº 9 o, como pasó a hacer con Gallardo, yendo más por afuera y con Mora bien de punta punta. De esta forma, **Teo podía bajar para pivotear, para descargar a los compañeros que vienen a la carrera, como Carlos Sánchez, Mercado, Mora, Rojas o Vangioni** y moverse donde más le gustaba (como terminó jugando vs. Lanús, por el torneo local). Toca, participa de la elaboración, pero también acompaña para finalizarlas. Con Lanús fue una muestra de su potencial, ya que demostró que tiene varias formas para desequilibrar y, una de ellas, es con un remate desde afuera del área.

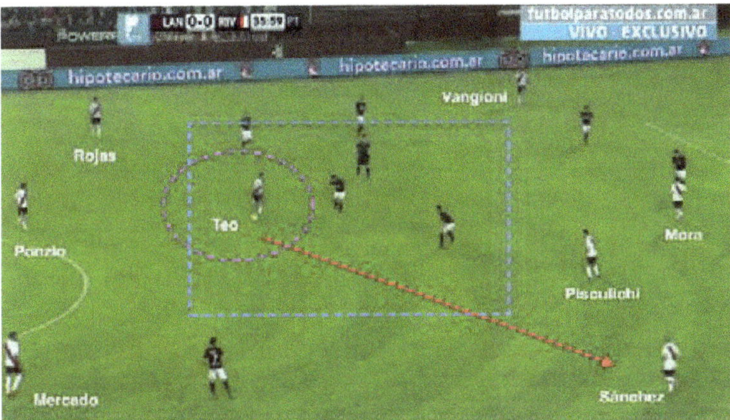


▶ **Un nexo más.** Aquí se lo ve a Teo Gutiérrez recibiendo de Rojas y abriendo el juego hacia Carlos Sánchez, dándole continuidad al ataque de River para que el avance sea escalonado y respaldado (PT, 35m vs. Lanús). Pero, cuando sucedía esto, el colombiano solía tener varias alternativas de descarga. Y él no se quedaba en ese pase, sino que además volvía a ser alternativa en los metros finales.

### Más afuera que dentro del área

**Entre ceja y ceja**

▶ **El gol a Lanús:** Iban 25m del ST y Teo vulneró a Marchesín con un remate desde afuera al primer palo. Todos en River tienen el arco entre ceja y ceja: **Rodrigo Mora**, sólo en los cruces ante Godoy Cruz, por la Copa Sudamericana, había rematado 7 veces. El uruguayo sumaba 4 goles en el torneo y 1 asistencia. Ante Arsenal y Lanús no convirtió, pero remató un par de veces al travesaño. Estaba en un momento de mucha confianza.

▶ **El pase al ras lateral:** A Teo le encantaban este tipo de entregas, cuando quedaba en una posición lateral, le gustaba filtrar pases al ras para el ingreso de un compañero que llegaba desde atrás o los podía filtrar cruzados al segundo palo. Aquí, un ejemplo ante Godoy Cruz (PT, 22m), por la Sudamericana.

El nexo en el ataque era el sorprendente Pisculichi. Si bien River contaba con varias individualidades y sociedades para llegar al gol, la realidad era que el enganche adelantaba al equipo con sus pases, era la variable para generar superioridad numérica y triangular por los costados, el que creaba los espacios para las proyecciones de los laterales. Pisculichi, además, era el encargado de las pelotas paradas y podía aportar un remate de media distancia peligroso.

El arma principal del equipo para lastimar fueron los "centros-gol" que ejecutaba desde los vértices con Carlos Sánchez y Mercado desde la derecha; con Rojas, Vangioni o Ferreyra desde la izquierda. Así River convirtió muchos goles y, ya en las primeras fechas, mostraba un promedio alto de remates por partido: 13,6.

Para lograr presionar alto y al mismo tiempo ser un equipo corto, muchas veces quedaba expuesto atrás porque los centrales Maidana/Pezzella y Funes Mori salían a querer anticipar a la altura del círculo central. Pero gracias al buen rendimiento de ellos podía quedar mano a mano defendiendo atrás y, aún así, no sufría muchos sobresaltos defensivos.

## PISCULICHI: 7 GOLES + 12 ASISTENCIAS

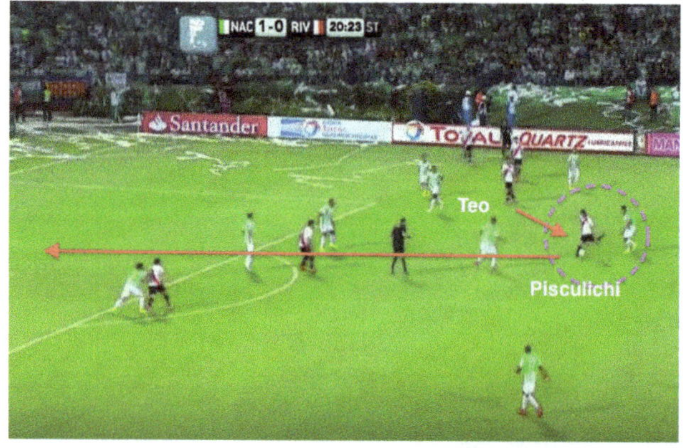


Gol de Pisculichi a Atlético Nacional, desde afuera del área

De pieza pensada como recambio a titular y futbolista destacado. No solo desde la calidad de sus ejecuciones para las acciones colectivas, haciendo de nexo entre los laterales y los mediocampistas con los delanteros, sino también con un alto realismo en la eficacia desde las asistencias y anotaciones. En ese primer semestre, Pisculichi encontró una continuidad desde la hora cero por la venta de Manuel Lanzini y aportó 7 goles y 12 asistencias, contabilizando ambos torneos, el Transición 2014 (5 goles y 6 pases-gol) y la Copa Sudamericana (2 goles y 6 pases-gol). Pisculichi también le daba un vuelo estético a los ataques, más variables de finalización. Y podía arrancar por el centro, pero le gustaba también sorprender por la derecha, como un falso wing. ¿Por qué fue clave Pisculichi desde la generación de juego en ese arranque? Porque River tenía la capacidad para crear peligro y chances de gol aún prescindiendo del zurdo y

avanzando por las bandas, con los tándems Mercado-Sánchez y Vangioni-Rojas, pero de esa forma lo hacía más predecible en el último pase, lo forzaba a un centro desde los vértices o un desequilibrio hasta el fondo para terminar resolviendo con un centro atrás. Pisculichi tenía la facilidad para aparecer por todos los sectores de la cancha. Ya sea como enganche, recostado por la derecha o la izquierda y hasta como de extremo por la derecha, para fabricarle el espacio para el pasaje por detrás a Mercado o finalizar él mismo la acción con un remate desde afuera del área. Jugando por la derecha, si se sacaba un marcador de encima en ¾ de cancha, ya quedaba con su perfil para rematar. Al mismo tiempo, una de sus virtudes estaba en la pegada desde afuera, combinando potencia y precisión. Más allá del gol a Boca, muy festejado por los hinchas de River, otro de los tantos decisivos fue el que anotó de media distancia en Medellín, ante Atlético Nacional, por la primera final de la Sudamericana. El equipo de Gallardo no la estaba pasando bien y con un zurdazo violento equiparó las cosas para el 1-1.

## OTROS APORTES DEL 10

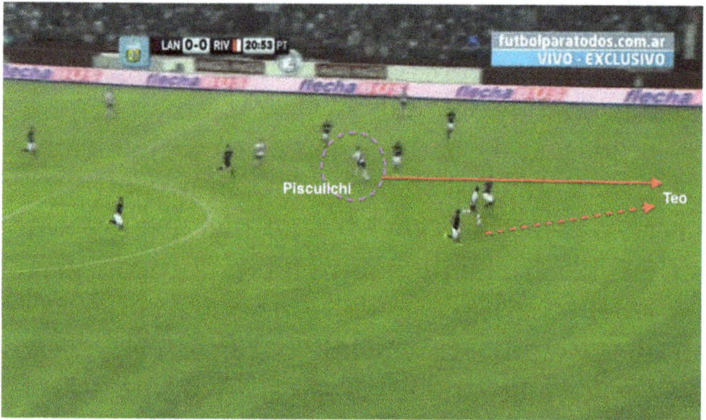


Pase filtrado vertical para dejar a Teo Gutiérrez mano a mano vs. Lanús

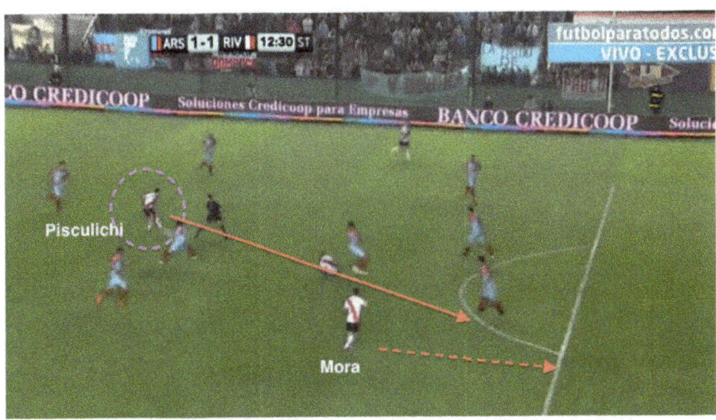


Pase filtrado vertical que le llegará a Mora vs. Arsenal

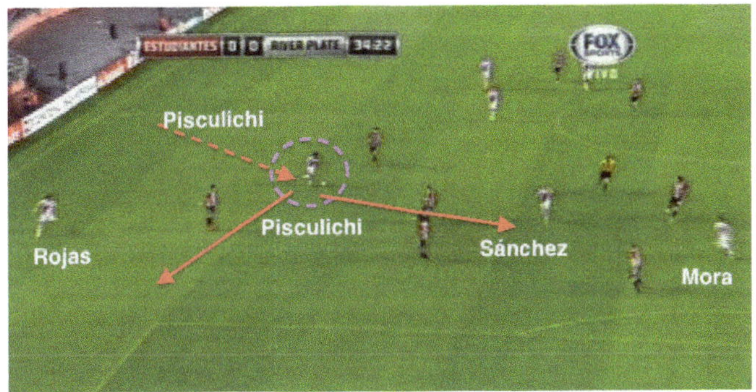


Triangulación con Rojas y Carlos Sánchez apareciendo sobre el costado derecho vs. Estudiantes, en La Plata

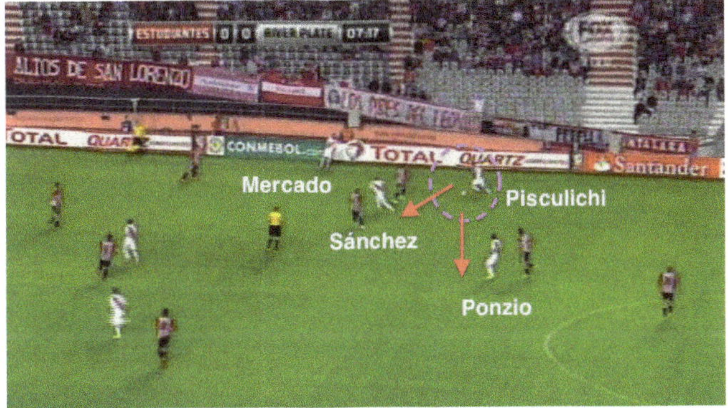


Otra triangulación por la derecha vs. Estudiantes, con Carlos Sánchez y Ponzio

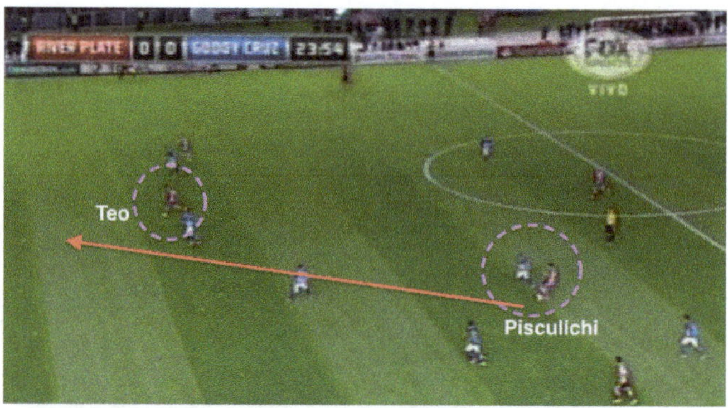


Pase filtrado para dejar mano a mano a Teo Gutiérrez vs. Godoy Cruz, en el Monumental

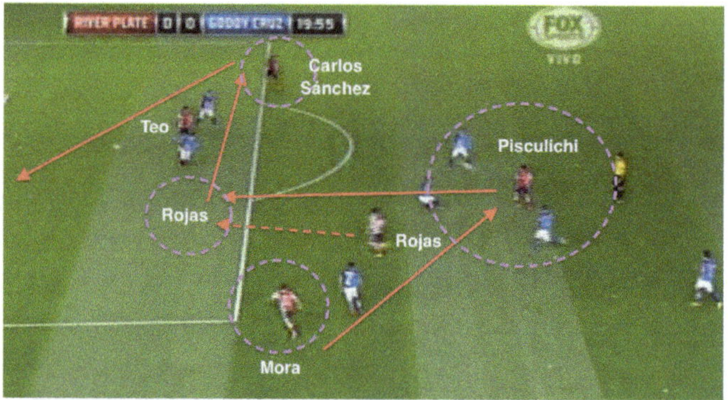


Juego con paredes interiores que terminará en un remate cruzado y desviado de Sánchez vs. Godoy Cruz (Copa Sudamericana 2014)

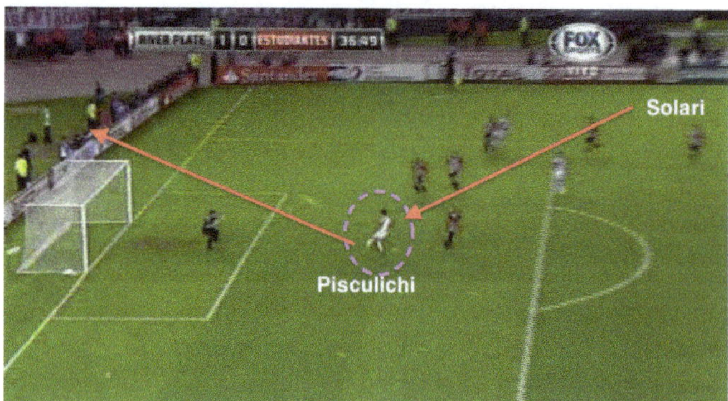


Pisculichi apareciendo como "falso 9" y definiendo de manera imperfecta en el punto penal vs. Estudiantes. Había recibido una buena asistencia de Solari desde la derecha

## River en la Copa Sudamericana 2014

• **Estadísticas Conmebol.** Estas son las referencias de la participación de River en los 10 partidos que disputó de la Copa Sudamericana. Lo datos confirman que tiene un promedio de eficacia interesante en cuanto a los remates: **10,7** por partido, de los cuales **4,8** fueron al arco; presionó bien y tuvo un promedio de **26** recuperaciones por cotejo), cometió un promedio de **16,3** infracciones. Tuvo una eficacia alta en las entregas, en los pases, del **86,8 %**. El detalle de los números, partido x partido:

| Posesión del balón promedio | Goles a favor | Goles en contra |
|---|---|---|
| 57,8% | 17 | 5 |

| Situaciones de gol a favor | Situaciones de gol en contra |
|---|---|
| 7,5 | 5,8 |

Promedio

• **Cómo hizo los 17 goles:** 6 de pelota parada (5 de ellos de cabeza), 5 de jugada colectiva (1 de cabeza), 4 de contraataque, 1 desde afuera del área y 1 en contra.

• **Goleadores:** **Mora (4),** Gio Simeone (2), Pezzella (2), Mercado (2), Pisculichi (2), Driussi (1), Teo Gutiérrez (1), Sánchez (1) y Funes Mori (1) + Schunke (1).

• **Asistencias:** **Pisculichi (6),** Sánchez (3), Funes Mori (2), Vangioni (2), Ariel Rojas (1) y Mora (1).

| Partido | Pases bien | Pases mal | Remates | (al arco) | Faltas cometidas | Off-sides | Quites |
|---|---|---|---|---|---|---|---|
| vs. Godoy Cruz (V), 1-0 → | 285 | 56 | 12 | (6) | 9 | 0 | 24 |
| vs. Godoy Cruz (L), 2-0 → | 254 | 37 | 18 | (9) | 19 | 3 | 29 |
| vs. Libertad (V), 3-1 → | 430 | 48 | 6 | (4) | 15 | 1 | 27 |
| vs. Libertad (L), 2-0 → | 620 | 51 | 11 | (6) | 14 | 0 | 36 |
| vs. Estudiantes (V), 2-1 → | 324 | 49 | 7 | (2) | 7 | 2 | 26 |
| vs. Estudiantes (L), 3-2 → | 276 | 53 | 12 | (7) | 18 | 1 | 27 |
| vs. Boca (V), 0-0 → | 200 | 37 | 3 | (2) | 28 | 2 | 21 |
| vs. Boca (L), 1-0 → | 223 | 42 | 16 | (7) | 12 | 8 | 27 |
| vs. At. Nacional (V), 1-1 → | 222 | 44 | 10 | (3) | 20 | 3 | 21 |
| vs. At. Nacional (L), 2-0 → | 239 | 49 | 12 | (8) | 21 | 1 | 22 |
| Totales → | 3073 | 466 | 107 | (54) | 163 | 21 | 260 |

## LA DURA SERIE CON ESTUDIANTES

Si bien River se quedó con las dos victorias ante los dirigidos por Mauricio Pellegrino, ganando en La Plata 2-1 y luego quedándose con otro éxito en el Monumental 3-2, la serie por los cuartos de final de la Copa Sudamericana 2014 le exigieron a River sacar el mejor rendimiento de sí. Corrió riesgos, se expuso a errores, pero su corazón anímico y futbolístico fue más fuerte. Pocas veces vi jugar en vivo y en directo un partido de ida y vuelta con tanta intensidad como la revancha en Núñez, donde parecía que el tempranero gol de Teo Gutiérrez (antes del minuto), podría hacer que la noche de Gallardo sea tranquila. Pero no. Otra vez el intelecto del Muñeco estuvo puesto a prueba. Y esa noche River terminó dando vuelta el partido con intensidad, protagonismo, presión con superioridad numérica, ahogo al rival, goles y desequilibrio en la pelota parada. Todas armas del mejor River. Estudiantes demostró oficio y no se lo hizo fácil, sobre todo a partir de la potencia de sus tanques Diego Vera y Guido Carrillo. En las canchitas se ve cómo planteó Gallardo esos partidos. El gol de visitante fue clave también, ya que el poder ofensivo que tenía ese equipo era un plus a la hora de las definiciones. Y eso influyó para al final dar la vuelta olímpica en la Sudamericana 2014. Solo ante Boca no marcó en esa condición. Después convirtió ante Godoy Cruz, Libertad de Paraguay, Estudiantes y Atlético Nacional de Medellín.

## EL PLANTEO VS. ESTUDIANTES (0-1) POR LA 14ª FECHA DEL TORNEO TRANSICIÓN 2014

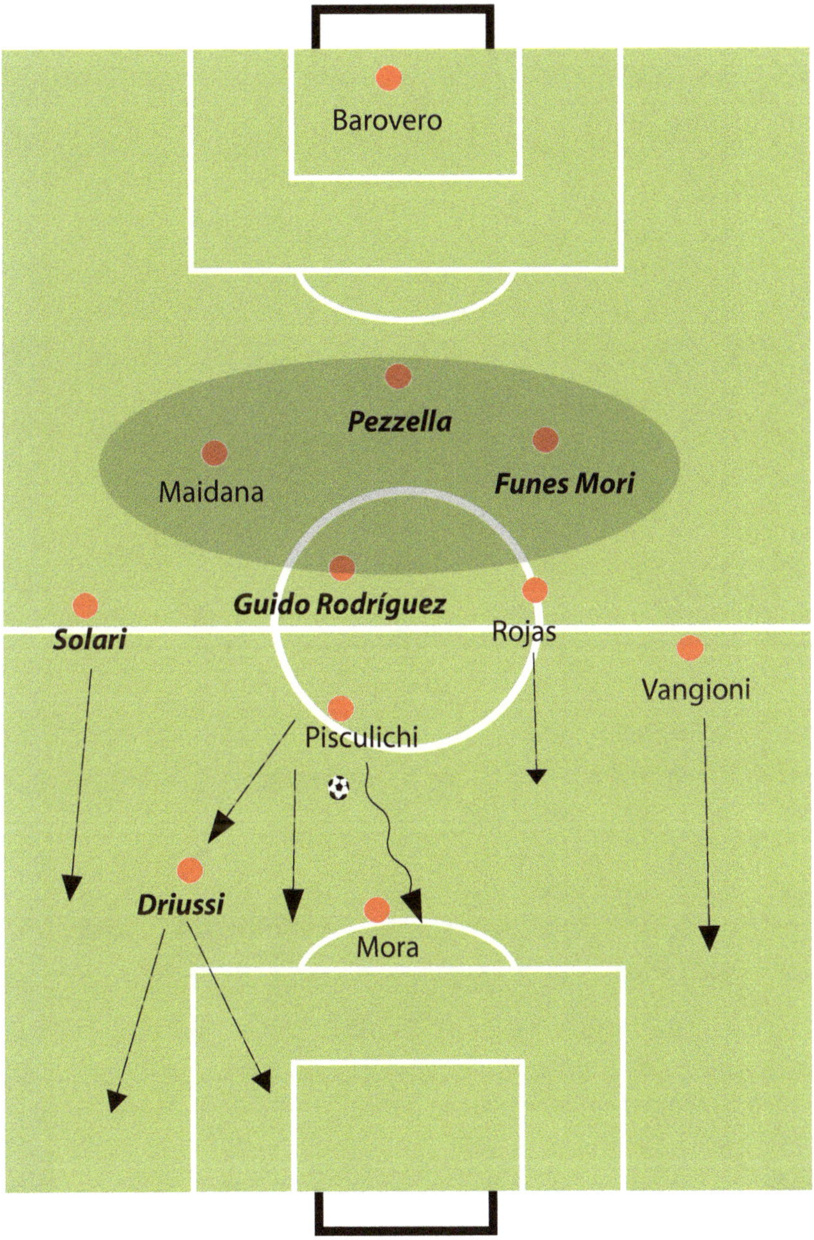

Barovero

***Pezzella***

Maidana

***Funes Mori***

***Guido Rodríguez***

***Solari***

Rojas

Vangioni

Pisculichi

***Driussi***

Mora

## EL PLANTEO VS. ESTUDIANTES (3-2) POR LA REVANCHA DE LA COPA SUDAMERICANA 2014

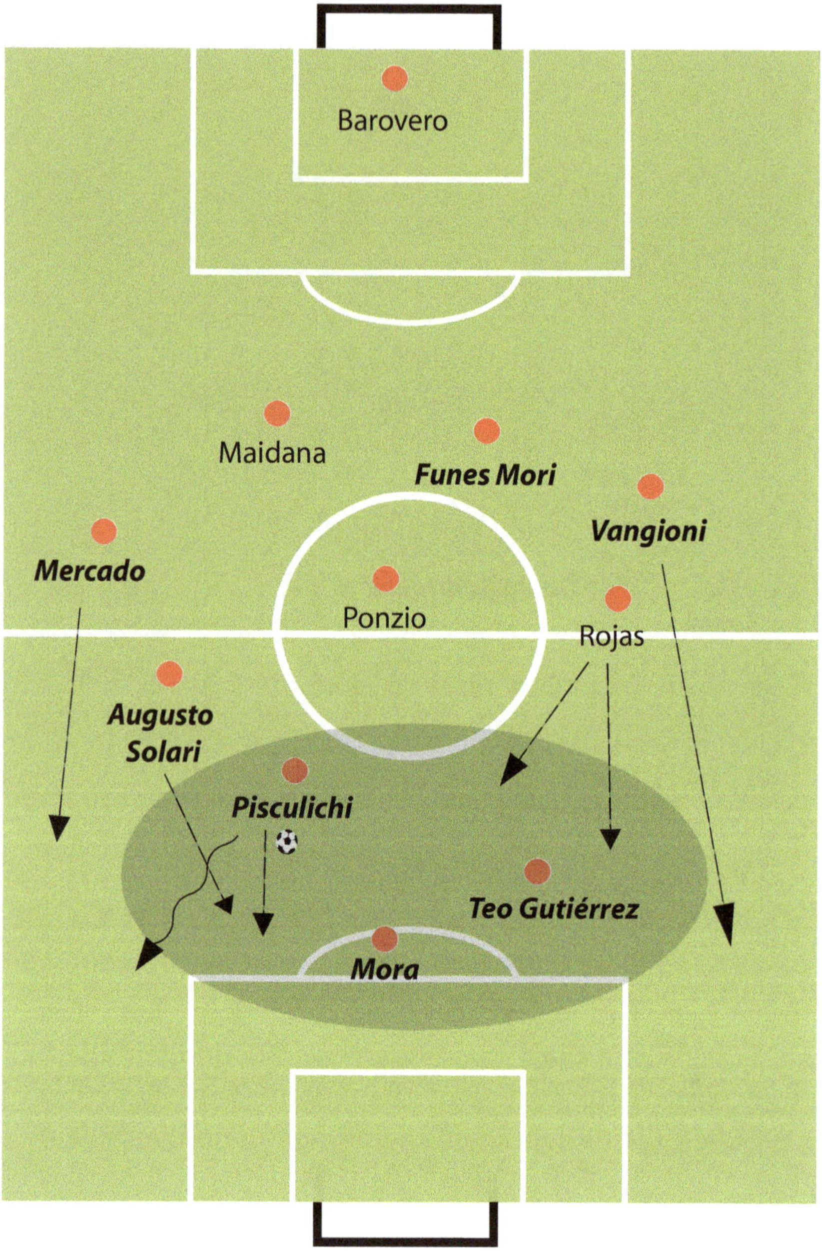

Barovero

Maidana

***Funes Mori***

***Vangioni***

***Mercado***

Ponzio

Rojas

***Augusto Solari***

***Pisculichi***

***Teo Gutiérrez***

***Mora***

# BUENO HASTA PARA GANAR LOS REBOTES

River solía tener siempre el control de los partidos. Ejercía un pressing en todos los sectores de la cancha, pero también en los anticipos ofensivos en la zona de los rebotes, luego de un córner o tiro libre a favor. Como se ve en estas imágenes, unos ejemplos de los goles que le anotó Gabriel Mercado a Vélez y Ariel Rojas a Independiente, además de la acción que terminó en el penal por la mano que no fue de Fernando Gago ante Boca, también ganada por el mediocampista zurdo.

# CAPÍTULO 5.
# EL EQUIPO DE LOS "CENTROS-GOL"

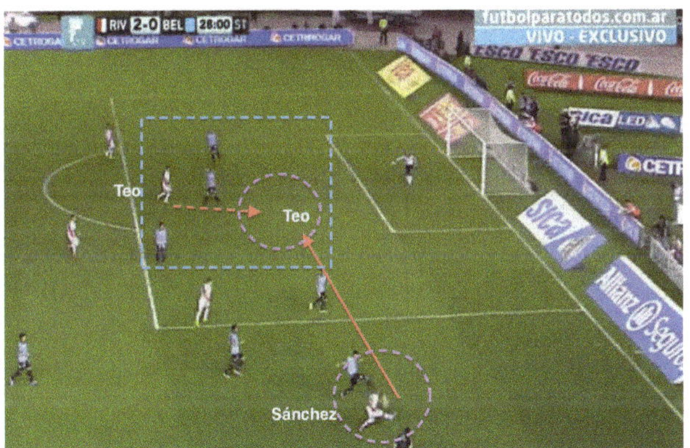


Centro de Carlos Sánchez y gol de Teo Gutiérrez a Belgrano

Teo define con gran categoría

Si bien asumiendo en un equipo que acaba de salir campeón un entrenador puede tener más para perder que para ganar, desde el contexto aparece como un plano favorable de trabajo. ¿Por qué? Más allá de querer darle un estilo propio y marcar fuerte su sello desde la elección de los nombres y las características, una de las medidas que debe aprovechar el entrenador entrante es sostener las principales virtudes del equipo que acaba de heredar. Se dijo que uno de los goles más gritados por los hinchas fue el que anotó Lucas Alario a Tigres, tras un gran centro desde el vértice izquierdo de Leonel Vangioni. Ese fue un punto de inflexión para River-equipo. Pero ese recurso, esa clase de anotación, tiene su historia. No fue algo fortuito ni librado a la inspiración de los jugadores.

River venía de dar la vuelta olímpica con Ramón Díaz en el Final 2014 y una de sus fórmulas en la consagración fueron los "centros-gol", generados luego de un desdoblamiento por las bandas, algo que el riojano empezó a trabajar desde 2013. Cuando asumió en su tercer ciclo en Núñez, mientras iba definiendo el esquema, le dio rodaje a las bandas. Haciéndose ancho para atacar y privilegiando la zona izquierda. Así, el equipo no necesitaba llegar hasta el fondo para desbordar ni ganar un uno contra uno. Los "centros-gol" eran ejecutados por Vangioni o Ariel Rojas en la zona del vértice izquierdo del área grande y sus adyacencias. Por Carlos Sánchez desde la derecha, luego con Carlos Carbonero. En ese primer River de Ramón en 2013, había partido desde el sistema táctico 3-4-1-2 y no renunciaba a los tres defensores cuando salía el líbero Adalberto Román; ya que mantenía la fisonomía con el ingreso de Leandro González Pirez. El DT pedía avance en bloque y a uno o (máximo) dos toques en la zona del medio campo, sociedades por las bandas, aunque la izquierda, con Vangioni, funcionó más y mejor que la derecha, con Sánchez. Ni qué hablar cuando dentro del equipo también estaba Ariel Rojas como doble 5, ya que lograba proyectarse en forma interna y se mostraba siempre como la primera alternativa de pase de Vangioni. Cuando el ataque nacía de un pelotazo de Barovero o de algún central, el equipo exigía ir a presionar en bloque a esa "segunda pelota". Y cuando el equipo lograba salir desde abajo, siempre se las ingeniaba para que aparezca un eslabón libre como receptor. Hasta los puntas

David Trezeguet y Rodrigo Mora eran capaces de bajar hasta el círculo central sólo para limpiar la jugada o ser apoyo de un mediocampista que venía de frente. Aparecían con un toque simple en la rueda del circuito de posesión para unir líneas y luego volvían a picar al área para ser alternativa de finalización. En ese reparto de roles, Cristian "Lobo" Ledesma era el responsable de iniciar con precisión (y pelota al piso) el avance.

Los "centro-gol" ya le habían dado resultados en el verano de 2013: por esa vía le había convertido dos veces a Boca. En Mar del Plata, Leonardo Ponzio lateralizó en Vangioni, que sacó un envío desde la izquierda hasta el segundo palo para Mora. En Córdoba, a los 27 minutos del segundo tiempo, ingresó Vangioni por Ezequiel Cirigliano, se cerró Rojas como doble 5 de Ponzio (que ya había entrado por Walter Acevedo) y de esa posición recibió un pase atrás de Vangioni para mandar el "centro-gol" desde el vértice izquierdo al segundo palo para Trezeguet. En el superclásico de Mendoza fue 0-0, pero a los 34 minutos del primer tiempo Vangioni consiguió un anticipo ofensivo ante Nicolás Blandi, metió un centro envenenado para Mora y su cabezazo se fue muy cerca del palo derecho de Oscar Ustari. Desde allí empezó River a darle vuelo a un recurso que hoy sigue explotando con Gallardo.

Pero Ramón se apoyó mucho en eso. En mayo de 2013, otra vez ante Boca (1-1), en la Bombonera, lo vulneró por esa vía en apenas 45 segundos. Pese a que quien sacó del medio fue el equipo xeneize, se encontró con un "centro-gol" de Carlos Sánchez y el cabezazo goleador de Manuel Lanzini, que impactó cerca del punto penal filtrándose entre Ledesma y Marín. Fue una acción rara en donde el local salió con algo preparado para el pique de Acosta por la izquierda; incluso Erviti había ganado ese rebote ofensivo tras el primer rechazo de Mercado, pero Acosta perdió con Ponzio y ahí arrancó la contra del conjunto millonario. Pese a que el avance tuvo una interrupción (el corte de Guillermo Burdisso al lateral, antes que reciba Funes Mori un pase de Lanzini), River aprovechó un mal rechazo del segundo central xeneize y volvió a anotarle a Boca con un "centro-gol".

En la previa de ese superclásico, había dudas sobre la ubicación de Vangioni: si iría como lateral o como carrilero por

la izquierda. Al final, cumplió la segunda responsabilidad en un 3-4-1-2, aunque River se paró defensivamente 4-4-2 en el retroceso, con Vangioni ocupando el lateral y Lanzini recostado como mediocampista por la izquierda a la hora de defender.

Ausente Ariel Rojas por lesión, el mejor socio de Vangioni para esta fórmula, en donde se buscaba atacar el espacio y ejecutar los centros a la altura del vértice del área grande, el desequilibrio llegó desde la derecha. Si bien no eran el plan "A" de ataque para Ramón, Carlos Sánchez y Mercado llegaban también con posibilidades a esa posición (lo harían mucho más desde la llegada de Gallardo). Ramón y Emiliano lo tenían muy claro: cuando el que aceleraba por la izquierda era Iturbe, lo hacía desde la posesión y buscando el desequilibrio en el uno contra uno. A los 34 minutos del primer tiempo en La Boca, el zurdo le ganó en la corrida a Marín, fue más al fondo y mandó un "centro-gol" que lo pasó a Funes Mori y le cayó a Carlos Sánchez, que sin oposición, desperdició una chance muy clara. Hubiera sido el 2-0. El mediocampista uruguayo es otro que tendría guardado mejores capítulos protagónicos ante Boca para más adelante.

Carlos Bianchi, DT de Boca, lo sabía y lo charló con los jugadores antes, en la planificación del partido. Como encima aquél Boca sufría con el juego aéreo en las pelotas paradas y en los envíos cruzados, la idea era que entre los laterales y los volantes externos xeneizes le impidan a River tirar centros. En líneas generales lo consiguió, ya que salvo en las situaciones mencionadas (y en la primera con un rebote hacia afuera difícil de seguir) no sufrió por esa vía. Pero ese River era así: no necesitaba llegar demasiado para lastimar con ese recurso.

En el título que consigue Ramón Díaz en el primer semestre de 2014, su principal arma para ganar fueron los "centros-gol" de Carbonero y Mercado desde la derecha; de Rojas y Vangioni desde la izquierda. Los primeros diez goles que anotó de jugada colectiva fueron con esa fórmula. El 1-0 a Quilmes (centro de Vangioni, cabezazo de Carbonero y gol de Cavenaghi en el rebote del arquero) fue parecido al 1-0 a Newell's: centro de Rojas para Cavenaghi y anotación de Carbonero en el rebote del arquero. Con esa receta les hizo goles a Godoy Cruz, San Lorenzo, Rafaela, Boca, Olimpo (el remate desde afuera de Carbonero

nació de un rebote de un centro de Rojas para Cavenaghi) y Racing. El ataque modelo fue el gol de Teo Gutiérrez a San Lorenzo, por la 5° fecha: triangulación por la derecha con Ledesma, taco de Cavenaghi y centro de Carbonero al primer palo para la resolución del colombiano.

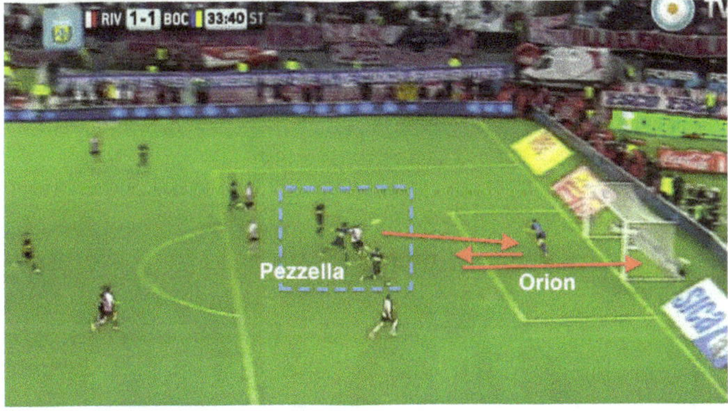


En el primer cruce oficial ante Boca, con Gallardo como DT, en el segundo semestre de 2014, por el torneo Transición, River terminó igualando sobre el final con un centro de Funes Mori y una arremetida de Germán Pezzella, primero cabeceando en el punto penal y luego punteando a la red el rebote corto de Orion. En un Monumental colapsado por la lluvia, la búsqueda del juego aéreo (más la decisión de poner a Pezzella de N° 9) volvieron a ser decisivos en un clásico. Pero la historia, para la explotación de ese recurso, no se circunscribe a los cruces superclásicos.

# UN RECURSO POTENCIADO

Con la llegada de Gallardo, River no solo se mantuvo peligroso con los "centros-gol", sino que encima los mejoró. Por eso una de sus principales armas de ataque siguió estando por las bandas, lo que podía generar con los envíos fabricados por los tándem Mercado/Solari/Mayada-Sánchez y Vangioni-Rojas/ Pity Martínez.

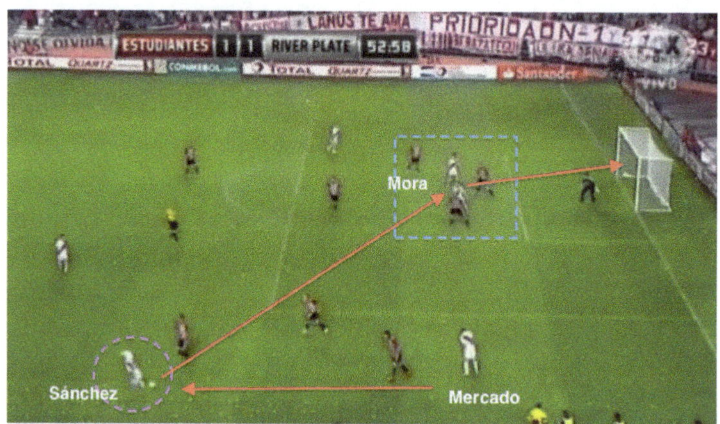


Apoyo de Mercado, centro de Sánchez y gol de Mora a Estudiantes

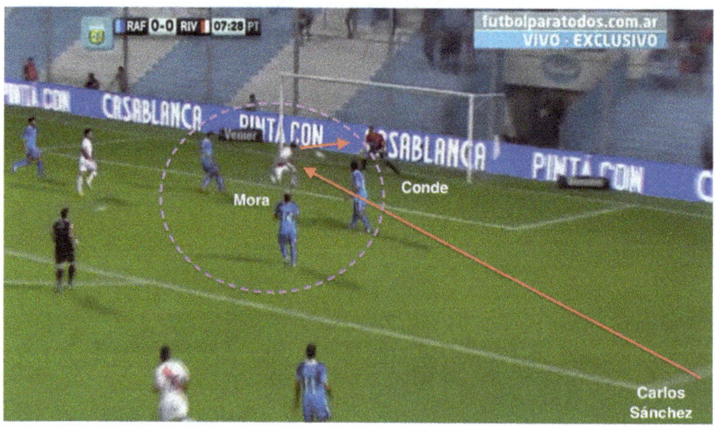


Asistencia de Sánchez y casi gol de Mora a Rafaela

En la Copa Sudamericana de 2014 hubo un gol modelo que refleja el desequilibrio de River por esa vía, el que le marcó Rodrigo Mora a Estudiantes en La Plata, por el primer partido de los cuartos de final. Se proyectó Gabriel Mercado por la derecha y sorprendió tirando un taco para el respaldo de Carlos Sánchez; el uruguayo envió el centro-gol de primera al punto penal y Mora cabeceó cruzado al gol, al palo derecho de Hilario Navarro. Fue un gran movimiento de los tres intérpretes. Y el segundo tanto millonario fue en contra de Schunke, pero tras un centro-gol de Sánchez, en ese caso apareciendo sobre el vértice izquierdo. Quien habilitó a Sánchez en el 2-1 fue Teo Gutiérrez. Pero River intentó seguido por esa vía en cualquier cancha y frente a cualquier rival, como se ve en el ejemplo ante Atlético, en Rafaela, en un campo de juego más chico que los habituales.

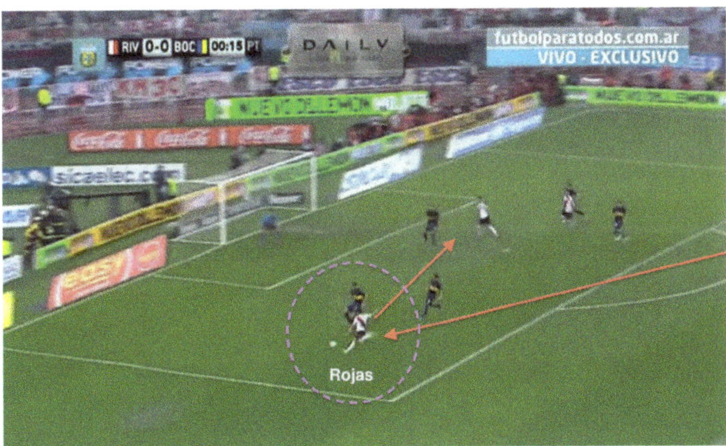

En el superclásico disputado bajo la lluvia del Monumental, por el torneo Transición 2014, River tardó 15 segundos en atacar al equipo de Arruabarrena con un centro; fue de Ariel Rojas para Teo Gutiérrez y Mora.

Cuando un recurso está aceitado (y cada uno conoce o intuye acciones de pase o finalización del compañero), también la suerte puede tener su porcentaje de beneficio. Porque por la vía de un centro-gol llegó el 1-0 de Leonardo Pisculichi a Boca, por el desquite de las semifinales. Vangioni recibió sobre el vértice izquierdo y probó un remate al arco que le salió en forma de centro a la medialuna del área grande y, después sí, la definición junto al palo derecho de Orion fue precisa.

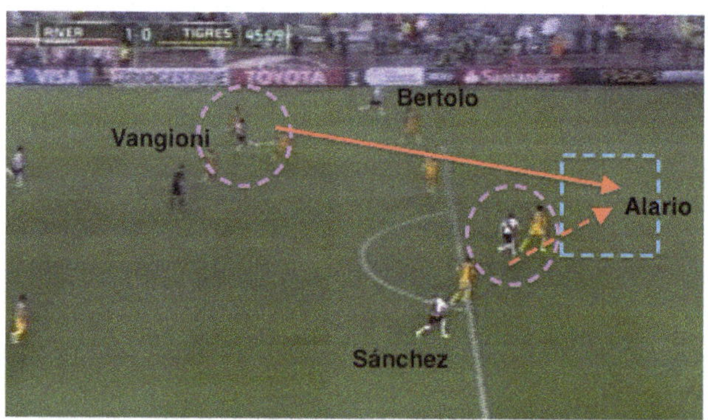

En la Copa Libertadores 2015, más allá del apuntado gol de Alario en la final, el recurso fue explotado por Pity Martínez, con un "centro-gol" de rastrón para el gol de Teo Gutiérrez en la goleada ante San José 3-0, en el cierre de la fase de grupos. Los goles ante Guaraní (2-0 en Núñez y 1-1 en Paraguay) los resolvió de contraataque (dos) y el restante de pelota parada, pero de arranque en la ida, en el Monumental, el arquero Alfredo Aguilar le sacó una pelota excelente a Alario, que había cabeceado un "centro-gol" de Mora desde la derecha al primer palo. Mora puede moverse por el centro como por la derecha. Incluso cuando al uruguayo le tocó jugar con Lucas Boyé, también lo buscó de la misma forma, como se ve en el ejemplo de un partido contra Vélez, en Liniers.

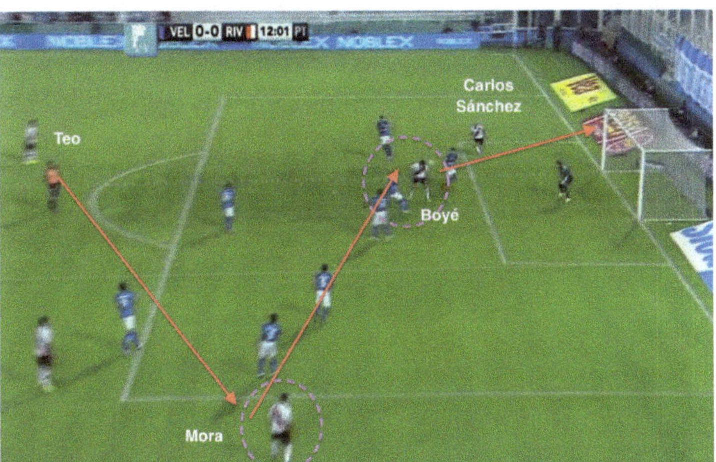


En la Recopa 2015, ante San Lorenzo, en el Nuevo Gasómetro Carlos Sánchez convirtió tras anticipar en el primer palo un centro desde la derecha de Mora. Rodrigo es un delantero con olfato y gol, con facilidad para resolver dentro del área, pero también para cumplir ambos roles de desequilibrio, tanto por afuera como por adentro. Y en la ida en el Monumental, el gol de Sánchez no llegó por la vía del centro, pero en la primera etapa (cuando River se llevó por delante al equipo de Edgardo Bauza con actitud y juego) la chance más clara la generó con un "centro-gol" de Mora para Teo Gutiérrez, pero la palomita del colombiano fue salvada entre Torrico y el palo izquierdo del arquero.

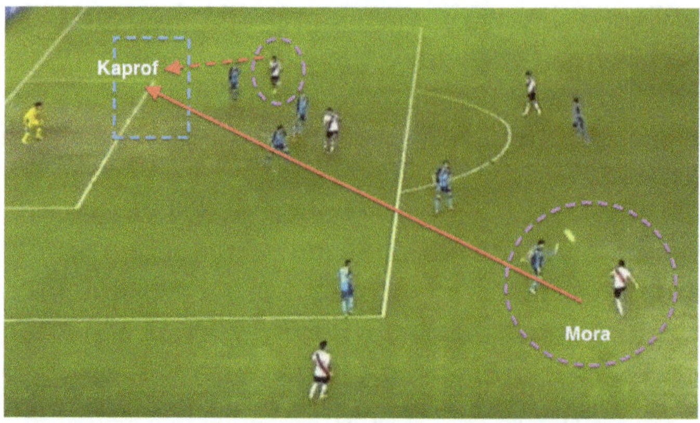


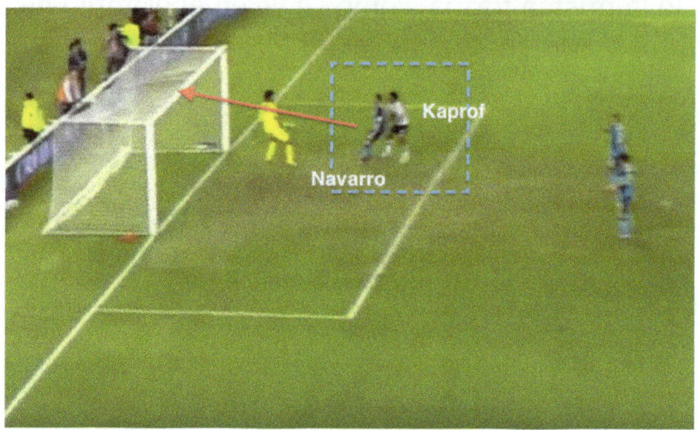


Por la Supercopa Euroamericana, partido que River le ganó a Sevilla 1-0, el tanto lo convirtió Juan Cruz Kaproff, de taco, entrando por el segundo palo, tras un "centro-gol" de Mora enviado desde el vértice izquierdo y que cayó a la espalda del defensor Navarro. Otra vez Mora mostrándose peligroso ya sea yendo por afuera o siendo él la principal referencia dentro del área.

River hizo diferencia mediante los centros-gol, con esos envíos sencillos desde la ejecución pero difíciles de defender porque, desde la constancia de sus ejecutores y la eficacia de sus definidores, siempre terminaban generando desequilibrio en las redes rivales.

# TRIANGULACIONES Y DESDOBLAMIENTOS

Otros ejemplos. Por lo general, quienes llegan a posición de centro son Carlos Sánchez y Mercado por la derecha y sucede lo mismo por la izquierda, con el tándem Rojas-Vangioni (sobre todo, los más capaces y desequilibrantes en el rubro). Osmar Ferreyra, que también tiró buenos centros con zurda desde los vértices y preocupó con un tiro libre directo. Los "comodines" que colaboran acercándose por ambos sectores para las triangulaciones y desdobles fueron Pisculichi o Teo Gutiérrez.

Un ataque modelo. El gol de Teo Gutiérrez a Rosario Central (PT, 16min), por la 2ª fecha del torneo de primera división 2014, puede servir como un buen ejemplo, ya que River generó la acción primero con una presión alta y luego con un centro-gol de Vangioni desde el vértice izquierdo que se cerró sobre el segundo palo y terminó empujando la pelota a la red el colombiano. En ese mismo partido, se utilizó la misma fórmula, pero atacando por la derecha y definiendo por la izquierda con un centro-gol de Carlos Sánchez y un zurdazo a la carrera de Ariel Rojas que dio en el palo derecho de Caranta (PT, 27min). Como se dijo, hasta el 1-0 de Kaproff, de taco, ante Sevilla, por la Euro-americana, se generó luego de un centro-gol de Mora desde el vértice izquierdo. Ya entrado el campeonato, el primer gol de Alario a Chicago (PT, 21min), previo al sombrero sobre Masuero y la definición de jerarquía, llegó por intermedio de un centro gol con zurda de Saviola desde la derecha, cerrado sobre el segundo palo.

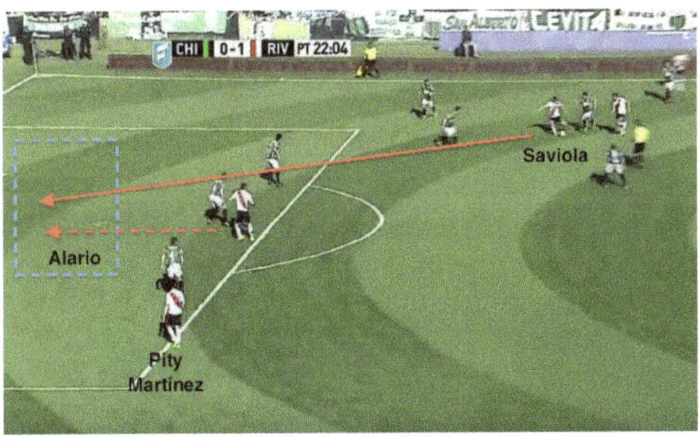

Todos los adversarios sabían que River podía ser peligroso por esa vía. Sin embargo, quizás podían contrarrestar el primer envío, el segundo, pero el tercero… terminaba en gol.

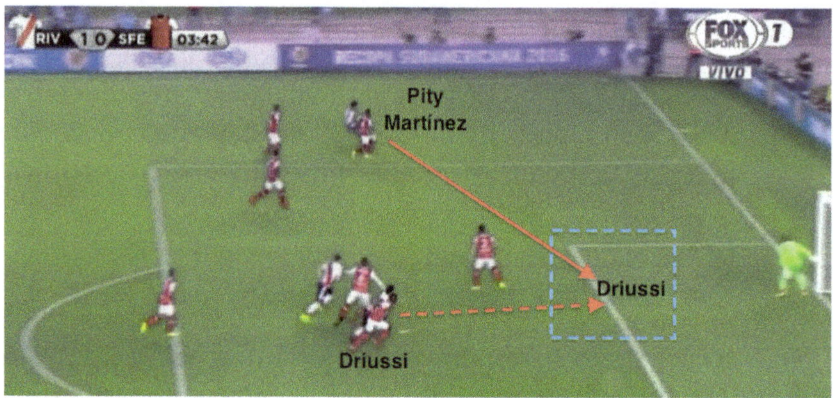


Centro gol de Pity Martínez para el gol de Driussi. Significó el 1-0 en la Recopa 2016 vs. Independiente Santa Fé.

# CAPÍTULO 6.
# PONZIO + 10, MÁS GARRA QUE ELEGANCIA PARA GANAR LA COPA

Cuando el nivel del River vistoso y contundente empezó a decaer desde lo individual y lo colectivo en un torneo Transición que además encontraba, en forma paralela, en alza al Racing de Diego Cocca, Gallardo se sintió obligado a darle un tinte más sólido y guerrero al equipo. Sobre todo, porque

Pisculichi estaba declinando su rendimiento. Allí evaluó la idea de romper con el sistema 4-3-1-2 y que nazca el doble 5 entre Leonardo Ponzio y Matías Kranevitter como base fuerte dentro de la estructura 4-4-2.

**ANTICIPOS OFENSIVOS DE PONZIO (CÍRCULOS) VS. ESTUDIANTES (COPA SUDAMERICANA)**

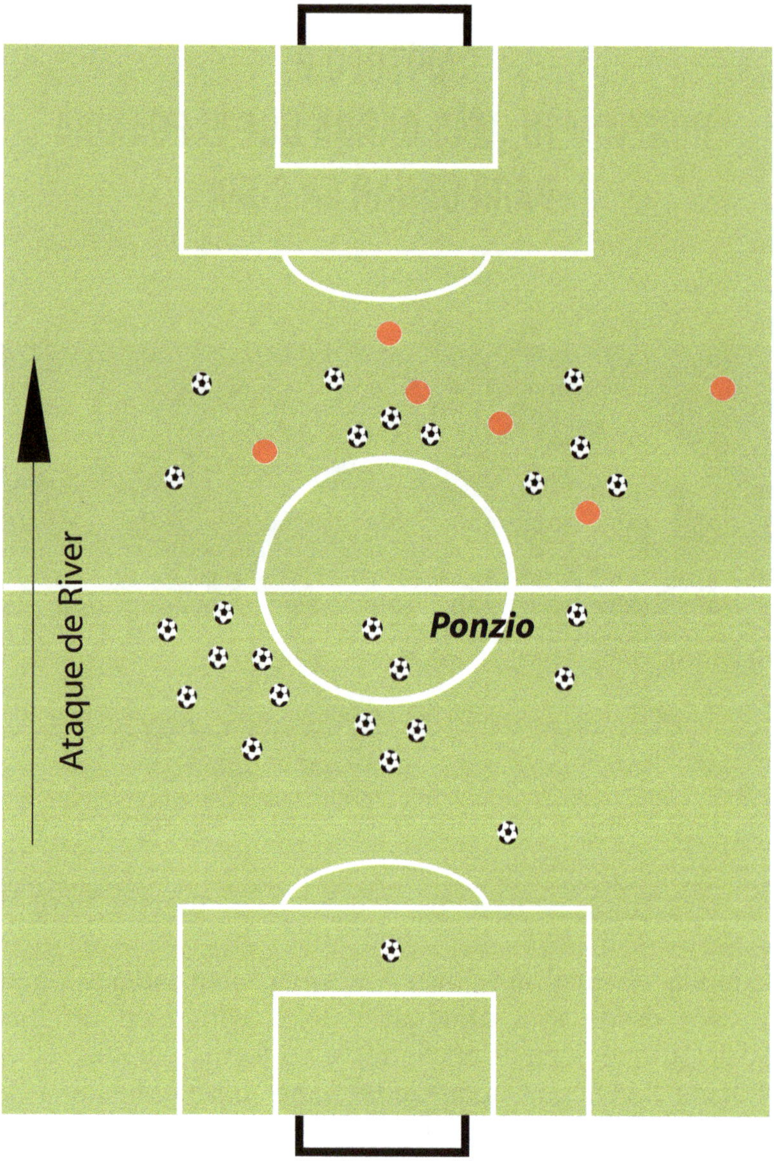

Ataque de River

Ponzio

Y uno de los partidos en donde River hizo el quiebre desde las formas y el estilo fue, justamente, en la Bombonera, por la ida de las semifinales de la Copa Sudamericana 2014. A partir de allí, un Ponzio que estaba a punto de irse a Banfield si Ramón Díaz renovaba su contrato a mediados de año empezó a sonreír por la decisión que había tomado de quedarse en Núñez. Entendió a Gallardo cuando eligió a Kranevitter como su cinco titular, pero siguió trabajando a la par del resto porque se dio cuenta que arrancaba de cero y que, haciendo las cosas bien, podría encontrar una revancha. El Muñeco le dio la posibilidad, ni más ni menos, de volver a sentirse útil. Y Ponzio sacó a relucir su personalidad en el momento en donde River más necesitaba de la garra. Es cierto que esa noche debió irse expulsado por reiteración de infracciones, que algunas faltas millonarias rozaron el límite de las rojas directas, pero (desde lo táctico y estratégico) Ponzio fue la bandera en referencia al plan a aplicar. Batalló, metió y hasta tuvo un cruce personal con Fernando Gago en uno de los duelos de los mediocampistas centrales. Esa noche nació un nuevo Ponzio y un nuevo River, capaz de mantener el protagonismo y las ganas de ganar en los partidos inmediatos posteriores, pero también demostrando que, en situaciones complejas o de pensamientos sin tanta claridad ofensiva, también valían los recursos defensivos. Por eso luego su inclusión tomó más fuerza en la Copa Libertadores 2015.

Si Pisculichi fue la sorpresa y alma de un equipo en el mejor momento futbolístico, Ponzio fue el capitán sin cinta en las situaciones de mayor adversidad, cuando los jugadores estaban obligados a mostrar otro tipo de juego y tenacidad. Ya en la llave previa a Boca, con Estudiantes, en La Plata, el exvolante de Newell's y Zaragoza de España había mostrado sus virtudes, sobre todo para los anticipos ofensivos (6) en campo rival.

Uno de sus partidos más completos los jugó ante Cruzeiro, en Belo Horizonte, por la Libertadores 2015. Ahí no sólo metió y corrió, sino que además se destacó ofensivamente con anticipos en campo rival que no solo marcaron presencia, sino que además generaron situaciones de gol para el conjunto millonario.

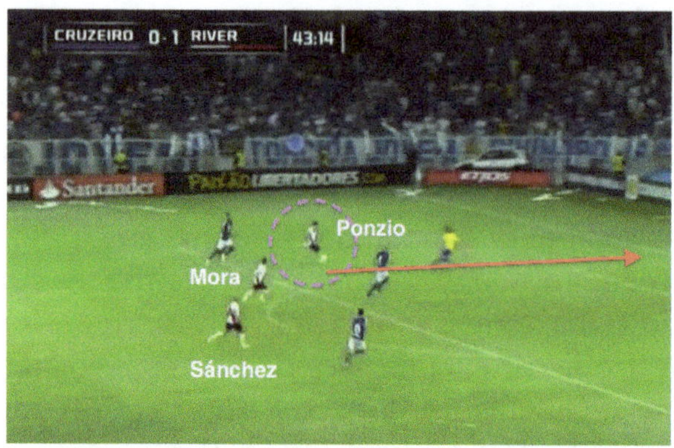


Ponzio pisando el área frente a Cruzeiro

Yendo a presionar a campo rival

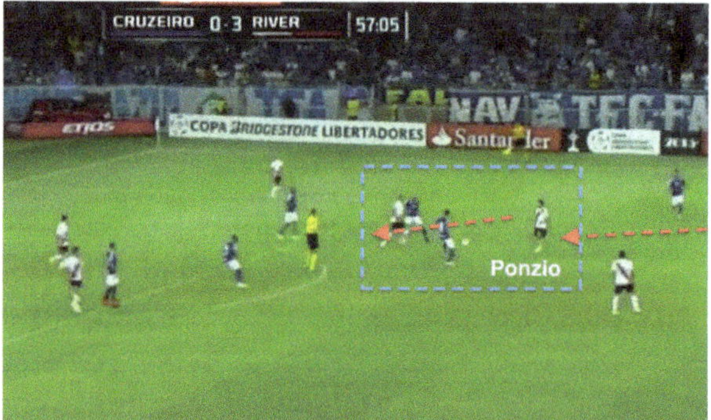


Manteniendo una presión sostenida hasta que termina la jugada

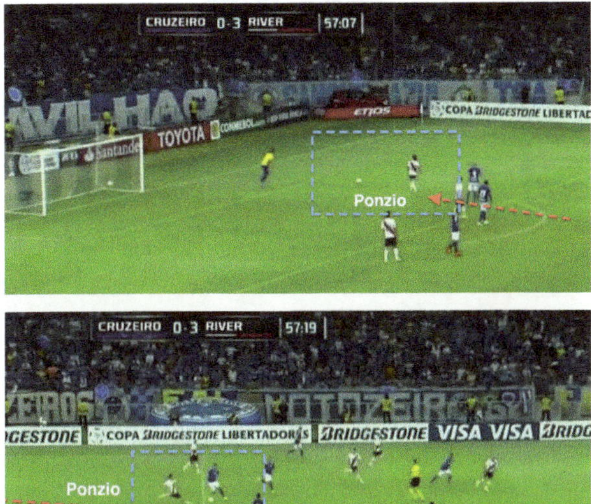


Ponzio en la misma jugada, pasó de presionar alto y pisar el área rival, a volver enseguida, cumplir con el retroceso y recuperar esa misma pelota que River había perdido en ataque

Ponzio analizó la influencia del director técnico en este ciclo exitoso: "Gallardo le dio a River un estilo con el que se identifican los hinchas. River volvió a jugar como a la gente le gusta, porque es un equipo que contagia, se esfuerza y nunca deja de mirar el arco rival. Gallardo siempre dice que cuando el equipo tiene un estilo ya se ganó algo, y que si eso se corona con un título, mucho mejor. Nosotros nos sentimos representados por la idea de Gallardo, sobre todo en esa intensidad para jugar que nos hace diferentes".

En Japón, ante Gamba Osaka, Ponzio fue titular y jugó hasta los seis minutos del segundo tiempo, cuando fue reemplazado por Pisculichi. En esa mañana argentina, tarde/noche japonesa, Gallardo se la jugó con el esquema más clásico: 4-4-2, con Barovero; Mercado, Maidana, Funes Mori y Vangioni; Sánchez, Kranevitter, Ponzio y Bertolo; Driussi y Saviola.

## PONZIO JUGANDO EN EL MEDIO VS. GAMBA OSAKA

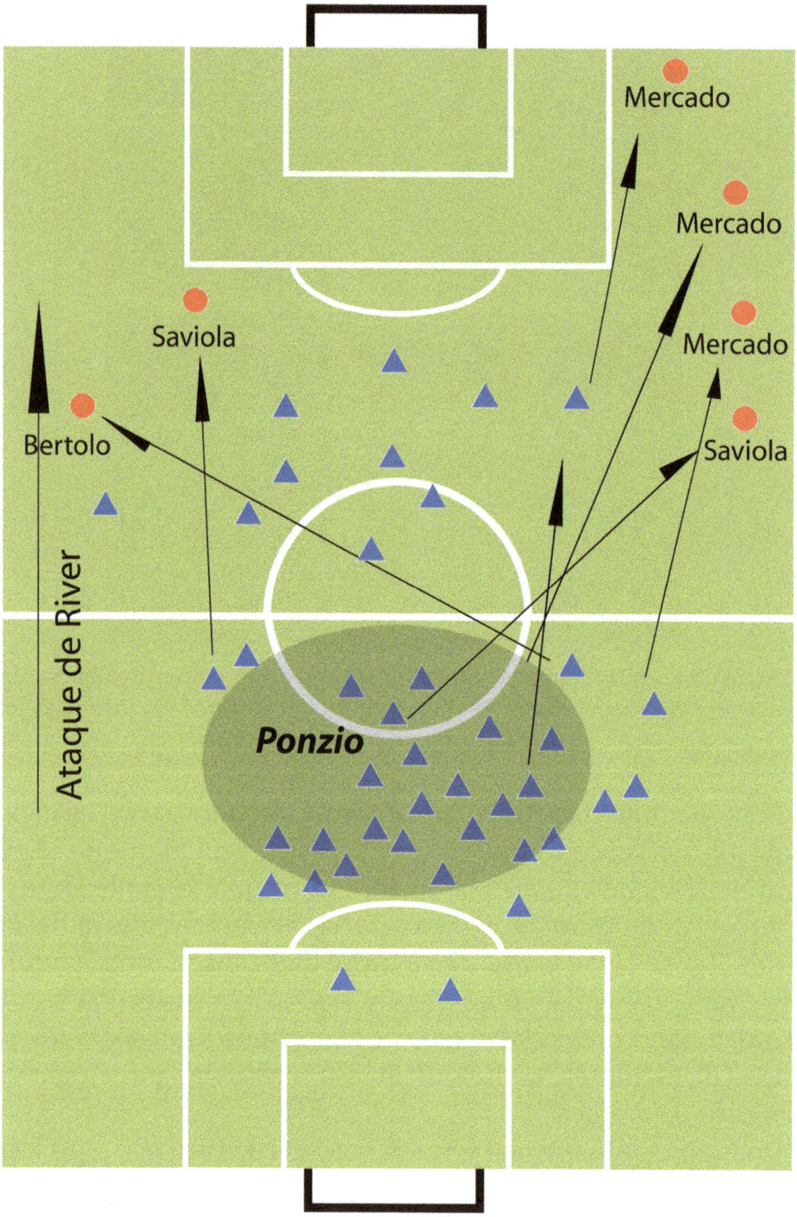

Mercado
Mercado
Saviola
Mercado
Bertolo
Saviola
Ataque de River
*Ponzio*

Ahí Leo volvió a destacarse con anticipos ofensivos, producto de su presión en campo rival. Sumó cuatro recuperaciones, cometió una falta y recibió otra, y se dio el lujo de pisar el área rival sobre el final del primer tiempo para ir a buscar un pase pinchado vertical de Saviola al punto penal. Esa fue siempre otra característica de Ponzio: ir con la presión alta hasta las últimas consecuencias en los metros finales.

Gallardo explica el contexto del nuevo equipo: "La gente dice: Jugabas con Pisculichi, un zurdo exquisito, y ahora pusiste a Ponzio. Yo lo puse a Ponzio porque Pisculichi andaba maaaal. Si Pisculichi jugaba bien, seguía Pisculichi. Esos son los momentos que ustedes desde afuera pueden decir: "¿qué pasó?" No. Yo, desde adentro, tenía que pensar. Pisculichi estaba mal, y no tenía otro Pisculichi y por eso puse a Ponzio, pero con la misma idea, la misma mentalidad y la misma ambición".

## PONZIO DE LÍBERO, UNA DE LAS INNOVACIONES TÁCTICAS

Gallardo siempre fue de analizar los movimientos de los rivales en función de potenciar virtudes de su propio equipo. Por la 20ª fecha del torneo de primera división 2015, recibía en el Monumental al ofensivo San Martín de San Juan de Carlos Mayor. Analizó el contexto, observó que había varios jugadores cansados luego del trajín por el viaje en la conquista de la

Suruga Bank ante Gamba Osaka, y, viendo que el equipo sanjuanino suele presionar bien alto a sus adversarios y que trata de plantarse de igual a igual más allá de los escenarios y potencial de los equipos que enfrenta, resolvió una de las últimas innovaciones tácticas de su ciclo: Leonardo Ponzio de líbero. "Intentamos retrasar a Ponzio para que los laterales puedan subir a la mitad de la cancha. Busqué poner más gente en el ataque ya que no tenía delanteros de referencia", explicó luego el técnico. De esta forma, además, intentó contrarrestar de entrada un planteo que, a partir del 4-3-3, Mayor le iba a hacer, sobre todo con la presión alta de los delanteros Figueroa (por la derecha), Pumpido (por el centro) y Daniel González (por la izquierda).

River salió a jugar 3-5-2, con Ponzio entre Maidana y Funes Mori, y por delante Mercado, Sánchez, Kranevitter, Vangioni y Bertolo; y arriba, Saviola y Pity Martínez. El sistema necesitaba movilidad para atacar y eso tuvo el equipo, aunque le faltó efectividad en los pases, más en las últimas entregas, para generar mayor cantidad de situaciones de gol claras, que igual las tuvo.

El problema estuvo atrás. Porque Ponzio cumplió en su rol de marcador, sobre todo a partir de sus diez anticipos defensivos, pero muchas veces no manejó coordinadamente la altura en el retroceso junto con los centrales. Y, en otras, tomó decisiones como mediocampista, siendo ahora él el último hombre. En ese contexto, cada presión ganada sobre él, terminaba en un ataque directo hacia Barovero.

Así como Ponzio fue uno de los jugadores emblema del ciclo Gallardo, uno de los problemas que vislumbró el técnico fue que los reemplazos traídos como refuerzos (Nico Domingo, Joaquín Arzura, Ivan Rossi) no ofrecieron un rendimiento que esté a la altura de la influencia de Ponzio cuando el referente no podía jugar. Incluso en los comienzos de 2018 buscó a Damián Musto (ex Central, a quien enfrentó en la final de la Copa Argentina 2016), pero una sanción tardía por doping del volante frustró el pase a River.

## LOS MOVIMIENTOS DE PONZIO COMO LÍBERO VS. SAN MARTÍN Y SUS DESCARGAS LARGAS

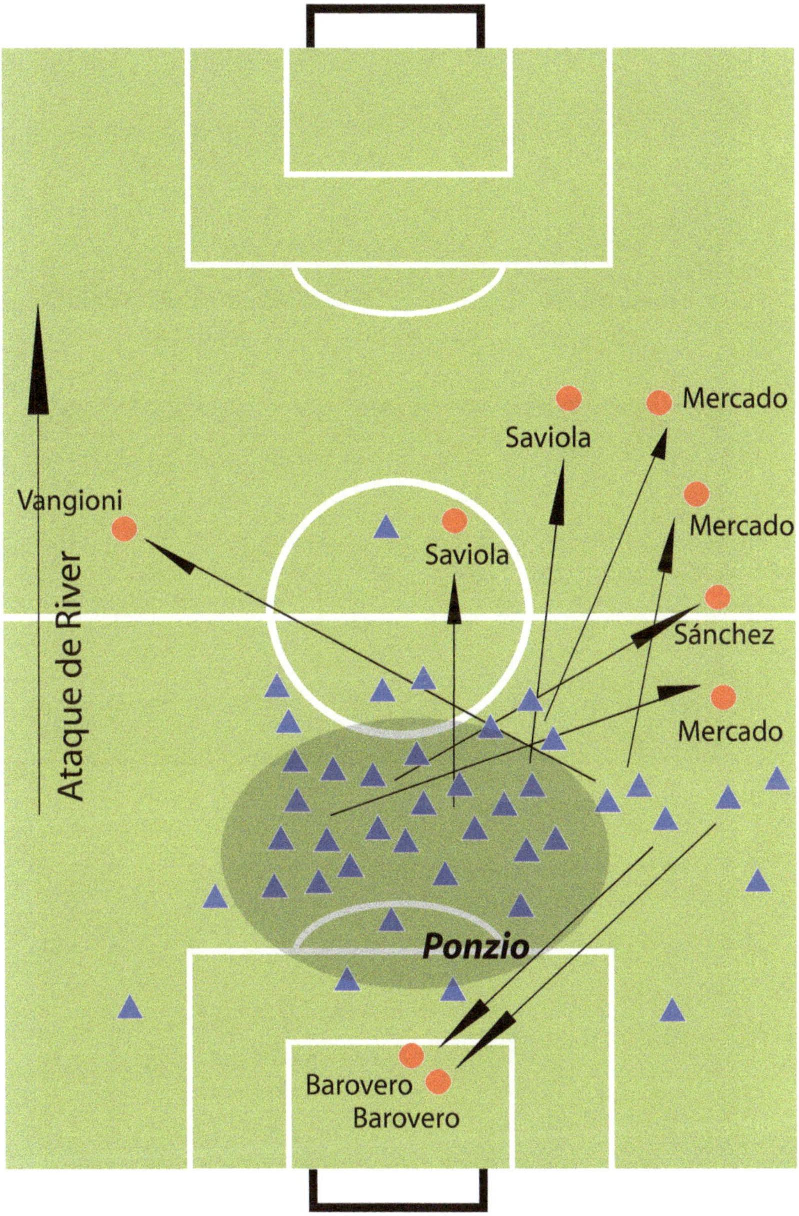

Mercado
Saviola
Vangioni
Mercado
Saviola
Sánchez
Ataque de River
Mercado
**Ponzio**
Barovero
Barovero

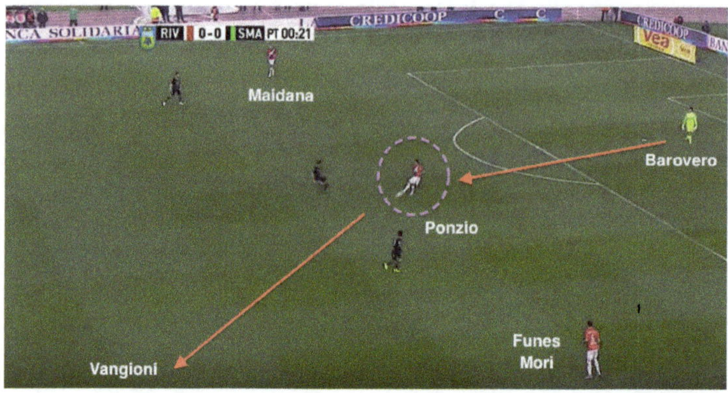


Fue el primer pase de salida para Barovero

Todo el equipo de River en 40 metros

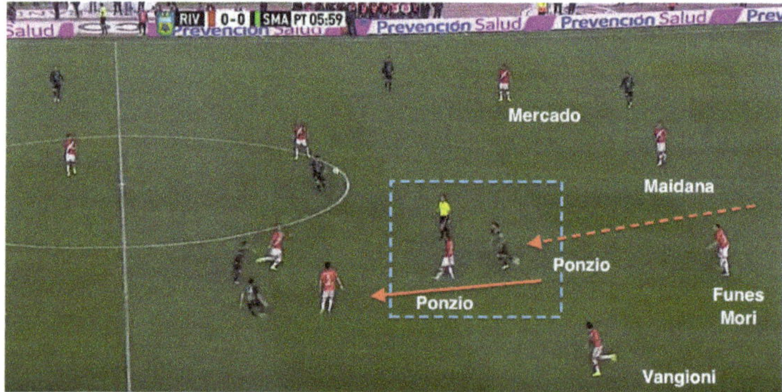


Anticipo defensivo de Ponzio sobre Pumpido

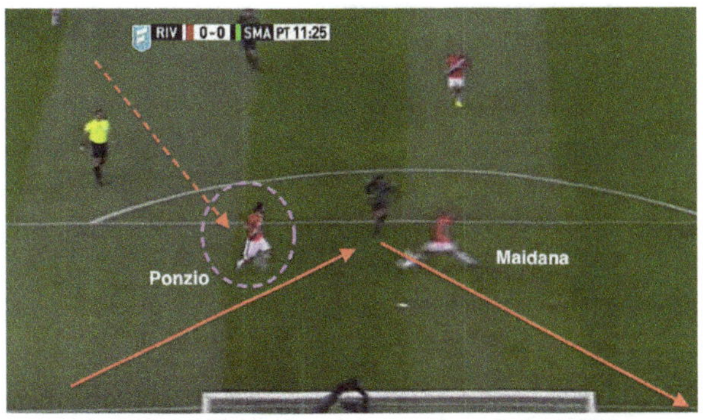

Falla dentro del área y gol del número 9 de San Martín

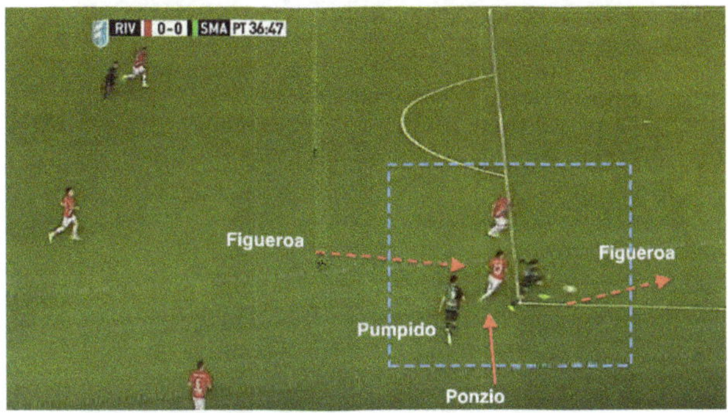

Mala decisión de Ponzio, con una salida interior;
cortó Figueroa y se fue directo hacia Barovero

El primer anticipo de Ponzio sobre Pumpido fue a los 5min59s, y él cumplió la doble función de líbero por delante también, saliendo a romper defensivamente por delante de la línea de Maidana y Funes Mori cada vez que la acción lo requería. Incluso uno de los anticipos fue sobre el círculo central, lo que le generó un elogio de Gallardo desde el banco en ese momento, pero también falló cuando fue presionado por el Nº 9: a los 36 minutos del primer tiempo, fue exigido por Figueroa, el delantero le robó la pelota y remató a la carrera desviado. En esa acción puntual hubo un error de Ponzio porque cerró hacia adentro con una gambeta.

En el gol de Pumpido, ya en la segunda etapa, pudo hacer algo más, pero tras el centro de Iberbia desde la izquierda se enredó entre Figueroa y Bertolo, que bajó a colaborar, y cuando la pelota le cayó a Pumpido ya nada pudo hacer.

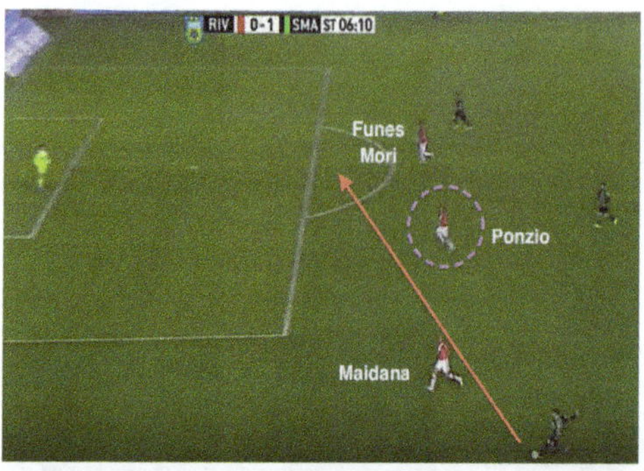


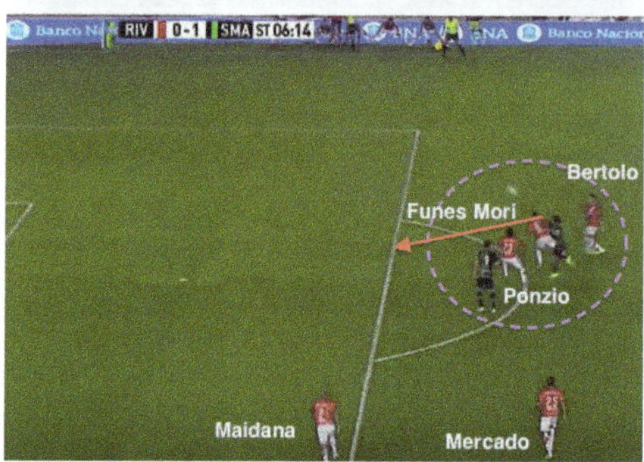


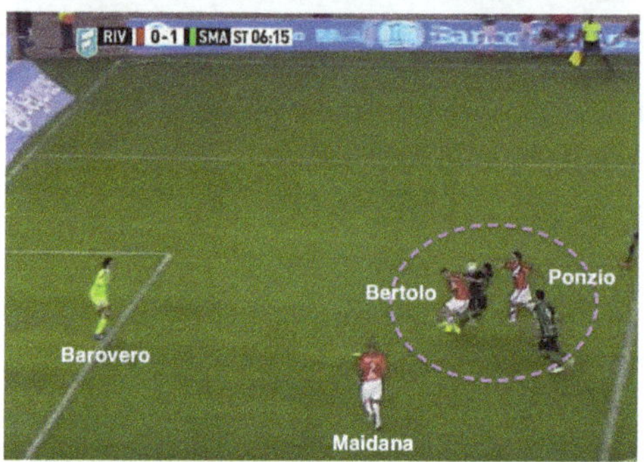

Ponzio no estuvo lúcido en el gol de Pumpido, aunque también hubo responsabilidades de Bertolo y Maidana

A los 8 minutos San Martín se quedó con diez futbolistas por la expulsión de Daniel González, y allí comenzaron los cambios ofensivos de Gallardo, aunque la primera modificación no fue con el ingreso de un suplente, sino con adelantar a Ponzio a la zona de volantes. Un minuto después, con el ingreso de Driussi por Mercado, River quedó parado 2-1-3-1-3, con Barovero; Maidana y Funes Mori; Ponzio; Sánchez, Kranevitter y Vangioni; Driussi; Pity Martínez, Saviola y Bertolo.

Esa tarde, comenzando como líbero y terminando como mediocampista, Ponzio tocó 89 pelotas, realizó 68 pases (con una precisión del 91% según la empresa Opta), apenas cometió una falta (y recibió otra), no remató al arco y generó diez anticipos defensivos, además de recuperar 9 pelotas. Más allá de los números favorables, está claro que Ponzio tuvo tardes mejores con la camiseta de River.

"Jugué en una posición que yo conocía bien, más retrasado. Antes lo venía haciendo mucho más adelante. Te cambia el panorama, ves todo desde lejos", reconoció Ponzio luego de esa experiencia. Cumplió ese rol ocasionalmente en España, también en el River de Diego Simeone. No fue la primera vez que el mediocampista jugó allí, pero sí la primera vez que así lo utilizó Gallardo.

## EL DÍA QUE PRESIONARON AL LEÓN

Tan generador de este tipo de situaciones a favor de River, sobre todo en los cruces internacionales con Boca y en el recordado partido con Cruzeiro, en Belo Horizonte (3-0), por la Copa Libertadores, Leo Ponzio terminó padeciendo un recurso que hasta ese día él siempre había utilizado en beneficio propio. Sucedió en el gol de Rolfi Montenegro (Huracán) en el 1-1 en el Monumental, por la 22ª fecha del torneo de primera división. Estaba por terminar el primer tiempo. Marcelo Barovero, presionado por Abila, abrió para Maidana y, no bien le hizo el pase, le señaló que la juegue "hacia fuera" para Mercado. Primer error millonario: el central jugó con el volante tapón un pase

filtrado interior y con todo Huracán respaldando la presión de Wanchope. Ponzio recibió, presionado por Toranzo y el segundo error fue que (otra vez) en lugar de sacarla para "afuera", intentó apoyarse con una entrega lateral e interior hacia Balanta. Todo en los carriles centrales, donde un robo en esa zona (y con el equipo abierto para salir jugando) facilitaría las cosas para el contraataque rival. Montenegro presionó a Balanta, robó y batió a Barovero con un remate desde afuera del área que se desvió en el defensor colombiano. Más allá de la fortuna en el cambio de dirección del balón, el mérito de Huracán fue presionar en bloque esa salida, no en forma individual. Si Abila iba sobre Maidana, pero Toranzo no lo hacía sobre Ponzio, el contraataque no prosperaba. De todas formas, este tipo de acciones denotan más una falla defensiva que una virtud ofensiva. Una mala decisión te puede hacer empatar un partido que merecías ganas; dos malas decisiones te dejan con las manos vacías directamente.

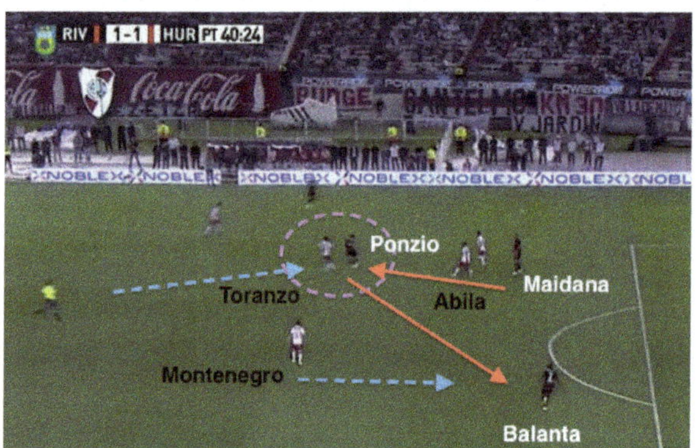


Oscar López, uno de los técnicos con más sabiduría del fútbol argentino, solía trabajar mucho la presión en la zona del medio campo, sobre todo en los carriles centrales. Armaba trabajos tácticos para generarle una "emboscada" en la salida del rival y, una vez allí, presionaba para robar y salir rápido de contraataque. "La presión: sobre la banda solo si es en zona 3 (en la salida del rival). Sino, no. Y en zona 2, solo si es por el centro. Porque ahí recuperás y vas hasta el fondo. Si yo te robo ahí, te lastimo...", explica en cada charla de café. Pero el mejor aliado de la presión es el anticipo. López lo desarrolla así: "A partir del anticipo, viene una jugada de gol. Porque el rival está abierto, desplegando sus alas para atacar, los jugadores se proyectan y se abren para entrar en juego. Por eso digo y repito. Si yo te anticipo, te lastimo". Hasta ahí, el mérito ofensivo. Pero en ese gol de Montenegro a River, además de haber acciones destacadas en quienes ejercieron la presión y atacaron, también hubo fallas graves en las decisiones que tomaron quienes defendían.

Ponzio sufrió un bajón entre agosto y septiembre de 2015. Tal fue así que debió ser reemplazado por Gallardo en el entretiempo ante Chicago, en Mataderos, y antes que finalice la primera etapa ante Boca, en el Monumental. En ambos partidos se pasó de rosca con el tenor de las infracciones y debió ser expulsado. Pero los árbitros le dieron una chance más y quien la aprovechó fue el técnico: antes de quedarse con un futbolista menos, lo reemplazó.

## DEL PRIMER PASE DE KRANEVITTER A UN EJE DE PRESIÓN

Matías Kranevitter seguirá su carrera en Atlético de Madrid y fue otro de los valores que en el ciclo Gallardo fue convocado a la selección argentina. Sin embargo, su principal mérito fue, no hace mucho, escuchar a Ramón Díaz. El riojano estaba preocupado porque le veía un gran potencial pero el juvenil, que estaba haciendo sus primeras armas en primera, tenía un bajo porcentaje de eficacia en los pases. Por eso en medio de una práctica se acercó al Lobo Ledesma, un experto en la materia, para que aún jugando para los suplentes, obligara a Kranevitter a elegir mejor la alternativa de pase y... la ejecución. Ramón quería que Matías aprenda más a jugar con los espacios y pudiera resolver incluso más rápido esas entregas. Su fuerte no era el toque, pero sí era más que considerable su capacidad para observar el juego y acumular conceptos. Ramón armó un plan especial de trabajo con Marcelo Escudero, uno de sus ayudantes de campo, que se quedaba entrenando especialmente con él tiempo extra en las prácticas. Algunos ejercicios parecían simples, otros no tanto, pero siempre existía la búsque-

da. Federico Andrada, actual jugador de Atlético de Rafaela, se quedaba ayudando a Kranevitter: Escudero trabajaba específicamente en la capacidad del Colorado como lanzador y le pedía al delantero que se quedara para picar o recibir la pelota.

Con Gallardo encontró un mejor orden táctico y la continuidad buscada. Ayudó que Cristian Ledesma, el mismo que lo aconsejaba desde su experiencia, se fue a Argentinos. Pero Kranevitter, que desde chico ya tenía facilidades para el aprendizaje, siguió escuchando. Hubo un momento en donde se afianzó el doble 5 con Ponzio. Por lo general él se quedaba más relevando a los centrales o siendo su primera rueda de auxilio y Ponzio se adelantaba más. Pero cuando el contexto lo permitía, hasta se animaba a encarar y rematar desde afuera, como ante San Martín de San Juan, que estuvo cerca de convertir. Claro, ese día Ponzio jugó como líbero, más retrasado que Kranevitter.

Kranevitter mejoró su eficacia en los pases. Jugaba simple, recuperaba y se apoyaba con el compañero más cercano, sabía que no necesitaba de un caño o una gambeta para recibir una ovación. Por citar algunos ejemplos bajo la gestión de Gallardo, en el debut del torneo de primera división 2015, en Junín, en

la victoria de River 4-1, mostró una eficacia del 90% en las entregas sobre 66 balones tocados; frente a Belgrano, en Córdoba (triunfo de River 2-1), volvió a ser el más eficaz en el rubro junto con Sánchez, ambos con el 80% de eficacia, en el caso de Matías sobre 59 balones jugados. Frente a San Martín, un 81% sobre 49 pases, aunque jugó menos porque fue reemplazado por Pisculichi. Y ante Estudiantes, en La Plata, también por el torneo local 2015, consiguió una efectividad del 86% sobre 60 pases. En la Copa Libertadores 2015, tuvo un porcentaje de eficacia del 70% en las entregas.

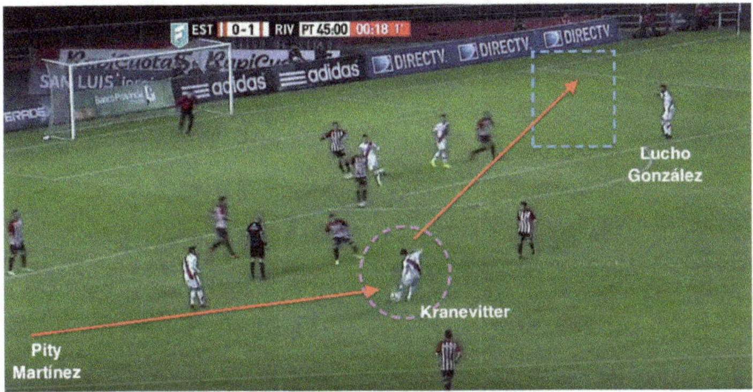


Asistencia de Kranevitter para Lucho Gonzalez frente a Estudiantes, en La Plata, por el Torneo de Primera División 2015

# DÓNDE TOMO CONTACTO CON LA PELOTA KRANEVITTER VS. ESTUDIANTES

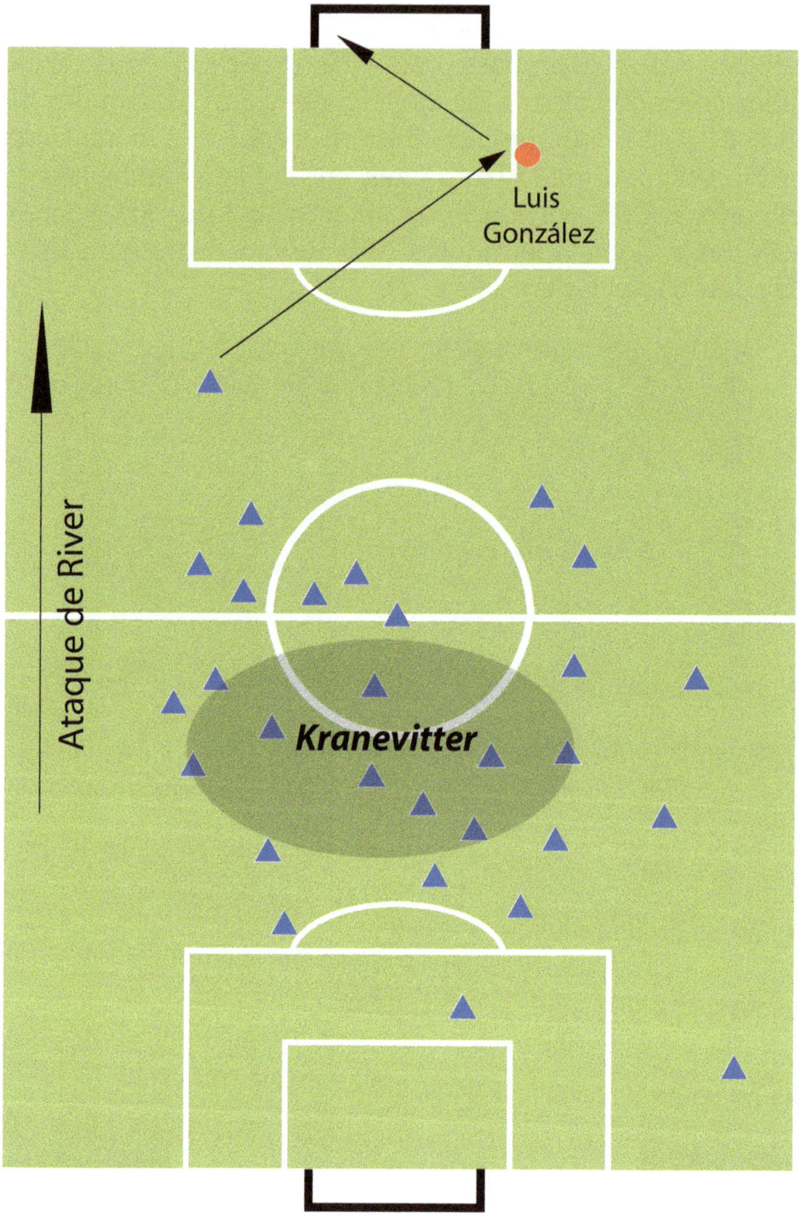

Quizás por eso no sorprendió que, antes de ser convocado por Martino para la gira por los Estados Unidos, asistió con un cambio de frente de zurda (siendo diestro) a Lucho González en el golazo que le marcó a Estudiantes, en La Plata, en lo que luego sería derrota de River 1-2. En ese encuentro, no estuvo su socio Ponzio, ya que el técnico le dio descanso por la seguidilla de partidos junto con Mercado y Carlos Sánchez. Kranevitter tiene menos anticipo ofensivo que Ponzio, pero recupera mejor cuando se reposiciona. Cumplía funciones diferentes, pero luego de pulir su técnica, se animaba a todo, hasta a pasar a campo rival y aportar un pase gol con el pie menos hábil.

## EL DOBLE 5 EN LA COPA LIBERTADORES 2015

Un reflejo de la importancia que tuvo la sociedad Ponzio-Kranevitter en River fue la cantidad de pelotas que recuperaron para que el club vuelva a ganar la Libertadores luego de 19 años. Entre ambos consiguieron 122 de las 451 recuperaciones de pelotas que sumó el plantel. Fueron 36 de Ponzio y 86 de Kranevitter. Entre los dos manejaron el pressing y los anticipos, aunque contaron con la colaboración de los delanteros, quienes cometieron 66 de las 239 faltas del equipo. Ponzio cometió más faltas que Kranevitter, 32 contra 17.

**Copa Libertadores 2015**

FRENTE A FRENTE

| Leonardo Ponzio | | Matías Kranevitter |
|---|---|---|
| 9 | Partidos Jugados | 13 |
| 611 | Minutos Jugados | 1103 |
| 43,1 | Porcentaje de Duelos Ganados | 65,5 |
| 52,9 | Duelos Aéreos Ganados | 50 |
| 0 | Goles | 0 |
| 0 | Asistencias | 0 |
| 8 / 0 | Remates / al arco | 3 / 0 |
| 36 | Quites | 86 |
| 1 | Despejes dentro del área | 6 |
| 277 | Pases totales | 645 |
| 70 | Porcentaje de Eficacia en Pases | 70 |
| 14 | Faltas recibidas | 10 |
| 32 | Faltas cometidas | 17 |
| 4 / 0 | Amarillas / Rojas | 1 / 0 |

## GUIDO RODRÍGUEZ, UN AUXILIO ANTE LA LESIÓN DE KRANEVITTER

Fue uno de los primeros contratiempos de Gallardo en 2014. Sin Matías Kranevitter (sufrió la fractura del quinto metatarsiano ante Independiente), el puesto de volante central se lo repartieron entre Ponzio y el juvenil Guido Rodríguez, reservado más para el ámbito local. Si bien la orden que recibió de Gallardo era para que juegue simple, que le dé prioridad a "recuperar y tocar", jugar en corto, además los quería en campo rival para que aprieten y sean el termómetro del equipo para la presión alta, así como también los centrales salen lejos a presionar, la mayoría de las veces hasta la mitad de la cancha, Ponzio y Guido Rodríguez también. La diferencia entre ambos fue que Ponzio conseguía más anticipos ofensivos en campo rival. Además, tanto Carlos Sánchez como Ariel Rojas le pasaban menos la pelota a Guido Rodríguez, no participaba del circuito de juego porque los volantes externos preferían el pase vertical y de ataque antes que lateralizar con él. Otra diferencia era que Ponzio probaba más (y mejor) de media distancia. Ante Olimpo, por el Transición 2014, jugaron por primera vez juntos.

Ante Vélez, por la 15ª fecha, Guido Rodríguez recuperó una sola pelota, en Liniers, del total de 21 que completó del equipo. Cometió 2 infracciones de las 18 que hizo el equipo. Guido fue reemplazado a los 29 minutos del segundo tiempo justamente por Ponzio. Gallardo no estaba conforme con su rendimiento. Lo quería más adelantado.

## LOS MOVIMIENTOS DE GUIDO RODRÍGUEZ VS. VÉLEZ, CON PARTICIPACIÓN EN CAMPO RIVAL

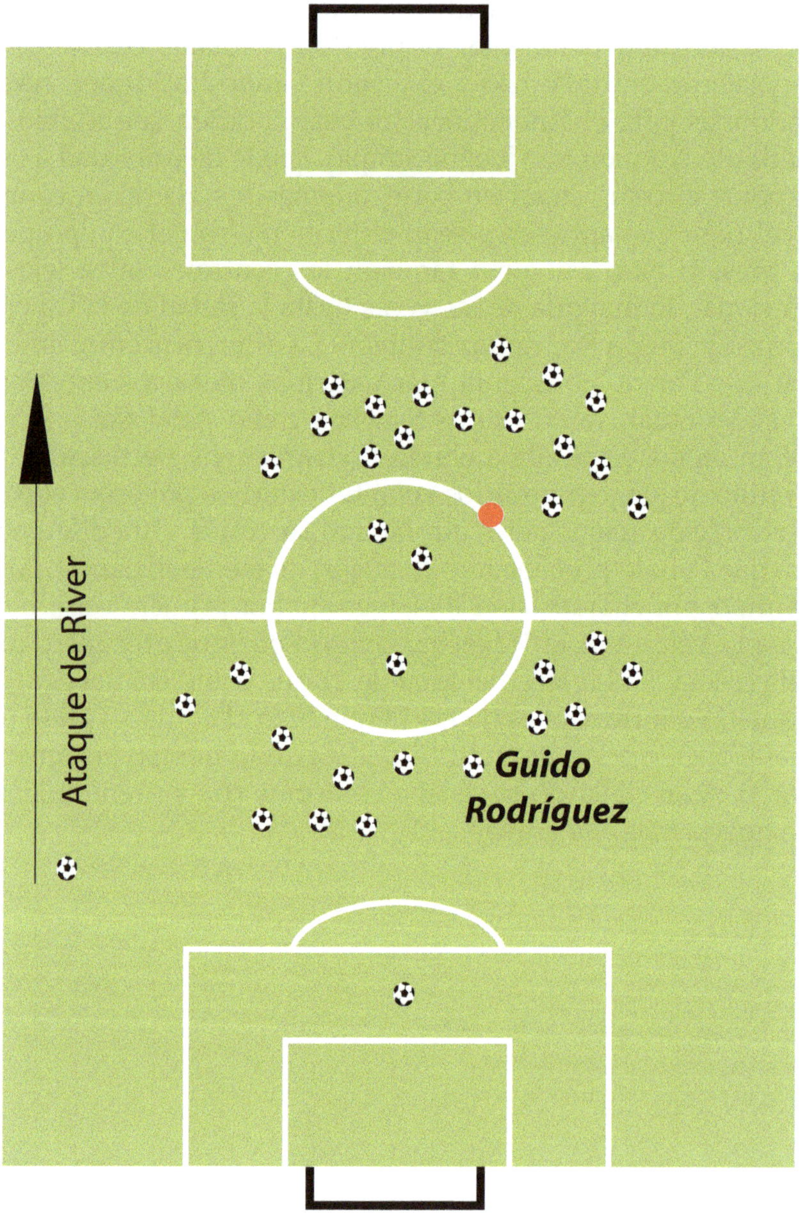

Ataque de River

**_Guido Rodríguez_**

# CAPÍTULO 7.
# DEL "ALEMÁN" MERCADO AL "BOMBERO"MONTIEL

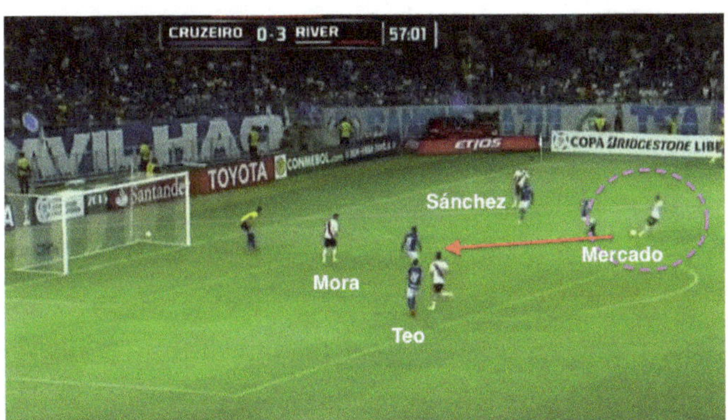


Corría julio de 2007. La Argentina le había ganado a México 1-0 y así había conseguido el pasaje a la semifinal del Mundial Sub 20 de Canadá, donde yo estaba trabajando como enviado especial del Diario *La Nación*. El día después, en el hotel Westin Harbour de Toronto, el protagonista me dijo: "Mi mamá estaba preocupada porque escuchaba y leía que muchos decían que no podía jugar de cuatro: Te están matando, me decía, pero yo le pedía que se quedara tranquila. Hablé por teléfono después del partido y están todos felices. Lo primero que le dije fue: ¿Viste, mamá? Fui figura jugando de cuatro." La anécdota, casi ocho años después, no es caprichosa. Tiene un porqué. Gabriel Mercado, más allá de pasar algún altibajo, terminó no solo siendo muy importante en la estructura de Gallardo sino

además haciendo goles importantes, como el que le marcó a Atlético Nacional de Medellín (2-0) en la segunda final de la Copa Sudamericana, tras un córner ejecutado por Pisculichi; o el que le anotó a Libertad de Paraguay, con un derechazo tras un remate de Sánchez en el palo. En la Libertadores 2015 le convirtió a Juan Aurich tras otra pelota parada (1-1) y a Guaraní, nuevamente en el Monumental (2-0), también por la misma vía.

Mercado arrancó su carrera en J.J. Moreno de Puerto Madryn como marcador central y, por buenos desempeños en esa posición, llegó a Racing. Quien lo vio fue Germán Borges (entrenador brasileño que trabajaba en la Academia) en un torneo latinoamericano que se hizo en Chubut. Hugo Tocalli, a cargo del Sub 20 argentino, lo reubicó como lateral derecho, Mercado terminó como campeón del mundo de la categoría y comenzó un ascenso que lo tiene, en la actualidad, como el mejor en su puesto dentro del fútbol argentino. Incluso en la proyección, uno de los pocos (¿el único?) que podría comenzar jugando mañana mismo en las grandes ligas como Alemania, España, Italia e Inglaterra. ¿Por qué? Es el lateral más completo en características y recursos, ya sea para atacar como para defender. Se desdobla, tira buenos centros, puede asistir y hasta llegar él mismo al gol. En defensa es ordenado en lo táctico y aguerrido en los mano a mano; sabe anticipar, no hace foules tontos.

Y gana de arriba en las dos áreas en las pelotas paradas, un plus bien cotizado para cualquier marcador de punta. No fue casualidad que en el último semestre de River haya sumado tres goles, además de haber participado en muchos ataques millonarios por la banda derecha con Carlos Sánchez como socio.

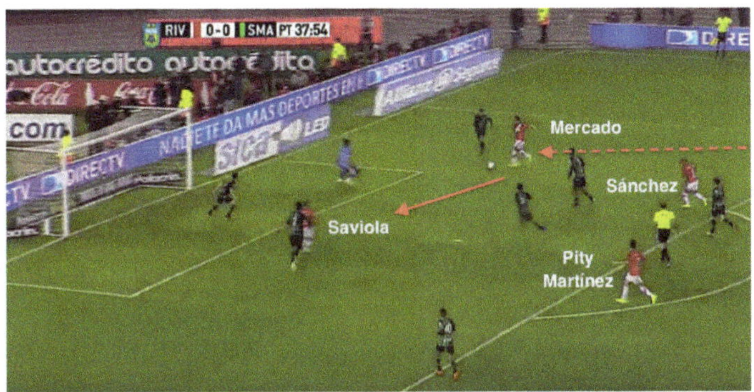

Gallardo apuntó a Camilo Mayada (Danubio) para que sea el primer reemplazo más natural de ambos. Al principio utilizó a un volante en esa posición (Augusto Solari) o un central (Mammana), como frente a Racing y en la primera final de la Copa Sudamericana ante Atlético Nacional, en Medellín. Frente a paradas bravas, le volvió a dar la chance a Mammana, como en la serie ante Boca, por la Copa Libertadores, porque Mercado arrastraba una suspensión de la fase de grupos, por su expulsión ya una vez finalizado el partido ante Tigres, en México. Con la llegada de Milton Casco en pleno último certamen, el entrenador consiguió un lateral que puede jugar con ambos perfiles. Si bien Casco se destacó en Newell's, ya en su etapa en Gimnasia había empezado a jugar seguido como lateral izquierdo y a perfeccionar, desde la técnica individual, su perfil menos hábil.

En la gestión Gallardo, Mercado sumó once goles y seis asistencias. También venía de aportar dos tantos para el último título local, bajo la conducción de Ramón Díaz, en el Final 2014.

Su último festejo fue ante Sportivo Rivadavia de Venado Tuerto, de penal, en la victoria 3-0 por los 32avos de final de la Copa Argentina 2016, trofeo que luego River ganaría. Antes de eso, el lateral había ayudado a ganar otro título: ante Gamba Osaka (como está).

Su salida a Sevilla tomó más importancia con el tiempo, ya que ninguno de sus posteriores reemplazantes tomó la posta con la autoridad que había demostrado Mercado. El paraguayo Jorge Moreira tuvo chispazos de buenas participaciones (hizo dos goles en los 26 partidos que jugó durante 2017), pero entre lesiones y rendimientos irregulares no logró adueñarse del puesto. Y así como (anteriormente) en los partidos importantes Gallardo había elegido a un central como lateral (Mammana) también lo hizo con Gonzalo Montiel para los cruces decisivos con Lanús, por la Copa Libertadores 2017, la Copa Argentina 2017; y para ganar la Libertadores 2018.

## MONTIEL, MÁS QUE UNA RUEDA DE AUXILIO

El lateral derecho fue uno de los puestos en los que Gallardo más variantes debió buscar. Y no todas le conformaron. Pero después de Mercado, el futbolista que se impuso con continuidad a base de esfuerzo y personalidad fue Gonzalo Montiel. El "bombero", según palabras del propio técnico, ya que le aporta soluciones dentro de varias posiciones y sistemas. Y está "siempre listo", además, para cumplir los roles que el equipo necesite. Contar con futbolistas así tiene un gran valor para los entrenadores. "Tiene un gran poder de adaptación, es un competidor nato. Para marcador central había quedado un poco bajo (mide 1m75), pero puede jugar en esa posición. Teníamos buenas referencias de sus entrenadores en las inferiores y le fuimos preparando el terreno para que juegue de lateral derecho. Está muy bien y es un jugador al que yo quiero mucho", lo definió el Muñeco.

En inferiores fue central, también volante central y hasta jugó de "8", pero luego lo corrieron al lateral, donde se terminó afianzando en la primera de River. Hizo su presentación oficial el 30 de abril de 2016, cuando River empató 0-0 frente a Vélez, en el Monumental. Allí le tocó ingresar al principio del segundo tiempo como lateral derecho en una línea de tres, aprovechando que el rival jugaba con uno menos por la expulsión de Blas Cáceres. También jugó como central en línea de 3, como ante Wilstermann y hasta de lateral izquierdo, en un clásico ante Boca en el verano. Su principal virtud está en la marca, pero también se lanza al ataque.

¿Por qué Gallardo lo definió como "bombero"? Lo explica Montiel: "En inferiores jugué en todos los puestos de la defensa, también de 5 y de 8. Si me necesita en esos lugares, puedo cumplir. Y que Marcelo diga eso, por cómo es él, me pone muy contento. Él nos hace sentir muy cómodos y nos da a los jóvenes la oportunidad de crecer y mejorar". Al tercer partido en la primera de River, frente a Arsenal, jugó de segundo central y lo expulsaron. No aprovechó esa chance y pasó un tiempo para volver a ser tenido en cuenta. Pero el destino le dio otra oportunidad. Y, como se ve, a base de esfuerzo, humildad y superación, no la desaprovechó.

# CAPÍTULO 8.
# CARLOS SÁNCHEZ Y SUS "ATAQUES AL ESPACIO"

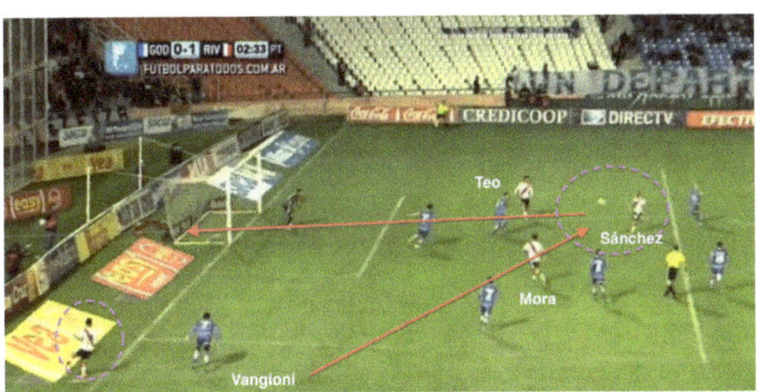


Uno de los momentos más complejos de Gallardo como entrenador de River fue luego de perder con Boca en Mendoza 0-5, encuentro que si bien se trataba de un amistoso de verano, podría tener consecuencias en función de las decisiones que él tomara puertas adentro. El 2015 no había arrancado de la mejor manera para el millonario, con otra derrota a manos xeneizes 0-1, en Mar del Plata.

Pero, en la adversidad, el entrenador decidió que el cambio debía aparecer sin hacer modificaciones, respaldando a los mismos titulares que habían caído ante el clásico rival. Y lo que venía no se trataba de un partido más, sino de decisiones que podrían o no resolver un nuevo título para River. "No era el escenario pensado para arrancar el año... La verdad no hay muchas explicaciones para dar ahora, aunque sí mucho para

analizar. Cuando sucede algo así, se debe hacer una autocrítica profunda y hacia adentro", fue lo primero que dijo Gallardo tras el primer golpe fuerte en su gestión. Y agregó: "Ahora a masticar la bronca, nada más. Una derrota como ésta duele y mucho. Perder ante el clásico rival y en la forma que perdimos no es la mejor manera de empezar el verano. Perdimos y sin excusas. No hay excusas. Ahora es cuando hay que mostrar un temple importante, porque es un partido de fútbol y, de la manera que lo perdimos, nos duele".

Pero, si bien esa noche le costó dormir pensando en cuál debía ser su postura a partir de allí, sobre todo por las expulsiones también, y con un título a pocos días por empezar a jugarse, la Recopa Sudamericana ante San Lorenzo, algo dio a entender después del encuentro en lo que (luego) sería su resolución: "Nos duele y mucho perder así, pero no nos olvidemos de que estos jugadores fueron el alma del hincha hasta hace poco".

Al final, luego de la lupa estuviera posada sobre él en esos días previos al primer partido post 0-5, en un Monumental repleto que necesitaba ver que la caída en el Superclásico había sido parte de un mal espejismo, Gallardo se la jugó no haciendo modificaciones, eligiendo a los mismos que habían perdido ante Boca. ¿Pudo haber salido Funes Mori? Sí. ¿Teo Gutiérrez? También, en un contexto en donde se empezaba a hablar de sus expulsiones o conductas individualistas, lejos de los manuales del grupo. ¿Carlos Sánchez? Era otro de los futbolistas que estaba en un bajo nivel. Pero… No hacer cambios fue una de sus mayores decisiones, aunque no fue sencillo. Porque el entrenador en ese momento no solo evalúa si respalda a los que no están bien, también es una jugada arriesgada no darle oportunidades al resto cuando los habituales titulares mermaron su nivel desde lo físico o lo futbolístico. Toda decisión puede tener un efecto bumeran. Es así. Pero el equipo, que hacía un par de meses venía de ser campeón en la Copa Sudamericana, le respondió enseguida. En apenas un puñado de minutos le alcanzó para mostrar la actitud perdida en un verano poco feliz. Porque las salvadas de Sebastián Torrico y los tiros en los palos fueron la forma que eligió River para comunicar que estaba de vuelta, que una mala noche no debía empañar un ciclo que esperaba escribir más capítulos de gloria.

Y River se quedó con los dos cruces, ambos ganados por 1-0, los dos con goles de Carlos Sánchez, uno de los referentes del ciclo Gallardo, que luego sería valioso para seguir anotando goles importantes, como el penal a Boca en el Monumental y el gol a Cruzeiro en Belo Horizonte, para empezar a hacer realidad el milagro en Brasil.

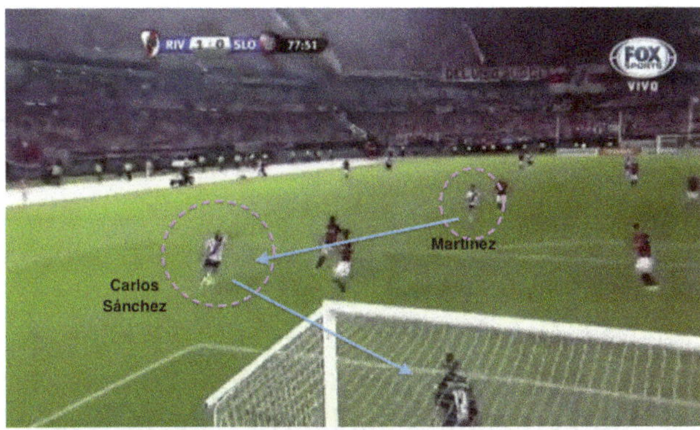

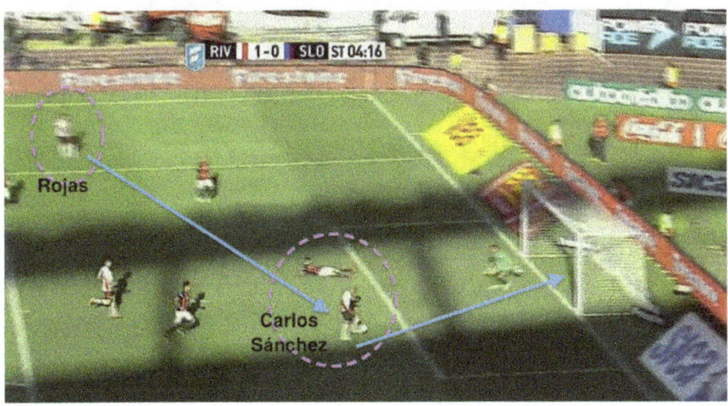

River volvió a ganarle a San Lorenzo sin sobrarle nada, es cierto, pero mientras iba buscando respuestas en esa búsqueda para reinventarse o para volver al nivel de 2014 entre cambios de sistemas y de nombres, observaba en Carlos Sánchez a un jugador completo, de esos que cualquier entrenador querría tener en sus equipos. Cuenta con despliegue, intensidad para el ida y vuelta, pisa el área rival, aporta asistencias y goles, tiene un sacrificio táctico, hasta puede ejecutar las pelotas paradas. Es el primer respaldo de todo ataque millonario, pero también mira el arco propio cuando debe retroceder para colaborar con la defensa.

Puede jugar bien o muy bien (la mayoría de las veces), regular o mal, pero no descansa nunca en los partidos. Y le da la misma importancia a la primera pelota en disputa que a la del minuto noventa. En el tercer cruce ante el Ciclón, pero por el torneo local, el último minuto en el Monumental, en la jugada donde casi pudo empatar Villalba tras el centro de Mas desde la izquierda, el volante uruguayo hizo lo que debía desde su responsabilidad defensiva y llegó a cubrir la posición del punto penal. No se durmió en los laureles de los goles anotados.

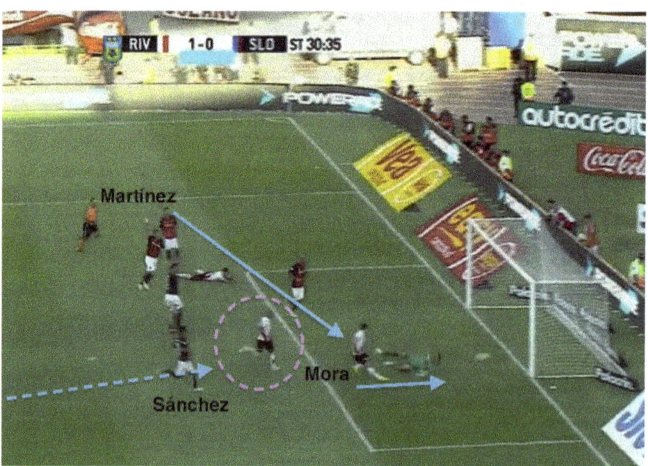


Sánchez no es enganche, pero puede hacer diferencia también jugando a las espaldas de los volantes centrales adversarios, como ante San Lorenzo. En un River que mutó del 4-3-1-2 al 3-4-1-2, lo que mantiene la esencia del uruguayo es cómo ataca los espacios, lo inteligente que es para (enseguida) avan-

zar sobre un hueco generado por un delantero, que puede ser quien salga para que un medio (en este caso Sánchez) ingrese. O simplemente es consciente de cuáles son las posiciones fijas a cubrir en un ataque respaldado: primer y segundo palo, punto penal y los rebotes. A estas posiciones, River le agrega los lanzadores de los centros-gol, virtud que arrastra desde la época de Ramón Díaz, con Vangioni y Rojas desde la izquierda (todavía no lo pudo explotar con el recambio de Pity Martínez y Nicolás Bertolo) y Mercado, Sánchez o Solari desde la derecha.

Hay una similitud en los tres goles que le anotó Sánchez a San Lorenzo. En todos atacó el espacio leyendo la jugada, no recibió el balón al pie. Y en todos definió de primera. Por el torneo local, cuando Driussi recibió sobre la izquierda, él terminó siendo más Nº 9 que Cavenaghi, intuyendo que el centro de primera de Rojas irá cerrado sobre el segundo palo. Atacó con convicción y por eso impactó casi desde el área chica.

En el primer gol por la Recopa 2015, en Núñez, fue Pity Martínez quien asistió al uruguayo luego de una falla de Mercier, pero otra vez fue un pase a la carrera del "8", que definió a lo Gabriel Batistuta. Y en el Nuevo Gasómetro otra vez fue inteligente para ocupar el sector dejado por un punta y anotar el 1-0. El cambio de frente de Teo Gutiérrez desde la izquierda a la derecha fue algo largo, por lo que Mora terminó abierto como wing derecho, pero Sánchez atacó el espacio dejado por Mora (a la altura del primer palo) y tras el centro de su compatriota volvió a convertir de arremetida. En el gol anulado a Mora por off-side, en el mismo partido ante el Ciclón, Carlos también llegaba como una alternativa de descarga más dentro del área.

Sánchez fue uno de los primeros que, debido a su revitalizado rendimiento en el ciclo Gallardo, fue convocado a la selección uruguaya de Oscar Tabárez. Es un ocho como los de antes, muy completo, con varios recursos para explotar desde sus características, como se apuntó antes. Pero siempre es mejor cuando ataca los espacios, cuando llega vacío dentro del área a una descarga por sorpresa o a un cambio de frente de un mediocampista, lateral o incluso un delantero que lance desde la izquierda a la derecha. Algo parecido hizo mucho Augusto Fernández en el Vélez ganador de Ricardo Gareca.

"Gallardo terminó siendo determinante en mi carrera. No solo me abrió las puertas para volver a River, sino que me dio herramientas desde lo futbolístico para recuperar el nivel y la confianza. Hubo varias cesiones de entrenamientos que estuvimos trabajando con el apoyo de las imágenes, en función de los movimientos que pretendía que haga y después lo llevamos al campo de juego", contó Sánchez.

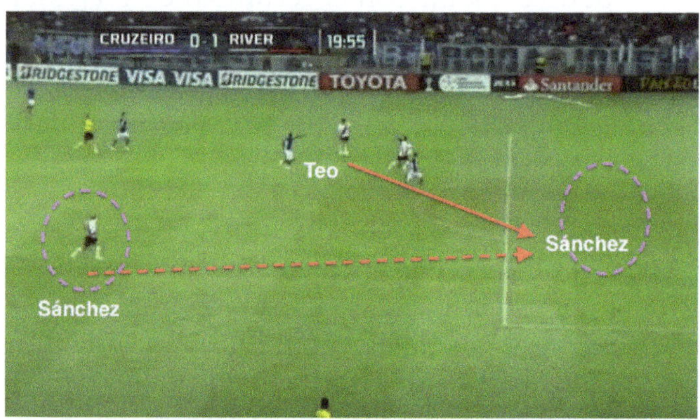


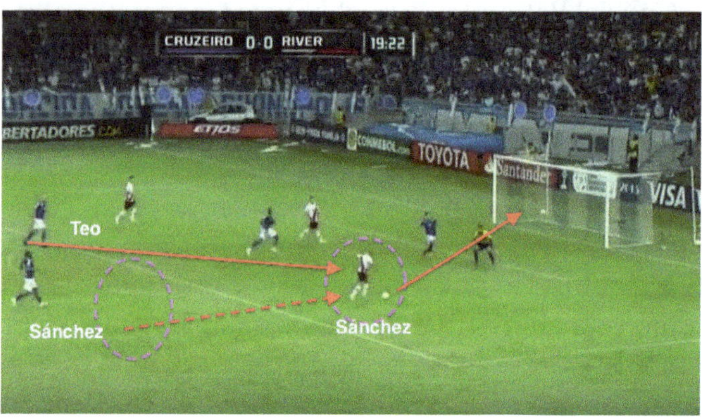


Un gol clave: el 1-0 a Cruzeiro en Brasil. Carlos Sánchez llega desde atrás para definir la habilitación de Teo Gutiérrez

Uno de sus aportes más valiosos, además del penal convertido ante Boca por los octavos de final de la Copa Libertadores (1-0), fue el que abrió la noche heróica ante Cruzeiro, en Belo Horizonte. Fiel a sus características, Carlos Sánchez entró con todo a atacar el espacio como wing derecho y remató cruzado al gol luego de una habilitación de Teo Gutiérrez. El aporte del colombiano fue clave, no dándole el pase al pie, sino a la carrera, con un cambio de frente del centro hacia la derecha.

Desde lo estético, el mejor gol fue el que le anotó a Godoy Cruz, con una volea cruzada y tras una gran jugada colectiva de River, que generó una triangulación con superioridad numérica por la izquierda para luego finalizarla con un cambio de frente de Vangioni.

Así hizo muchos goles Sánchez, aunque también tuvo un par de situaciones que seguro quedaron en la retina de los hinchas, aunque no finalizaron en gol.

Fue el contraataque en la Bombonera, por el torneo de primera división 2015, que River termina perdiendo sobre el final 0-2. A los 33 minutos del primer tiempo, Teo Gutiérrez se desmarcó por la izquierda y filtró hacia el centro, para un Sánchez que recorrió casi 70 metros sin la pelota, y el volante remató a la carrera haciendo temblar el travesaño de Agustín Orion.

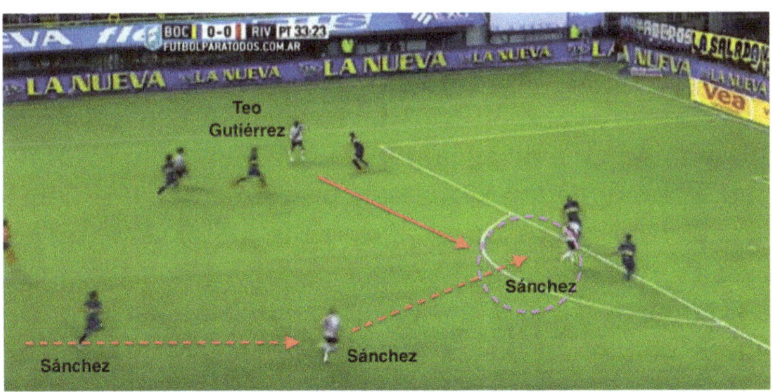


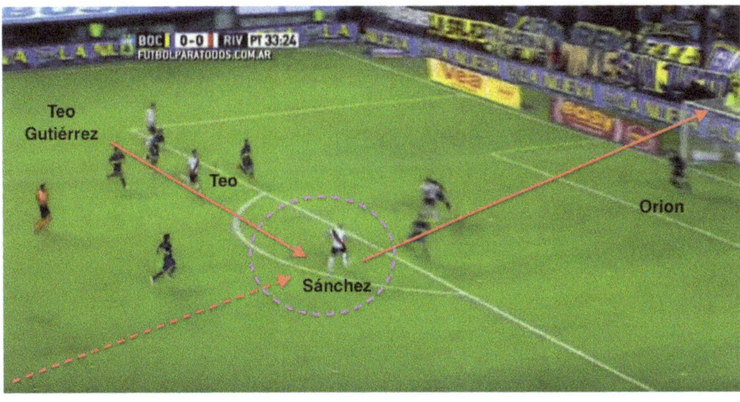

En la final ante Gamba Osaka, por la Suruga Bank, en Japón, River ya ganaba 2-0 con un gol de penal de Sánchez, pero sobre el final del primer tiempo, el uruguayo recibió un cambio de frente de Saviola (de izquierda a derecha), él remató de volea como venía y la pelota volvió a dar en el travesaño.

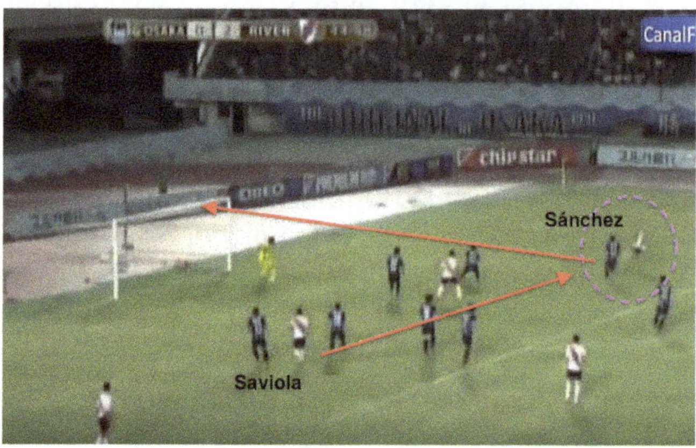


Para graficar la importancia de Carlos Sánchez en este proceso exitoso de River, alcanza con esta definición de Gallardo, con la aclaración: al momento del cierre de este libro, el volante uruguayo no había arreglado la renovación de su contrato con el club: "Hay jugadores que son muy importantes dentro de una estructura de cualquier equipo ganador. Este es un equipo entusiasta. ¿Por qué? Sánchez debe ser uno de los jugadores que mejor ocupa los espacios vacíos. Y lo aprendió a hacer de grande. Entonces, que los rivales no sepan cómo marcar a Sánchez hoy para nosotros sería una pérdida muy grande. Porque es uno de los jugadores que no te da ningún tipo de referencias. Vos sabés por dónde te va a jugar, por dónde se mueve, por no sabés por dónde te va a llegar. Es uno de los futbolistas que mejor calidad tiene para atacar los espacios, que mejor inteligencia tiene para moverse a los espacios vacíos", opinó el DT millonario.

Sánchez no recibe al pie en el área. Siempre está llegando. Y aunque los rivales saben que él tiene capacidad goleadora, no para de sorprender y sacarle rédito al recurso.

# CAPÍTULO 9.
# EL RIVER QUE GANÓ LA COPA LIBERTADORES 2015

## DEL 4-3-1-2 AL 4-4-2

El River que arrancó jugando la Copa Libertadores como local ante Tigres (el primer encuentro fue en al altura de Oruro, ante San José) formó en un envase 4-3-1-2 con Chiarini; Mercado, Maidana, Funes Mori y Vangioni; Carlos Sánchez, Kranevitter y Rojas; Pisculichi; Mora y Teo Gutiérrez. El que la finalizó, aunque se dio luego de un receso largo por la Copa América, más la suspensión de Mercado, las partidas de Pezzella y Teo Gutiérrez y las lesiones de Mora, Mammana y Tabaré Viudez, tuvo un tinte más combativo y de fricción dentro de un 4-4-2, con Barovero; Mayada, Maidana, Funes Mori y Vangioni; Sánchez, Ponzio, Kranevitter y Bertolo; Cavenaghi y Alario. Nuevamente el entrenador se fue moviendo de acuerdo a las circunstancias. "Los que se sumaron se adaptaron muy rápido, de una manera increíble. Y a partir de ahí se nota la fortaleza del grupo. Porque los que estaban hace tiempo los recibieron con humildad. Todos juntos demostraron ganas de seguir creciendo", analizó Gallardo. Pero, como se ve, fueron demasiados cambios de un equipo al otro.

## ASÍ ARRANCÓ EN LA COPA LIBERTADORES 2015

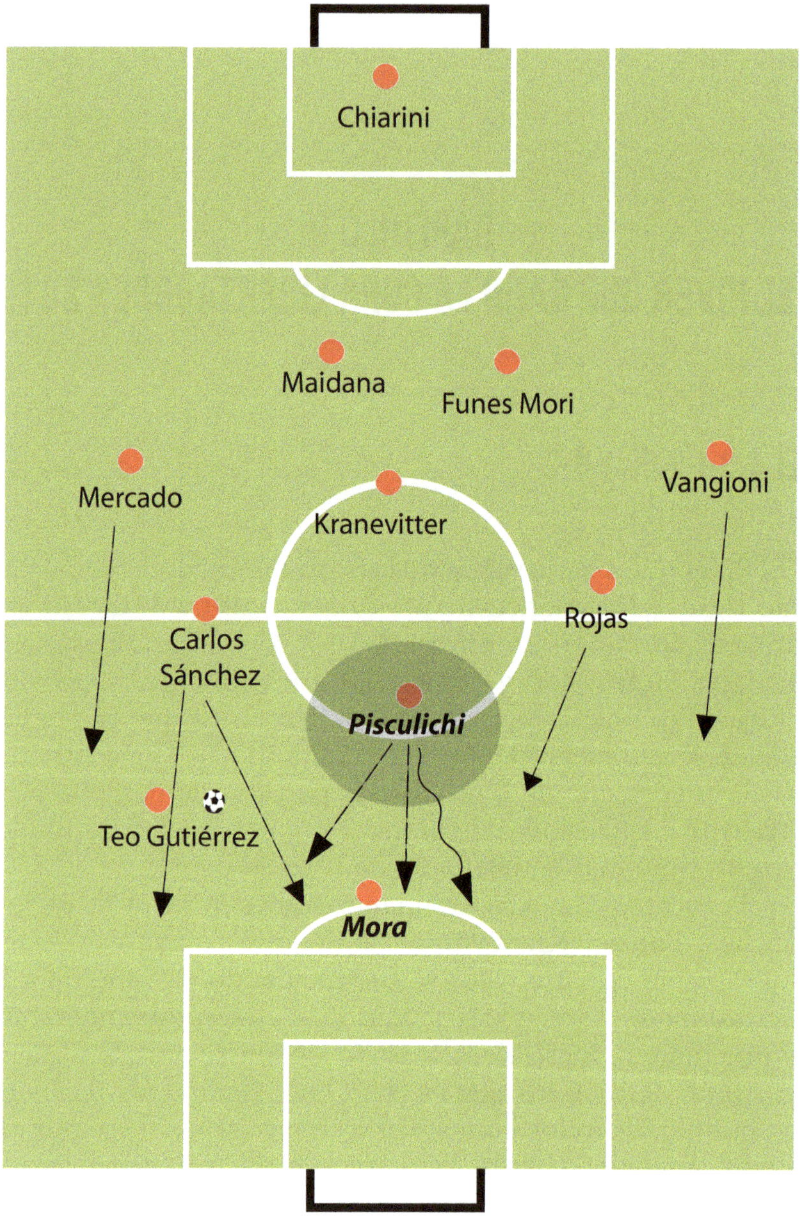

Chiarini

Maidana

Funes Mori

Mercado

Kranevitter

Vangioni

Carlos Sánchez

Rojas

***Pisculichi***

Teo Gutiérrez

***Mora***

## ASÍ TERMINÓ EN LA COPA LIBERTADORES 2015

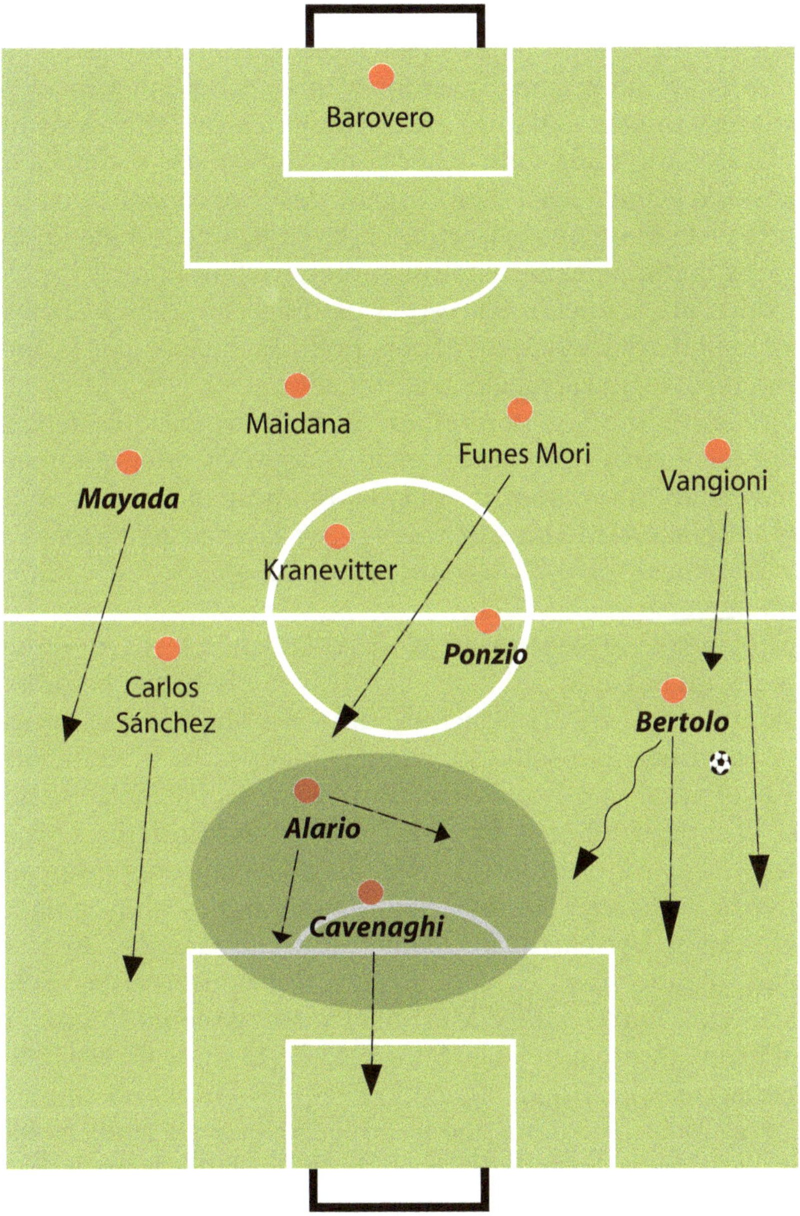

Barovero

Maidana

Funes Mori

Vangioni

***Mayada***

Kranevitter

***Ponzio***

Carlos Sánchez

***Bertolo***

***Alario***

***Cavenaghi***

## DEL EQUIPO IDEAL A LA MEJOR SOLUCIÓN

Muchos entrenadores afirman (y con razón) que los campeonatos se empiezan a ganar en los recesos, cuando se arman los planteles. ¿Con cuántos jugadores que se podían considerar titulares contaba Gallardo en el comienzo de 2015? Más allá de la pretemporada y de los exigentes amistosos con Boca del verano, la agenda iba a estar cargada desde el comienzo no solo por la vista puesta en la Copa Libertadores, sino también por la Recopa Sudamericana, a definirse frente a San Lorenzo en dos partidos ida y vuelta. Por eso la planificación debía, además, contemplar rotaciones, jugadores polifuncionales que le aportaran más de una solución al entrenador.

¿Entonces? Ya sea por refuerzos de jerarquía que deberán empezar a pagar sus expectativas o aquellos que se ganaron la consideración a base de buenos rendimientos, u otros que pedían pista desde las inferiores o por buenas actuaciones en el seleccionado Sub 20, Gallardo tenía un abanico más amplio para moverse que en 2014.

Si bien solo le llegaron al Muñeco dos de los cuatro refuerzos puntuales que había pedido, River no había perdido a ningún campeón 2014 y encima sumaba a Mayada y a Gonzalo Pity Martínez. No solo eso: además recuperaba a Kranevitter y Cavenaghi, que habían estado lesionados bastante tiempo. Así, el entrenador contaba con 25 potenciales titulares. Tres arqueros (Barovero, Chiarini y Batalla); 9 defensores (Mercado, Mayada, Maidana, Pezzella, Mammana, Funes Mori, Balanta, Vangioni y Urribarri); 9 volantes (Carlos Sánchez, Augusto Solari, Kranevitter, Ponzio, Guido Rodríguez, Ariel Rojas, Pisculichi, Tomás y Pity Martínez) y 4 delanteros (Mora, Teo Gutiérrez, Cavenaghi y Gio Simeone). En la suma no estaban el lesionado Pablo Aimar, el tapado Ezequiel Cirigliano, ni Lucas Boyé y Osmar Ferreyra, que no tuvieron buenos rendimientos para ser (en el momento del armado de las listas) primer recambio. Driussi aparecía como una incógnita en función de cómo iba a pretender utilizarlo el técnico (si como mediocampista externo o como delantero) y Bruno Urribarri estaba al filo de la consideración, teniendo en cuenta que muchas veces prefirió correr a Ramiro Funes Mori al lateral ante la ausencia de Vangioni. Pezzella, Osmar Ferreyra, Urribarri, Ariel Rojas, Gio Simeone, Teo Gutiérrez y Aimar terminarían yéndose antes de la finalización de la Libertadores.

## UN COMIENZO SIN EFICACIA, PERO SOBRE TODO SIN PAUSA

River arrancó con el pie izquierdo en la Copa Libertadores. En sus primeros cuatro partidos apenas había conseguido tres puntos, producto de dos empates con Juan Aurich (1-1) y una restante igualdad, con el mismo marcador, ante Tigres, de México. Pero lo que más lamentaba Gallardo era la falta de eficacia, ya que en esos encuentros había tenido 31 chances de riesgo, pero apenas había marcado 3 goles.

El técnico maldecía la falta de efectividad, los tantos perdidos. Era correcta esa lectura, aunque parcial. "No estuvimos decisivos a la hora de definir lo que generamos", comentaba por aquellos días. En algún punto era cierto, ya que aun con inconvenientes, River mereció ganarle a Tigres en el Monumental, golear a Juan Aurich como local (y también en el primer tiempo en Perú) y hasta hizo un partido correcto en la altura de Oruro, donde terminó cayendo ante San José (0-2) sobre el final. Pero aun así, generando 31 chances de gol entre los cuatro partidos del certamen y manteniendo la voracidad ofensiva de 2014, el equipo sufría un problema que iba más allá de la escasez, de la falta de contundencia.

A River le faltaba pausa para atacar, para generar sociedades. Jugaba demasiado apurado, a tal punto que 15 de esas 31 aproximaciones a los arcos rivales fueron con avances respaldados, como los que sabía generar, como los tantos que fabricó en 2014. Y, por ejemplo, como el gol que le anotó Driussi a Unión, en donde hubo un rechazo fallido del arquero Matías Castro, pero se generó con una triangulación, un centro envenenado de los que suelen aportar quienes juegan por las bandas y ubicando siete jugadores en el área rival: Solari envió el centro y había 4 alternativas de finalización, más 2 rebotes. También fue parecido, pero del costado izquierdo, uno de los que le anotó Mora a Belgrano.

Pero después, en el resto de los últimos ocho goles que venía haciendo River hasta esa instancia, faltó esa elaboración respaldada, esa pausa para por ejemplo que el medio interior espere el pasaje por detrás del lateral para avanzar en bloque y tener, en los últimos 30 metros, varias alternativas de descarga. Los dos tantos que le había convertido a Juan Aurich fueron de pelota parada vía Balanta y Mercado; lo mismo que el de Carlos Sánchez a Tigres, como el restante de Mora a Belgrano. Ante Arsenal desequilibró con una gran jugada de Pity Martínez, una mejor definición de Mora de emboquillada (después de un pelotazo de Chiarini) y otro del uruguayo, de tiro libre. En el 1-0 a Unión, Cavenaghi tuvo olfato para corregir un fallido remate desde afuera de Ponzio. El juego no era el pretendido. Había indicadores que no eran positivos desde el engranaje colectivo, más allá de que el equipo sostenía la intensidad para atacar y ser protagonista.

Porque el apuro genera finalizaciones anticipadas, además. La falta de paciencia para avanzar también se ve reflejada en la cantidad de remates desde afuera. Es un recurso válido, está claro (y más jugando en la altura de Oruro), pero cuando la generación se nubla o se queda sin movimientos claros y solo se piensa en esa búsqueda, más que un camino termina siendo un encierro.

La carencia de pausa para atacar en bloque también influía negativamente en su forma de defender. Apostando al vértigo del envío largo, la pelota iba y terminaba volviendo más rápido que lo que los laterales (incluso los centrales, acostumbrados a pararse en el círculo central) lograban respaldar esos avances. Como consecuencia de eso, River terminaba mostrándose como un equipo largo, lejos de la solidez que le podía ofrecer moverse en corto.

En lo individual, había también niveles bajos, pero una de las respuestas que tenía a mano Gallardo era entender que tenía, desde los recursos, un plantel más numeroso que cuando ganó la Sudamericana en 2014. Por esos días, más allá de corregir errores puntuales, el desafío del técnico estaba en volver a lograr que el equipo respalde a los jugadores.

# LA BATALLA DE BELO HORIZONTE

Atrás habían quedado los convulsionados cruces con Boca (como se detallan en otro capítulo del libro) donde hubo juego, pero también muchas palabras. River había dado una muestra de carácter y a los pocos días debía dar otra ante Cruzeiro por los cuartos de final. Y River no fue River en el Monumental. Hasta Barovero cometió errores por falta de seguridad. Solo Kranevitter parecía estar enchufado con anticipos ofensivos y un pase filtrado a Teo Gutiérrez que lo dejó solo delante del arquero Fabio. Pero el equipo no estaba concentrado para la marca y los anticipos. Desde el banco, se escuchaban los gritos de Gallardo: "¡Encima!" / "Atentos al rebote". Aún en días complicados, la pelota parada seguía siendo una alternativa. Por esa vía convirtió Teo, pero no fue convalidado correctamente por off-side del colombiano. El panorama se iba a poner peor a menos de diez minutos para el final. Marquinhos anotó para el equipo brasileño de una jugada comenzada en un lateral/centro que siguió con una falla de Mammana, que rechazó hacia adentro. Más allá de que controló la posesión del balón (61% contra 39%) y remató 17 veces (7 de ellas al arco) fue la producción local más baja de River en la Copa Libertadores: apenas 4 situaciones de riesgo contra las 6 de Cruzeiro. Los efectos traumáticos de los cruces ante Boca seguían haciendo efecto. Al equipo de Gallardo le faltó lucidez.

Todo se acomodó en el desquite de Belo Horizonte, donde River mostró una autoridad de campeón. Tuvo menos la pelota (49% de la posesión contra 51%), rematό menor cantidad de veces que en Núñez (8), pero fue más directo y eficaz: de los 4 remates al arco, 3 terminaron en gol. Los envíos que finalizaron en las redes de Carlos Sánchez, Maidana y Teo Gutiérrez, más un disparo de entrada, a los 7 minutos, que el arquero Fabio le desvió al mediocampista uruguayo. Leonardo Ponzio fue el alma, jugó un partido de diez puntos. Fue el bastión por el que River ganó todas las divididas. Sánchez convirtió de contraataque, Maidana con un golazo de cabeza al ángulo derecho tras un córner de Rojas abierto desde la izquierda. A falta de Pisculichi, River no se quedó sin ejecutores en la pelota parada. Y el tercero de Teo Gutiérrez, con clase. Para ese desquite, River repitió el número de recuperaciones del balón que en la ida (30), pero le dio un mejor primer pase a esos quites.

# TIGRES NO APROVECHÓ EL CONTEXTO Y...

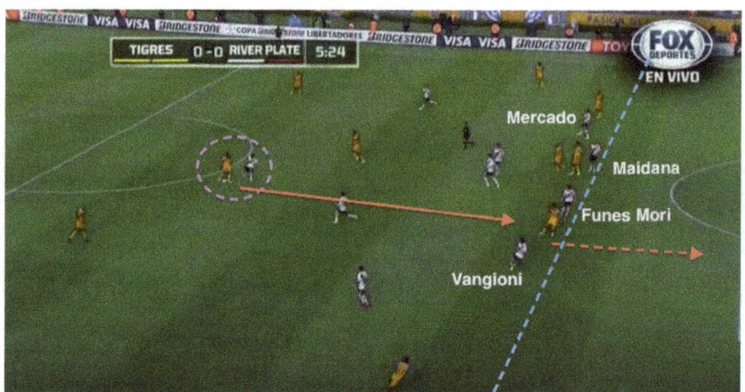


River había quedado en una posición favorable para la revancha en el Monumental. No solo desde el resultado conseguido en México (0-0) y el clima que tendría como local, sino también desde las muestras de personalidad que supo dar en instancias decisivas, más las variantes ofensivas que contaba para ganar el desquite. En definitiva, tenía que concentrarse en hacer goles. Esto, justamente, fue lo que le faltó a Tigres en Monterrey. Los dirigidos por Ricardo Ferretti tuvieron, en el arranque del segundo tiempo, un aire ventajoso: el rival acababa de hacer dos cambios obligados por lesión (salieron Mora y Tabaré Viudez), además Ponzio y Carlos Sánchez comenzaron a arrastrar fatigas y el calor (más de 30°C) hizo que River afloje la presión, parándose mucho más atrás que en la primera etapa, incluso demasiado cerca de Barovero. Pero Tigres casi nunca aceleró, no mostró autoridad de finalista, no utilizó ese contexto a favor, nunca mostró enjundia para hacer la diferencia en su terreno, para sacarle rédito a esa ventaja invisible. No pudo desde el juego, apenas generó un par de chances; tampoco desde la actitud. Ni siquiera empujó tirando centros o rematando desde afuera del área. Por momentos, parecía que podría especular con un gol de visitante para la vuelta que (justamente), no tenía valor en los últimos 180 minutos.

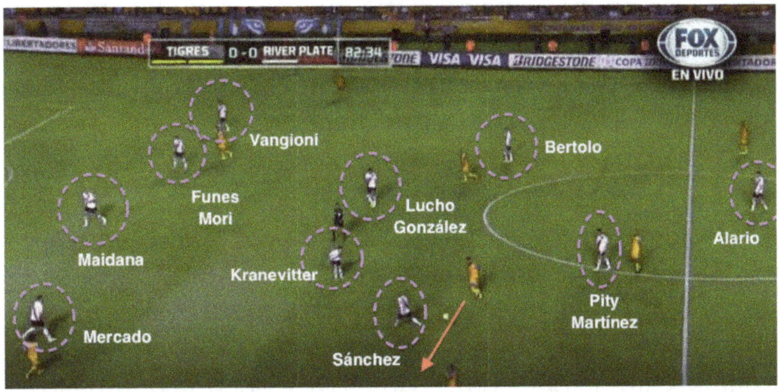


El juego de Tigres fue lateral, sin cambio de ritmo, sin alma. Es cierto que los dirigidos por Gallardo tampoco atacaron, pero fue producto del contexto desfavorable, condicionado por un desgaste físico que terminó siendo mayor al proyectado, además de que los ingresos (Bertolo y Lucho González) no estaban al mismo ritmo de continuidad que sus compañeros; y Pity Martínez, un jugador con desequilibrio, no tomó buenas decisiones.

La única vez que falló la defensa millonaria, con la pifia de Vangioni en el cierre para el pique de Damm, Tigres no lo aprovechó. River se terminó ubicando más atrás de lo que pretendía en el campo, aunque sin pasar demasiados sobresaltos. Incluso mostró una gran concentración para defender sobre el final hasta las segundas y terceras jugadas de pelota parada, con Pity Martínez persiguiendo a Damián Alvarez como un lateral derecho y cerrándole los espacios para que se vaya solo con pelota y todo por la línea de fondo.

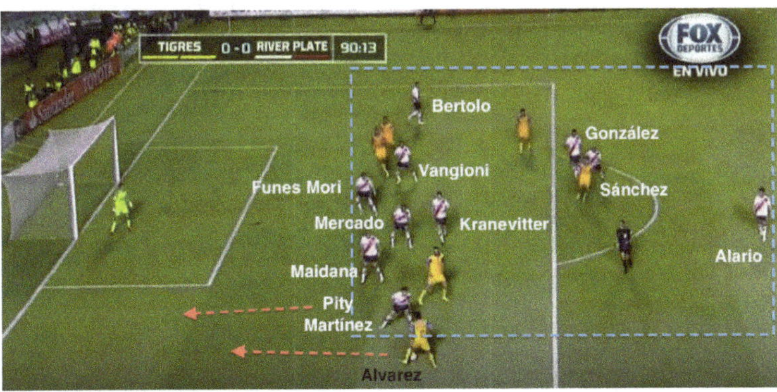

Para la revancha se proyectaba que River tendría todo lo que le faltó a Tigres. Porque podía no jugar del todo bien, pero si hay algo que mostró este equipo es garra, ganas de ganar sin especular como local. Es cierto que debía resolver tres problemas que no eran menores: las bajas de, sobre todo, Mora y Tabaré Viudez, y la de Mercado.

¿Cuáles serían los mejores reemplazos? Cavenaghi junto a Alario; y Driussi como volante por la izquierda (así lo escribí en *La Nación* después de la primera final). Más realismo de gol y peso desde la experiencia con Cavenaghi, que no necesita de muchas situaciones para convertir y encima demuestra más ganas que nadie le iba a significar un plus anímico. La duda que podía tener Gallardo es en cuanto a su respuesta física para colaborar en la recuperación, ya que en su estructura los delanteros hacen un gran sacrificio en esa dirección. Driussi estaba entrando mejor que Bertolo, Lucho González y Pity Martínez, además de pisar el área y tener gol. Pero el Muñeco al final se la jugó con Bertolo, una de sus debilidades, uno de los refuerzos por los que más había insistido. Para el lateral, en los partidos importantes, para el DT Mammana estuvo por encima de Solari y Mayada. Finalmente ingresó Mayada pero porque Mammana se lesionó también en los días previos.

Todos los antecedentes contaban en el análisis. El River que jugó en la fase de grupos con Tigres (1-1) era distinto: se movía dentro de un 4-3-1-2 más definido, en esos cruces iniciales tuvo una posesión del 65% y, de la mitad hacia arriba, había jugado con Sánchez, Kranevitter y Rojas; Pisculichi; Mora y Teo Gutiérrez. No rindió del todo bien, pero había rematado 21 veces (9 de ellas al arco). Guzmán se había lucido, anotó Sánchez de pelota parada, tras un córner de Pisculichi que bajó Balanta, pero hasta en el descuento lo pudo ganar con una volea de Mora que dio en el palo. Tigres no inquietó demasiado en Núñez, apenas cuatro llegadas, dos de ellas de contraataque. Y marcó más por un error individual de Funes Mori que por un mérito de Guerrón.

# DE FALLAS PUNTUALES A GANAR CON AUTORIDAD

River salió a jugar el partido decisivo con, para muchos, la sorpresa de Cavenaghi en lugar de Mora y con Bertolo como volante por la izquierda, aunque el ex Banfield se notaba que todavía estaba con falta de ritmo. No hizo un buen partido, pero Gallardo decidió desde el contexto y sus gustos personales. Al fin y al cabo, hacía tiempo que quería contar con Nicolás en sus filas. Para el lateral derecho, afuera Mercado y Mammana, optó por Camilo Mayada en lugar de Augusto Solari. El uruguayo había jugado más bajo su gestión y entendió que la experiencia era un plus para este tipo de compromisos. Mayada había jugado 27 partidos entre la Copa Libertadores y el torneo local durante 2015. Sus estadísticas se completaban con un gol, 34 faltas recibidas y 23 cometidas; había completado 33 quites y rematado 14 veces, según las estadísticas de la empresa Opta. Augusto Solari había tenido menos participación: con 12 partidos, 5 faltas recibidas, 8 cometidas, contabilizando 34 quites y 4 disparos al arco.

Como en México, River cometió un par de descuidos que le pudieron costar caro, pero salió airoso de la situación: a los ocho minutos debió ser expulsado Alario por una fuerta patada

a Guido Pizarro y a los 14 hubo una falla de Funes Mori que generó un contraataque 2 vs. 2 de Tigres; Gignac le dijo "tomá y hacelo" a Rafael Sobis, pero un mal control del brasileño impidió darle realismo al peligro de la acción. La siguiente señal fue a los 24 minutos, cuando Gignac perdió otro gol tras un desborde y un centro atrás de Damm.

Pasado el sofocón, River definió la serie con tres sellos propios: un centro-gol de Vangioni para Alario, un anticipo ofensivo de Carlos Sánchez para el penal de Aquino y la pelota parada: córner del ingresado Pisculichi para el cabezazo de Funes Mori. Un buen resumen para el mejor final millonario.

## River en la Copa Libertadores 2015

● **Estadísticas.** Estas son las referencias de la participación de River en los 14 partidos que disputó de la Copa Libertadores. Probó bastante con los remates, un promedio de 14,3 por partido, de los cuales 6,5 fueron al arco; presionó bien y tuvo un promedio de 32,2 recuperaciones por cotejo), cometió un promedio de 17 infracciones. Jugando con los centrales adelantados, dejó en promedio 2,3 veces en off-side a los adversarios.

El detalle de los números, partido x partido:

● **Cómo hizo los 19 goles:** 6 de pelota parada (3 de ellos de cabeza), 4 de jugada colectiva (1 de cabeza), 4 de contraataque y 3 de penal.

● **Goleadores:** **Rodrigo Mora (4),** Sánchez (4), Teo Gutiérrez (3), Mercado (2), Alario (2), Balanta (1), Maidana (1) y Funes Mori (1). ● **Asistencias:** **Teo Gutiérrez (2), Alario (2),** Vangioni (1), Rojas (1), Mora (1), Balanta (1), Maidana (1), Pity Martínez (1), Tabaré Viudez (1) y Pisculichi (1).

| Partido | Llegadas a favor | En contra | Remates | (al arco) | Faltas cometidas | Offside del rival | Quites |
|---|---|---|---|---|---|---|---|
| vs. San José (V), 0-2 | 4 | 5 | 11 | (1) | 11 | 2 | 68 |
| vs. Tigres (L), 1-1 | 7 | 4 | 21 | (9) | 17 | 3 | 34 |
| vs. Juan Aurich (V), 1-1 | 8 | 4 | 22 | (10) | 10 | 0 | 26 |
| vs. Juan Aurich (L), 1-1 | 12 | 5 | 27 | (15) | 20 | 4 | 16 |
| vs. Tigres (V), 2-2 | 4 | 5 | 13 | (5) | 16 | 0 | 32 |
| vs. San José (V), 3-0 | 12 | 4 | 24 | (12) | 17 | 4 | 33 |
| vs. Boca (L), 1-0 | 7 | 5 | 14 | (6) | 22 | 2 | 40 |
| vs. Boca (V), 0-0* | 1 | 1 | 4 | (2) | 9 | 3 | 21 |
| vs. Cruzeiro (L), 0-1 | 4 | 6 | 17 | (7) | 17 | 1 | 30 |
| vs. Cruzeiro (V), 3-0 | 7 | 6 | 8 | (4) | 21 | 0 | 30 |
| vs. Guaraní (L), 2-0 | 6 | 1 | 11 | (5) | 13 | 4 | 29 |
| vs. Guaraní (V), 1-1 | 7 | 7 | 14 | (7) | 20 | 2 | 27 |
| vs. Tigres (V), 0-0 | 1 | 4 | 8 | (3) | 25 | 7 | 36 |
| vs. Tigres (L), 3-0 | 3 | 4 | 7 | (5) | 21 | 1 | 29 |
| Totales | 83 | 61 | 201 | (91) | 239 | 33 | 451 |

BRIDGESTONE

# CAPÍTULO 10. LAS FALTAS TÁCTICAS

## EL TRIUNFO "INVISIBLE"

River sorprendió a Boca en la Bombonera, al menos mientras el partido fue partido por la revancha de los octavos de final de la Copa Libertadores 2015. Hasta la suspensión por los acontecimientos de violencia ya conocidos, el encuentro se jugó más como pretendió Marcelo Gallardo que como lo pensó Rodolfo Arruabarrena. El planteo fue salir a jugar con el sistema táctico 4-1-4-1 (desdoblado al 4-3-3). Presión alta de Ponzio sobre los centrales Cata Díaz y Torsiglieri, para obligarlos a dividir la pelota con un pelotazo largo hacia los extremos Pavón y Carrizo y ahí es donde entraban en acción los laterales y centrales, anticipando incluso con el juego aéreo en campo rival. Pero el trabajo de mayor esfuerzo en el ida y vuelta lo hicieron Sebastián Driussi y Gonzalo Pity Martínez, primero yendo alto sobre los laterales Peruzzi y Colazo y no dejándolos progresar. Y cuando eran superados volvían enseguida para pasar la línea de la pelota y colaborar con Vangioni y Mammana. La idea de River no fue solo bloquear a partir de un parado de equipo corto, con todo el equipo marcando, sino también salir en velocidad con transiciones rápidas una vez recuperada la pelota para aprovechar esos espacios que Boca, abierto para salir jugando, dejaba.

**El planteo en la Bombonera (Copa Libertadores 2015):**

River salió a sorprender a Boca con un esquema 4-1-4-1, con Pity Martínez sobre Colazo y Driussi de volante por la izquierda tapando a Peruzzi. Además, Ponzio fue la punta de lanza para ir sobre los centrales y no dejarlos salir limpio, sobre todo para obligar al Cata Díaz a que divida el balón con pelotazos largos para Pavón y Carrizo, que fueron bien tomados por Vangioni y Mammana, respectivamente.

Orion

Cata Díaz
Torsiglieri

Colazo
Peruzzi
**_Mora_**
Gago
Pablo Pérez
**_Driussi_**
**_Ponzio_**
**_Sánchez_**
**_Pity Martínez_**
Meli
**_Kranevitter_**
Pavón
**_Vangioni_**
Carrizo
**_Mammana_**
Osvaldo
**_Funes Mori_**
**_Maidana_**

**_Barovero_**

Defensivamente no sufrió, apenas una vez el equipo de Arruabarrena pudo patear al arco y con un remate forzado y desde afuera del área de Daniel Osvaldo. Y, por el contrario, tuvo la llegada más clara del partido con un disparo de emboquillada de Driussi (le ganó la espalda a Díaz) que se fue muy cerca del travesaño. Pero la imagen futbolística del partido fue Ponzio yendo a presionar alto al Cata Díaz.

Gallardo sabe cuánto marcaron esos cruces con Boca en su ciclo, aunque, más allá de los cambios puntuales, no cree que el equipo haya modificado su fisonomía: "Es difícil en el tiempo mantener el mismo juego. El fútbol argentino es muy físico, friccionado, a veces es complicado. En el fútbol argentino es difícil mantener una estructura que vende jugadores, pero hay que estar preparados cuando pasa eso. Y a nosotros nos pasó. También surgen imponderables.

Por eso voy buscando alternativas. Cuando se lesionó Kranevitter, tuvo que entrar Ponzio y mantuvimos la idea de juego. En los partidos con Boca se empezó a forjar un equipo más agresivo, con presencia, pero manteniendo la idea".

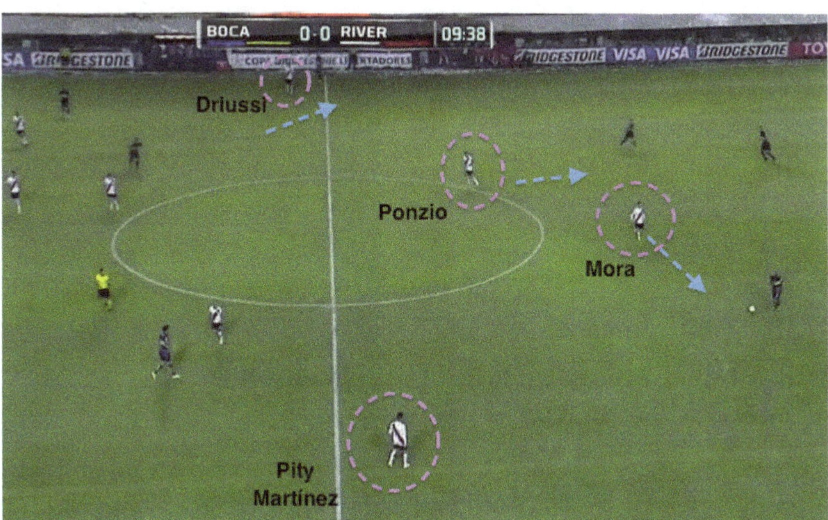

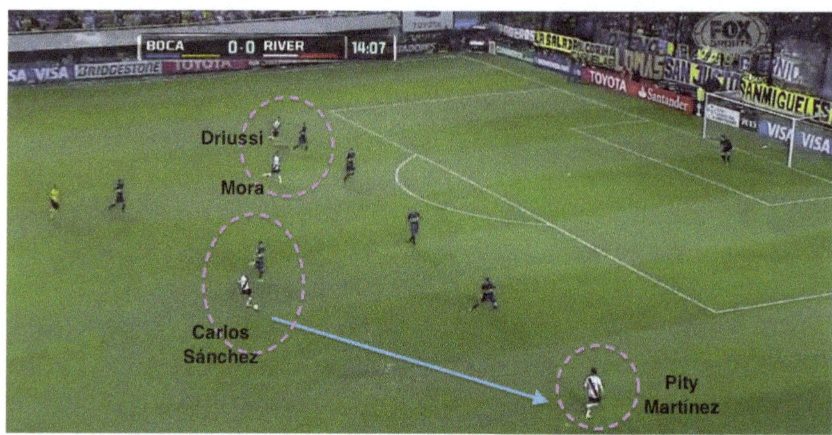


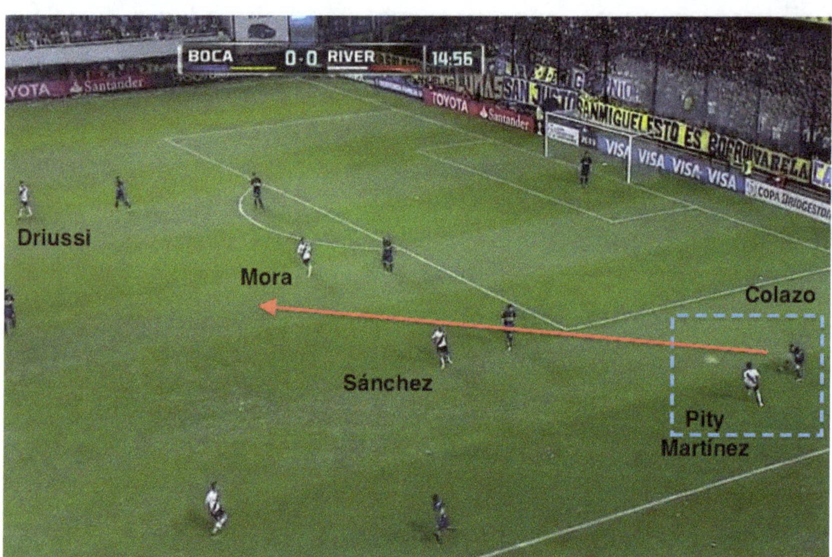


## EL PLAN DE RIVER, ALERTA AL ERROR DE BOCA

El 7 de mayo fue el primer cruce por la Copa Libertadores 2015 en el Monumental. El impulso anímico que le dio aquella victoria a Boca afirmó al equipo de Arruabarrena en su plan de juego: el 4-3-3 habitual, protagonizado anoche por hombres que le dieran buen manejo, como Gago, Lodeiro y Pablo Pérez, y la intención de sostener una presión alta. Una correcta idea y acertados intérpretes, pero fallaba la ejecución: en lugar de explorar caminos ofensivos por los costados, Boca casi siempre tendió a cargar el juego por el centro. Así le facilitaba el trabajo a su rival, porque en ese sector chocaba con el robusto entramado que le oponía River con el doble 5 que conformaban Ponzio y Kranevitter.

Gallardo mandó la presión y River ganó el medio. El problema xeneize no pasaba tanto por la defensa, donde Cata Díaz mantuvo una producción muy buena hasta que salió, lesionado, y donde Marín sufría los problemas lógicos del trabajo a destajo al que lo obligaban por su zona Teo Gutiérrez y Driussi. La debilidad visitante estaba en el medio y en el ataque, donde sufría la presión de River, que cortaba permanentemente y encimaba siempre a Calleri y a Pavón. Entonces, Boca encontraba enormes dificultades para acercarse con peligro al área de Barovero; lo que no alcanzaban a bloquear Ponzio y Kranevitter lo resolvían los centrales, o las buenas intervenciones de Mammana.

La problemática de River era otra. La misión encomendada a sus dos volantes centrales respondía a la necesidad de recuperar la iniciativa y sentirse más sólido. Consiguió eso, pero no que esa superioridad -numérica y de presencia- se tradujera en llegadas profundas, en jugadas de gol claras. Aproximaciones no le faltaron, pero ni los 12 córners que dispuso en ese primer tiempo llegaron a generar la sensación de que Orion pasaba grandes riesgos: las amenazas locales se desdibujaban en las cercanías del área.

Pero la presión de River lo terminó empujando a Boca al error. Este detalle, a la larga, fue el que definió el partido: la falla de Gago en un pase interior, que derivó en el penal de Marín a Pity Martínez, ocurrió en un momento en que River era poco claro. Pero, en el balance global, el que más había estado cerca de ganar.

libro
futbol
.com
AL GOL SE
LLEGA LEYENDO

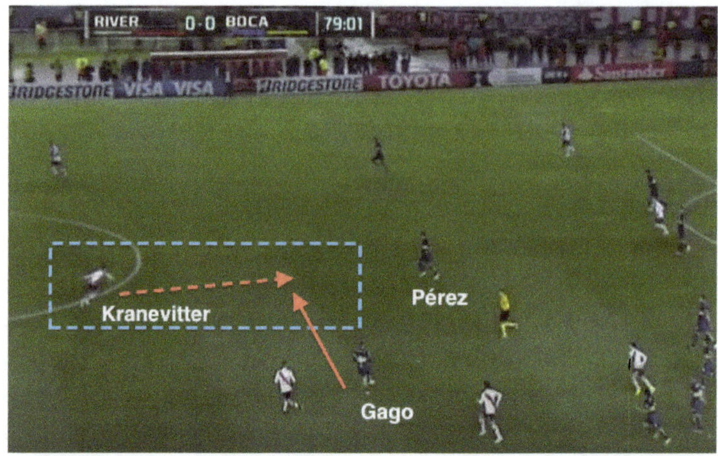
RIVER 0-0 BOCA 79:01
Kranevitter
Pérez
Gago

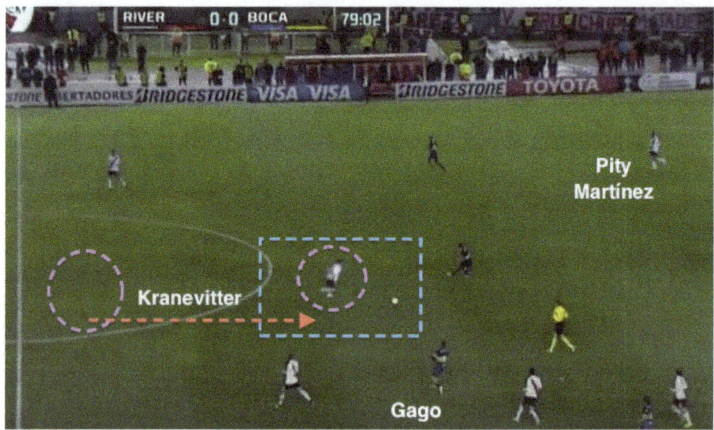
RIVER 0-0 BOCA 79:02
Pity
Martínez
Kranevitter
Gago

# ALGO MÁS QUE UN RECURSO

"La derrota 5-0 con Boca en el verano fue un aprendizaje para cuando lo volviera a enfrentar", reconoció Gallardo meses después del golpe de verano en Mendoza. Y tras el triunfo de River 1-0 sobre Boca en el Monumental, por el primer partido por los octavos de final de la Copa Libertadores, el mismo entrenador comentó que se sintió identificado con el juego del equipo y anticipó que la revancha será más dura todavía. El DT ya advertía, por su lectura del juego y las experiencias recientes, que a su rival le incomodaba el juego del roce y la fricción, y eligió las oportunidades para emplear esta estrategia, como sucedió en los partidos de ida por la Sudamericana 2014 y la Libertadores 2015. Por eso, sumando los últimos cuatro enfrentamientos oficiales superclásicos, River cometió 79 faltas ante Boca, un promedio de 19,7 infracciones, cuando la media del fútbol argentino (en el torneo local) está entre 12 y 15 por partido.

Gallardo es consciente de lo peligroso que podía ser Boca con libertades para la posesión del balón. También había tomado nota de eso en el clásico del torneo local, en el primero de los tres cruces, cuando a partir de los ingresos de Gago y Pablo Pérez le dio un sentido a la posesión y lo transmitió en explosión con Pavón. La posesión aporta pausa y baja las revoluciones, por lo que River necesitaba cortar esa posesión con una presión alta, buscando anular los circuitos de juego. Y así fue cómo volvió a jugar el primer tiempo del desquite en la Bombonera, sacando lo mejor de Ponzio y Kranevitter y hasta con un gran sacrificio de Driussi, más destacado en cómo defendió que en cómo atacó cuando tuvo la pelota.

River presiona alto y va a cortar la posesión de Boca. Así fue también hasta que el encuentro fue suspendido en el entretiempo por los hechos de vandalismo ya conocidos, la agresión con gas pimienta a la salida del túnel desde la popular xeneize hacia los futbolistas millonarios. Hasta que el partido fue partido, River se desdobló del 4-1-4-1 al 4-3-3, con Pity Martínez como wing derecho y Driussi recostado sobre la izquierda. El plan fue parecido: cortarle los pases interiores a Gago, Pablo Pérez y Cubas. Pero River no se metió atrás. Todo lo contrario.

Incluso por eso se vio a Ponzio yendo por momentos casi sobre los centrales, obligando al Cata Díaz a buscar en largo hacia la derecha, para saltear la telaraña millonaria.

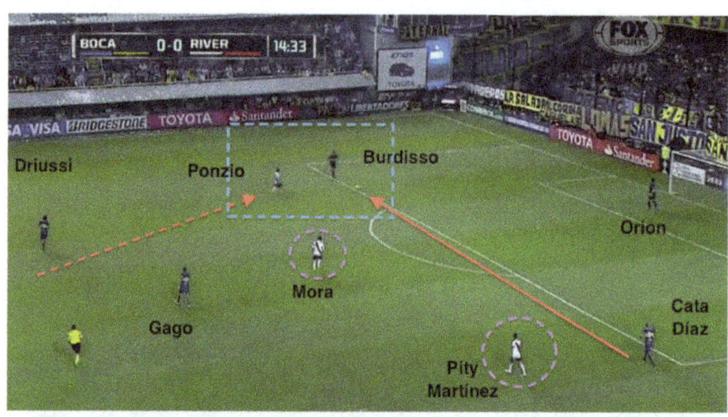


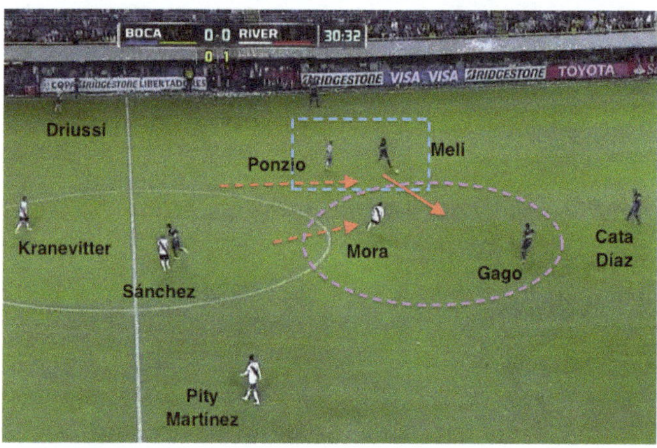


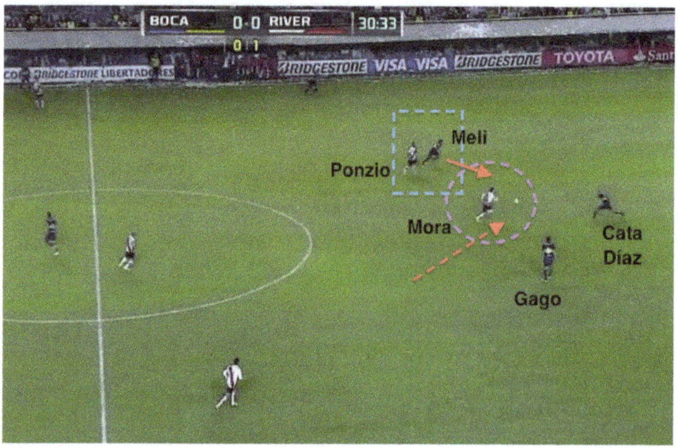

River frenó la posesión de Boca con presión y quite, con un foul o con un golpe más fuerte de lo permitido por el reglamento, como los de Sánchez y Vangioni a Gago o como el de Funes Mori a Pérez. Ese juego de presión y foules tácticos muchas veces estuvo al filo del reglamento, como en la Copa Sudamericana, cuando Vangioni y Ponzio debieron ser expulsados en la Bombonera.

En el Monumental, por la Libertadores, dejó libre a Cubas, pero encimó a Gago y Pérez con el corazón del equipo: Ponzio y Kranevitter. Virtud de Gallardo. El error xeneize fue que casi siempre jugó en los tres carriles centrales. Cada vez que recuperaba el balón, lo volvía a jugar corto con un pase interior. Al no sacar la pelota del barullo, River seguía teniendo a sus mejores jugadores cerca, para volver a presionar. A Boca le faltó movilidad y apertura hacia las bandas. El gol de Sánchez fue de penal, pero la jugada previa, esa acción que finalizó con la falta dentro del área de Marín a Pity Martínez, nació de una pérdida de Gago en zona de mediocampistas por hacer corto un pase lateral interior. El plan de Gallardo, desde la idea y ejecución, tuvo más eficacia que el de Arruabarrena. No solo desde el resultado, sino también desde cómo se desarrollaron los cruces, desde el funcionamiento que logró tener uno y le faltó resolver al otro. Boca, incómodo, apenas pudo patear una vez al arco y fue por intermedio de Osvaldo.

Pero como el fútbol es una consecuencia de actos y decisiones, todo acierto puede tener un punto en contra. Una de las desventajas que tiene recurrir a las faltas como sistema defensivo es que puede sufrir amonestaciones y expulsiones. La otra es que se le da al adversario varias chances para que explote el recurso de las pelotas paradas y que cada falta en campo rival sea utilizado como un lanzamiento al área de Barovero. Boca tenía buenos cabeceadores como Osvaldo, Cata Díaz, Torsiglieri, Calleri, Burdisso (Gigliotti en 2014), pero si los lanzadores no son efectivos...

Fernando Gago y Nicolás Colazo fueron los ejecutores xeneizes en la primera semifinal de la Sudamericana 2014 en la Bombonera (0-0). Y Boca contó, incluso sumando los laterales/centros ejecutados por el lateral izquierdo, con 20 pelotas paradas a favor, pero solo se impuso de arriba en 5, en tres el balón

pasó de largo, sin vencedores ni vencidos, y en las restantes 12 ganó River con el juego aéreo. La más clara fue en tiempo de descuento, con un cabezazo/hombro de Gago que controló Barovero. Pero River no sufrió por esa vía.

Lodeiro, con zurda, puede ser peligroso, pero en los últimos cruces por la 11° fecha y la ida de la Copa Libertadores, el equipo xeneize apostó más a los envíos abiertos de Gago, quizá teniendo en cuenta el gol que hizo Magallán en Núñez en 2014, tras una ejecución larga de Carrizo. Lodeiro fue suplente en el desquite de la Bombonera y por la vía de la pelota parada Boca tampoco complicó la noche de la suspensión.

En este sentido, hasta las características del árbitro tienen incidencia en el desarrollo por más que desde las sanciones técnicas no tenga fallas. Un juez que no es riguroso en las sanciones disciplinarias favorece la estrategia del equipo que pretende utilizar el foul táctico como sistema. Algo de eso sucedió también a favor de River, aunque eso no signifique quitarle méritos al trabajo de Gallardo.

## OTROS DUELOS ANTE BOCA

Martínez, de enganche y haciéndole marca personal a Barrios para ganar la Supercopa

Si en el anterior triunfo en la Bombonera Gallardo le había ganado el duelo táctico a Barros Schelotto desde el "factor sorpresa" del Pity Martínez, el Nº 10 volvió a tener una incidencia directa en el planteo para que River se quede con la Supercopa Argentina al ganar el clásico en Mendoza por 2-0. En marzo de 2018 el esquema fue 4-3-1-2, y Pity Martínez cumplió la función del "doble agente". Tuvo la responsabilidad de ganarle la espalda a Wilmar Barrios cuando su equipo tenía la pelota y también de hacerle marca personal al volante central colombiano cuando Boca intentaba salir jugando por abajo desde su arquero Agustín Rossi. Había un contexto previo. Barrios venía siendo el mejor jugador de Boca en ese momento y que River lo haya anulado desde el planteo fue un buen resumen para explicar su dominio territorial durante el primer tiempo.

River generaba asfixia para presionar rápido ante cada pérdida de la pelota y Boca demasiada lentitud para "limpiarla", para sacarla del barullo ante ese mecanismo rival.

River, que no venía bien, estuvo más compacto en sus líneas. Con el sacrificio de todos, duplicó marcas para defender siempre en superioridad numérica, ya sea lejos o cerca de Armani. Para eso, tanto Rodrigo Mora como Lucas Pratto se turnaron para ser "doble lateral derecho", para que Montiel no defienda mano a mano contra Pavón. Y también duplicó futbolistas para atacar. Si bien recurrió más a un juego largo, con pelotazos para saltear el medio campo xeneize y que Pratto pivotee, cerca del área de Rossi el receptor ocasional siempre tuvo más de una alternativa de descarga para triangular o generar una pared. Preferentemente (otra vez), yendo desde afuera hacia los carriles interiores, no buscando el desborde por afuera. Así llegó la jugada del penal por falta de Cardona a Fernández, tras la pared que tiraron Nacho y Pity Martínez.

En el segundo tiempo River cambió la postura: se paró 4-4-2, le cedió terreno y la posesión del balón a Boca, esperó con todos los futbolistas en campo propio. Lo salvó Armani con un par de atajadas y en el primer contraataque que tuvo, lastimó. Buscó robar y avanzar con transiciones rápidas. Así fue el 2-0, con la corrida de Nacho Fernández y la asistencia de Pity Martínez para la anotación de Scocco.

¿La cantidad de faltas? En otro partido de ajedrez, una muestra de cómo a Boca le costó recuperar la pelota en bloque fue la cantidad de infracciones que cometió en la primera etapa: 11, contra las 7 del millonario. Después, con la diferencia a favor, River terminó con 20 faltas. Pero ya era otro contexto, otro partido.

## CÓMO RIVER BUSCÓ LASTIMARLO CON CENTROS

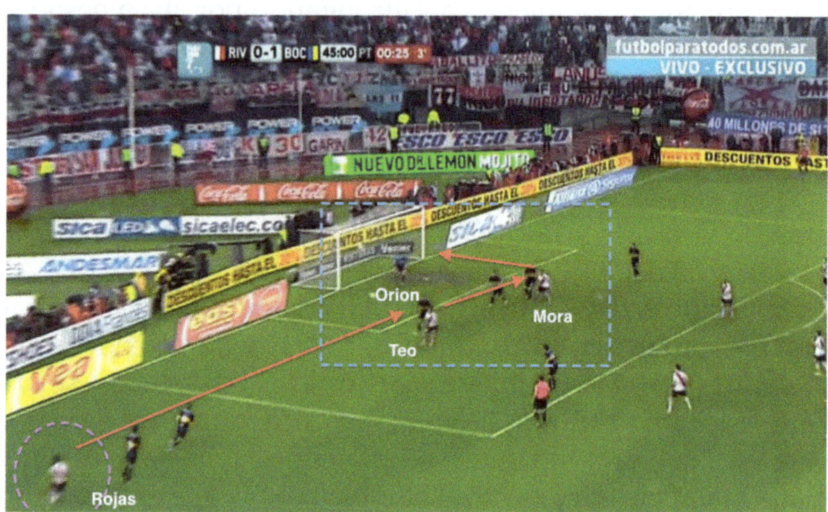


Potenciado, además, porque el campo de juego estaba inestable por la lluvia, River buscó levantando la pelota

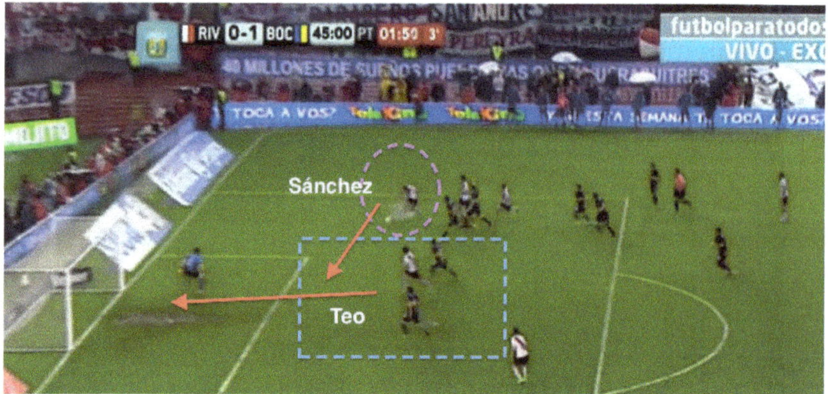


Gol mal anulado a Teo Gutiérrez; le cobraron off-side a Carlos Sánchez, quien lanza el centro desde la derecha, pero el uruguayo estaba habilitado

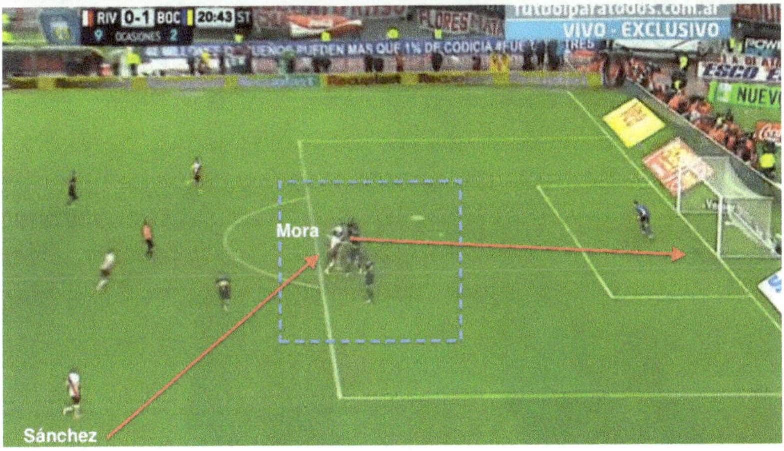

Una fórmula repetida: centro de Cárlos Sánchez para la arremetida de Rodrigo Mora, fue una chance clara

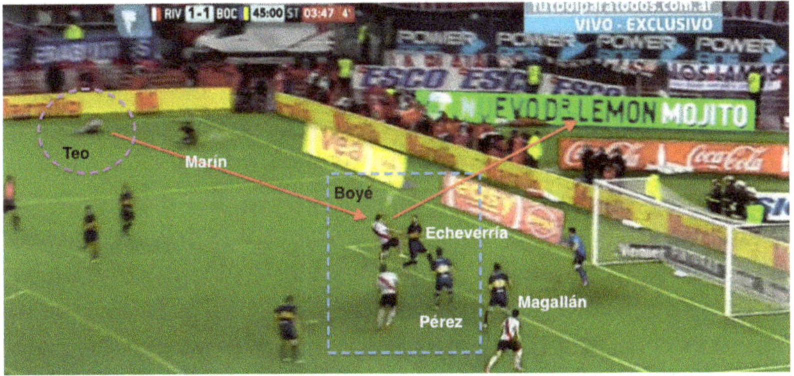


River lo empató con un centro y también lo pudo ganar por la misma vía; pero el cabezazo de Boyé se fue desviado

# UN 4-2-3-1 Y CON PRATTO DE WING DERECHO EN LA SUPERLIGA

Septiembre de 2018. Otra sorpresa estratégica de Gallardo. River volvió a ser más inteligente que Boca desde el planteo y fue más veloz desde los movimientos para presionar y atacar. Le fue generando una "trampa táctica". Sacó ventaja más desde la ubicación de los nombres que desde el sistema. El dibujo en la Bombonera fue 4-2-3-1, por la 6ª fecha de la Superliga, el DT lo resolvió con un doble 5 compuesto por Ponzio y Enzo Pérez y otra línea por delante de ellos: Pratto (por la derecha), Palacios (por el centro) y Pity Martínez (por la izquierda), con Borré como centrodelantero.

El punto de inflexión fueron las persecuciones individuales en el callejón marcado por los tres carriles interiores: la consigna fue presionar, quitar ahí e "ir al gol". La presión alta era –en realidad– para generar el contexto de una recuperación en otra zona: entre el área de Boca y el círculo central. Hasta ahí fue donde bajó Pavón para buscar un pase de la línea de fondo; hasta ahí lo persiguió Montiel para el anticipo ofensivo que derivó en la avanzada de Palacios para el 1-0. River quitó y aceleró más rápido de lo que podía hacerlo el retroceso de Boca. Así, con superioridad numérica 5 vs. 4 y una presión a prueba de pérdidas de pelota (el propio River forzó un mal despeje de Mas), resolvió con determinación y con la técnica individual al servicio del equipo: volea del Pity Martínez para un cuadro.

Si bien el equipo millonario salió a presionar de entrada en la zona del medio campo, distrajo haciendo de cuenta que la principal asfixia iba a ser para el arquero Rossi y los cuatro defensores xeneizes. Pero, en realidad, generó en breve tiempo un queso para el ratón: el plan fue siempre presionar a fondo la segunda pelota de Boca, el pase que podía involucrar una descarga para Almendra o Barrios. Entonces, Ponzio fue sobre Tevez, Palacios sobre Barrios y Enzo Pérez sobre Almendra. Y los demás seguían simétricamente sus movimientos. Por eso Montiel llegó a anticipar ofensivamente a Pavón en la jugada donde nació el contraataque del 1-0. Un trabajo táctico extraordinario llevado adelante por los futbolistas de River.

## LA LÍNEA DE 5, PARA LA IDA EN LA FINAL DE LA COPA 2018

Por la Copa Libertadores 2018. Nuevamente Gallardo despistó hasta el final con la formación del equipo. Y recién lo confirmó minutos antes. Volvió a sorprender a Guillermo Barros

Schelotto desde el sistema: 5-3-2. Una línea de fondo con cinco defensores con Montiel, Martínez Quarta, Maidana (sobrando como líbero), Pinola y Casco.

Al no estar Ponzio, lesionado, se especulaba con el ingreso de Martínez Quarta, pero como volante central. Incluso Montiel podría haber ocupado esa posición, teniendo en cuenta su puesto natural de inferiores. Pero no. Línea de 5. De todas formas, eso no fue sinónimo de hacer un planteo conservador. Todo lo contrario. Lo que buscó, primero, fue doblarle gente al tridente xeneize: Villa, Ábila y Pavón. Así, atrás siempre generó un 2 vs. 1. Y lo controló a Boca, ya que las únicas situaciones que generó el local fueron los goles, el primero con más mérito individual, una corajeada de Wanchope Ábila y el segundo de pelota parada, desde la ejecución frontal de Villa y el buen cabezazo de Benedetto.

Defensivamente River no tuvo sobresaltos, lo resolvió con superioridad numérica 7 vs. 3. Y en ataque lo doblegó por las bandas, sobre todo con las proyecciones de un Montiel que comenzó mejor de lo que finalizó los avances, pero siendo casi un carrilero para cubrir toda la franja derecha. Del otro lado, Casco se lanzó menos, aunque cada subida suya (por más que Villa lo perseguía) fue sin oposición y varias pudieron terminar en gol. Montiel y Casco ensanchaban a River y los carriles interiores eran muy bien ocupados por Pity Martínez, Enzo Pérez, Enzo Pérez o Palacios. River amagaba a ir por afuera, pero terminaba haciendo el desequilibrio por dentro, donde se movieron sus principales talentos.

La lesión de Pavón en el primer tiempo y el ingreso de Benedetto (el Mellizo pasó a jugar 4-4-2), le dio una solución ofensiva a Boca y lo ordenó defensivamente. Desde el talento individual, el local estuvo cerca de ganarlo con la patriada de Tevez sobre el final, en el mano a mano que Armani le desvió a Benedetto (quizás la atajada de la Copa Libertadores) pero colectivamente siempre jugó mejor River.

Tras ganar la segunda final en Madrid, Gallardo dijo: "En la era Bianchi nosotros teníamos una racha negativa contra ellos, pero ganábamos torneos, éramos un equipo muy exitoso. Del 2000 en adelante costó un poco más. En estos años hemos generado una energía muy diferente a lo que se vivía en otras etapas al enfrentar a Boca. Además fueron muy seguidos los triunfos ante Boca por Copas y todos terminaron con un título. Por eso me siento un privilegiado de poder vivir ahora todo esto como entrenador de River".

## GALLARDO 1 VS. ARRUABARRENA 0

El primer cruce oficial entre ambos compañeros del curso de DT finalizó igualado en uno. Fue el 5 de octubre de 2014, por la 10ª fecha del torneo Transición 2014, en un Monumental condicionado por el diluvio. El partido no debió jugarse, el campo realmente no estaba apto para el buen juego y es por eso que una de las claves estratégicas fueron los pelotazos. En ese contexto, el resultado se terminó de resolver por arriba. Boca estaba con un jugador menos por la expulsión de Fernando Gago en el primer tiempo, pero ganaba 1-0 por el gol de Lisandro Magallán, de pelota parada.

Pero Gallardo mandó a la cancha a Germán Pezzella por Carlos Sánchez, en busca del empate-triunfo. Cuando Arruabarrena vio a Pezzella como un 9 más, quiso reaccionar,

pero ya era tarde. Le estaba dando las últimas indicaciones a Chiqui Pérez y vio como aquel central disfrazado de centro delantero ganaba en su área, primero por arriba y después por abajo, para finalmente vencer a Orion. Incluso después lo pudo ganar por la misma vía Boye, pero su cabezazo se fue desviado. Una vez más River le sacaba crédito a los centros.

## Cuando el Vasco le ganó de mano

El 3 de mayo de 2015, en la Bombonera, en el primer cruce de la trilogía superclásica, reaccionó más rápido Arruabarrena. El Vasco mandó a la cancha a Gago; vio que su equipo ya no tenía armonía en la mitad del campo y mandó a la cancha a Pablo Pérez; vio que su equipo ya no aprovechaba las bandas y mandó a la cancha a Pavón. El primero se hizo líder; los otros dos hicieron los goles. Cuando Gallardo quiso reaccionar, ya era tarde. Y siguió con Teo Gutiérrez y Driussi sentados detrás suyo. Es cierto que el empate no parecía correr riesgos, el tema fue que la victoria millonaria sí parecía cajoneada desde la voluntad. Y cuando se está muy lejos de ganar, se está más cerca de perder.

Si se midiera la posesión de la pelota en los últimos once minutos, desde que Fernando Gago y Pablo Pérez compartieron el campo de juego, se notaría una diferencia en favor de Boca, aunque eso no incidió para que la estadística final favoreciera a River por 52,7% contra 47,3%. Rodolfo Arruabarrena acertó con los cambios. ¿En qué salió beneficiado Boca específicamente? En el control de la pelota. A partir de Pablo Pérez y Gago, el equipo del Vasco le dio sentido a cada recuperación, a cada intento de avance, aunque eso no necesariamente se vio reflejado en la generación de situaciones. El partido parecía encaminado al 0-0, aunque algo se había modificado.

Desde el principio hasta ese minuto 34 de la segunda etapa, fue River el dueño del medio campo. No tanto para atacar, pero sí para defender y mostrar presencia. El equipo de Gallardo arrancó con el esquema 4-3-1-2, sobre todo con Driussi (o Mora) tratando de ganar la espalda de Cubas y esperando los pelotazos largos de los centrales Maidana y Pezzella para activar la segunda jugada. Porque River salió a jugar "largo" incluso cuando tuvo un tiro libre a favor cerca del círculo central. Así generó una chance clara con un pivoteo de Teo para el remate cruzado de Mora. Sin embargo, esa presión millonaria le resultó más efectiva para neutralizar que para atacar. Logró encerrar esos primeros pases interiores de Cubas, Meli y Lodeiro, por lo que Carrizo, Osvaldo y Chávez no recibían casi nunca "limpia" esa pelota, más por responsabilidad en la ineficacia de los lanzadores que en sus recepciones.

El parado táctico de Boca estuvo más cerca del 4-1-4-1 que del 4-3-3. Porque los extremos Carrizo y Chávez estuvieron sacrificados en defensa y porque, al mismo tiempo, saben que son mejores "atacando el espacio" que desequilibrando en los duelos individuales.

Pero Boca no pudo triangular. Primero porque los pases no eran buenos y esa imprecisión le impedía generar ataques respaldados, como los que acostumbra a generar la versión 2015. Meli y Cubas jugaron bien, aunque más desde los quites y la presencia a la hora de trabar, porque no estuvieron finos cuando tuvieron que darle un destino ofensivo a esa recuperación. Lodeiro, sacrificado como siempre, tampoco aportaba en los metros finales. Y Osvaldo no participaba del juego. Así, las pelotas divididas terminaban en poder de River, con Mora y Driussi recuperando con presiones sobre Cubas y Meli.

Las únicas triangulaciones xeneizes bien elaboradas en esa primera etapa fueron un centro de Peruzzi que no pudo impactar Osvaldo y otro centro atrás de Carrizo que, tras un pase fantasma de Lodeiro (amagó y dejó pasar la pelota) finalizó con el zurdazo perdido de Chávez. Pero Meli y Cubas no tomaban buenas decisiones cuando eran presionados, ya que no se apoyaban con el compañero más cercano para evitar la pérdida. Y River anticipaba bien sus pases.

Gago ingresó a los 16 de la segunda etapa y Boca siguió 4-1-4-1 con Cubas de tapón y por delante Pavón, Gago, Lodeiro y Meli. Gago ya había cambiado la ecuación de la eficacia en los toques cortos. Pero el salto de calidad lo entregó Pablo Pérez, un volante que (como Carlos Sánchez, de River) todo técnico quiere

tener en su equipo. Visión, despliegue, personalidad, intensidad para jugar, llegada al gol, pases a los compañeros y asistencias. Hizo el 2-0, pero ya había respaldado el avance del 1-0, llegando a convertir a la altura del primer palo. Boca se adueñó del clásico sobre el final. Pero primero ganó el medio campo.

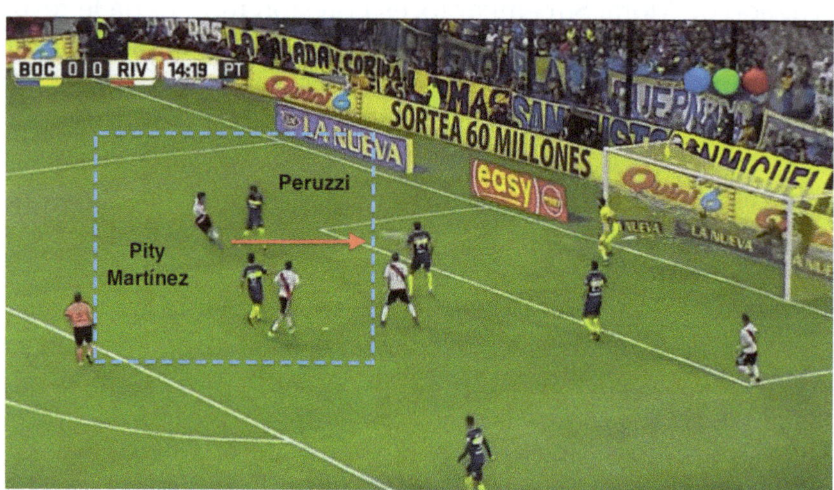


## LA TARDE QUE GALLARDO SACÓ A PONZIO

Antes del superclásico por la 24ª fecha del torneo de Primera División 2015, Gallardo analizó: "Estudiamos al rival y evaluamos según las distintas características que puedan plantear. No es lo mismo que juegue Pablo Pérez que Lodeiro o Meli que Bentancur. De acuerdo a eso, vemos cuál es la mejor manera de trabajar. Pero también es importante que sepamos qué hacer cuando nosotros tenemos la pelota. Si juega Palacios, claramente es el jugador de mayor velocidad y ellos pueden intentar dañarnos por ese sector. Después no varía, porque la situación de los volantes va variando en cuanto a rotar las posiciones. Vamos a tratar de achicar los espacios para que ni Tevez ni Palacios los tengan".

El encuentro luego se dio como había pensado el entrenador de River, a tal punto que el gol de Nicolás Lodeiro llegó con un pelotazo de Fernando Tobio para Palacios y un desequilibrio que Boca generó de contraataque 3 vs. 3 con Palacios, Tevez y Lodeiro para el 1-0, que sería el resultado definitivo. Es cierto que la temprana lesión de Fernando Gago le permitió a Rodolfo Arruabarrena el ingreso de un protagonista impensado. Pero más allá de esa situación que vivió el equipo xeneize, algo no funcionó en River. El equipo de Gallardo no solo mostró dificultades para generar juego, sino también para marcar, para ser compacto. Y, en este punto, la salida de Leonardo Ponzio expuso falta de solidez. Si Ponzio fue la bandera de River en los cruces coperos con Boca, que Gallardo lo haya reemplazado antes del entretiempo expuso al volante, al borde de la expulsión (como había pasado siete días antes frente a Nueva Chicago, en Mataderos), pero también a un equipo sin orden para tratar de contener a Boca en bloque. Los centrales jugaron cerca de Barovero en el primer tiempo, como se puede ver en el gráfico. Y cuando lo hicieron más adelantados en la mitad de la cancha, fue el arquero quien tuvo que salir a cortar como líbero. En el segundo tiempo, tanto Mammana como Balanta estuvieron más adelantados, como pretendió siempre Gallardo, pero fue más porque Boca eligió esperar más retrasado, en su campo, que porque River haya tomado las riendas del clásico.

Boca casi no pasó sobresaltos defensivos. Apenas dos situaciones de riesgo para River, con los centros-gol para los cabezazos de Alario, ambos bien desviados por Orion. Pero Boca no controlaba bien a Carlos Sánchez, que llegaba con facilidad para tirar muy buenos centros desde la derecha. Cuando Gallardo decidió "correrlo" como interior para ubicar allí a Tabaré Viudez, River terminó de perder la única herramienta ofensiva que le daba cierto peligro.

Kranevitter se vio controlado por Lodeiro. El azar juega su rol. Así como la lesión de Gago le abrió la puerta a Lodeiro, que igual tuvo su mérito para respaldar ese ataque y tomar el rebote de Barovero ante Tevez, a River le jugó en contra la lesión de Lucho González. Dos cambios de Gallardo fueron obligados por los contextos; y Pity Martínez quedó demasiado estancado cerca de la banda izquierda.

La línea defensiva de River, además, pagó el precio de conocerse recién en ese momento casi. Lesionados Maidana y Vangioni, vendido Funes Mori, Gallardo se la jugó con cuatro defensores pero el único titular del equipo campeón de América fue Mercado, en el lateral derecho. Después jugaron Mammana, Balanta y Milton Casco, el lateral que llegó de Newell's, que fue titular pese a haber tenido solo dos prácticas con sus nuevos compañeros. Enfrente, los defensores de Boca pudieron tener errores puntuales en lo individual, pero, en bloque, la respondieron muy bien achicando hacia adelante y dejando en off-side cinco veces a River. En el segundo tiempo mantuvo la simetría, pero más cerca de Orion. Y, en espacios reducidos, a un River sin claridad se le complicó más.

Sin Jonathan Calleri, Boca buscó con ataques directos. Suspendido el N° 9, Arruabarrena intentó taparle las bandas a River con un sacrificado Bentancur sobre la izquierda y con Meli sobre la derecha. Pero en el primer tiempo, que Boca se plantó en campo rival y buscó presionar alto, obligando a que Kranevitter no sea alternativa de pase en la salida y que los centrales tengan que dividir con envíos largos, no bien recuperó buscó con pelotazos para dos rapiditos como Palacios y Tevez. Así llegó el gol de Lodeiro. Tras una pelota dividida de Ponzio, Tobio enseguida buscó largo a Palacios. A Mammana y Balanta, que pueden ser eficaces en los mano a mano, se les complicó con la movilidad del tridente xeneize. En ese ataque, Boca contragolpeó 3 vs. 3. Salvo Sánchez y Alario, no hubo futbolistas destacados en River. Gallardo se fue pensativo, teniendo en cuenta que esta vez el recurso táctico de cortar con foules para no dejar crecer a Boca no funcionó. Entre los dos equipos cometieron 40 infracciones (20 cada uno), pero así y todo a River le faltó solidez y sociedades para generar situaciones de riesgo. El clásico del 2015 jugado en Núnez, sirvió para que el entrenador revise algunos rendimientos y evalúe algunas modificaciones, sobre todo pensando que el equipo necesitaba volver a las fuentes, con virtudes que se le conocieron más en el comienzo del ciclo Gallardo.

Luego de esa derrota en el Monumental, Marcelo Barovero, capitán del equipo, hizo una muy buena síntesis del momento futbolístico de River: "Nos faltó juego, intensidad, buscar los

espacios, ahogar al rival cuando perdíamos la pelota. Todas las cosas que teníamos y ahora nos está costando encontrar". Y Gallardo revisó los papeles y buscó un cambio, un "regreso a las fuentes" sobre todo con la mira puesta en la Copa Sudamericana y el Mundial de Clubes.

Observó que la estrategia del doble 5 necesitaba un giro, una vuelta de tuerca. Así como fue productiva en un momento dado, ahora necesitaba volver a jugar con uno solo para que regrese Leonardo Pisculichi en busca del rendimiento colectivo ofensivo perdido. "Necesitábamos volver a las bases del funcionamiento. El equipo tenía personalidad, carácter, pero nos faltaba juego y eso fue lo que nos había llevado a marcar la diferencia en nuestro recorrido. No nos encontramos, cuando nos juntamos tuvimos chances claras, pero necesitábamos jugar mejor, generar situaciones y hacer goles", explicó el DT en función a la nueva/vieja búsqueda. En su interior sabía que las grandes modificaciones debían ser globales y no individuales, más allá de que cambiando algunos nombres buscó acercarse a ese juego perdido.

## Los movimientos de Balanta y Mammana vs. Boca (2015)

● = la ubicación de dónde tomó contacto con la pelota **Balanta** en el PT.
● = la ubicación de dónde tomó contacto con la pelota **Balanta** en el ST.
▲= la ubicación de dónde tomó contacto con la pelota **Mammana** en el PT.
▲= la ubicación de dónde tomó contacto con la pelota **Mammana** en el ST.

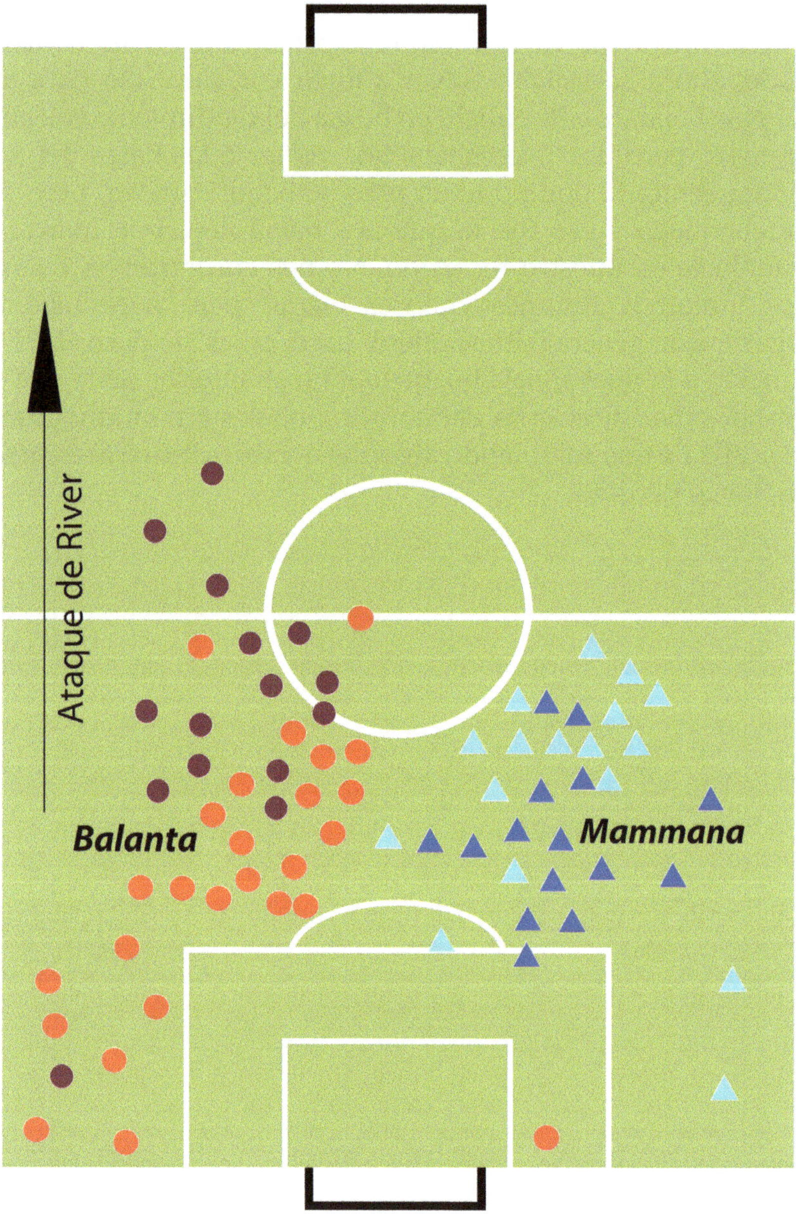

Ataque de River

***Balanta***

***Mammana***

## GANAR EN LA BOMBONERA Y CON PITY MARTÍNEZ COMO FACTOR SORPRESA

El 14 de mayo de 2017, Gallardo le ganó el duelo táctico a Guillermo Barros Schelotto por varios cuerpos de ventaja. El DT de River marcó la primera diferencia desde la estrategia, ubicando a Pity Martínez sobre la izquierda del 4-4-2 (sí, en la posición donde más murmullos había generado en los propios hinchas millonarios) buscando atacar con su futbolista más desequilibrante al defensor xeneize más frágil: Peruzzi. La segunda diferencia se la sacó desde los cambios obligados. Mientras el Muñeco, ante la temprana lesión de Casco, modificó puesto por puesto, características por características (ingresó Mayada sobre el lateral izquierdo) y la fisonomía no se alteró, el Mellizo se dejó condicionar emocionalmente por el gol de Martínez. Por eso, ante la lesión de su futbolista más desequilibrante (Centurión), el técnico de Boca puso a Walter Bou, otro N° 9 que puede jugar también por los costados, pero que -juntarlo con Benedetto- no está entre sus primeras alternativas. Al mismo tiempo, agregó características ofensivas cuando el problema xeneize estaba en el manejo de la pelota. ¿Por qué? Porque River se las había ingeniado para presionar y molestar de tal forma en la "zona 2" que Pablo Pérez, Gago y Bentancur casi siempre recibían la pelota de espaldas, mirando hacia Rossi. Casi nunca lo pudieron hacer de frente porque el fuerte de Benedetto no es pivotear de cabeza. Así, los pelotazos de los centrales eran vitamina para Maidana y Martínez Quarta, que se potenciaban ante cada envío largo del local. Sin ideas y sin plan B en la estrategia ante la salida de Centurión, Boca se vio obligado a agudizar el ingenio para ver cómo atacaba sin depender exclusivamente de la velocidad de su N° 10. La respuesta: la proyección de sus laterales y los pelotazos frontales.

Lo que Boca manejó sin sentido, River lo hizo casi a la perfección, con lanzamientos largos que no eran más precisos que los de los defensores xeneizes, pero sí en función del destino que le daban sus receptores. Driussi y Alario dieron una clase de pivoteos, aguantando todo lo que le tiraban, ganando las

posiciones con el cuerpo y descargando la pelota para el apoyo (el volante) más cercano. Mientras Pérez, Gago y Bentancur recibían siempre de espalda, Nacho Fernández, Ponzio, Rojas y Pity Martínez lo hacían de frente y con panorama para avanzar y lastimar.

Driussi asistió a Martínez en el 1-0 y definió el 3-1, pero su valor más importante fue cómo, con sus movimientos, se hizo indescifrable para toda la defensa de Boca. Jugando por todo el frente de ataque, rotando en función de cómo venía la jugada, fue descarga en ofensiva y apoyo defensivo en el retroceso. Con Alario, dieron una clase de pivoteos y reivindicaron el concepto que dice que "entender el juego" sigue haciendo la diferencia y define clásicos en el fútbol argentino.

# CAPÍTULO 11.
# LOS CAMBIOS: QUÉ MOVILIZA UNA MODIFICACIÓN

## Los cambios ante la adversidad

**River**, salvo excepciones, por lo general salió a jugar **4-3-1-2 o 4-4-2** en el ciclo **Gallardo**. Pero ante la adversidad o la necesidad de revertir un resultado, el entrenador buscó casi siempre con los mismos patrones, ya sea desde las modificaciones de nombres o de características. Si una de las virtudes millonarias es el desdoblamiento por las bandas, para explotar los tándem por afuera y finalizar las jugadas con el recurso de los "centros-gol", ante la dificultad el Muñeco hace variantes que busquen potenciar ese desequilibrio, aunque también pueda sumar gente por los carriles centrales. Entonces, una de las búsquedas más repetidas fue dejar a los dos centrales (por lo general Maidana y Funes Mori) atrás, por delante de ellos un mediocampista de corte defensivo como pudo ser Kranevitter, Guido Rodríguez o el mismo Ponzio, que llegó a oficializar de líbero por detrás y por delante también, y luego trató de parar bien ancho a todo el resto del equipo, por momentos incluso juntando a varios zurdos (Pisculichi con Rojas y Vangioni), también Tomás Martínez; ya en 2015 a Pity Martínez.

*A continuación se verán algunos ejemplos en relación a las decisiones que fue tomando Gallardo ante resultados adversos.*

**1) Frente a Estudiantes (0-1), por la 14ª fecha del torneo Transición 2014.** En su primer año de gestión, el Estudiantes de Mauricio Pellegrino fue el equipo que más cerca estuvo de ponerlo en jaque. Primero en la Copa Sudamericana (aunque le ganó ambos partidos 2-1 y 3-2), pero luego disputando un muy buen encuentro nuevamente en el Monumental, por el certamen local. Quizás por eso, Gallardo esa tarde salió a jugar 3-4-1-2, con: Barovero, Maidana, Pezzella y Funes Mori; Solari, Guido Rodríguez, Rojas y Vangioni; Pisculichi; Mora y Driussi. Enfrente, Estudiantes formó 4-4-2, con jugadores ofensivos como Cerruti y Joaquín Correa como externos en la zona de volantes y, más arriba, el *doble 9* formado por Vera y Carrillo. Con el cambio de Gio Simeone por Solari (al inicio del ST), pasó Driussi como extremo derecho, luego ingresó Tomás Martínez por Rojas (ST, 18m) y, por último, Boye por Pezzella (ST, 32m). River terminó 2-1-4-3 (como se ve en el gráfico de al lado) y tirando, en total, 31 centros (15 en el primer tiempo y 16 en el segundo). Lo curioso fue que las únicas cuatro situaciones de riesgo que generó fueron en la primera etapa.

**vs. Estudiantes (0-1)**

**14ª fecha del Transición 2014**



**2) Ante San Martín de San Juan (0-1), en 2015:** otra vez como local en el Monumental, ante otro 0-1, el DT también terminó tratando de ser ancho y quedando mano a mano atrás. Como se ve en la imagen, todos menos Barovero están en campo rival.

**Todo el equipo en campo rival**

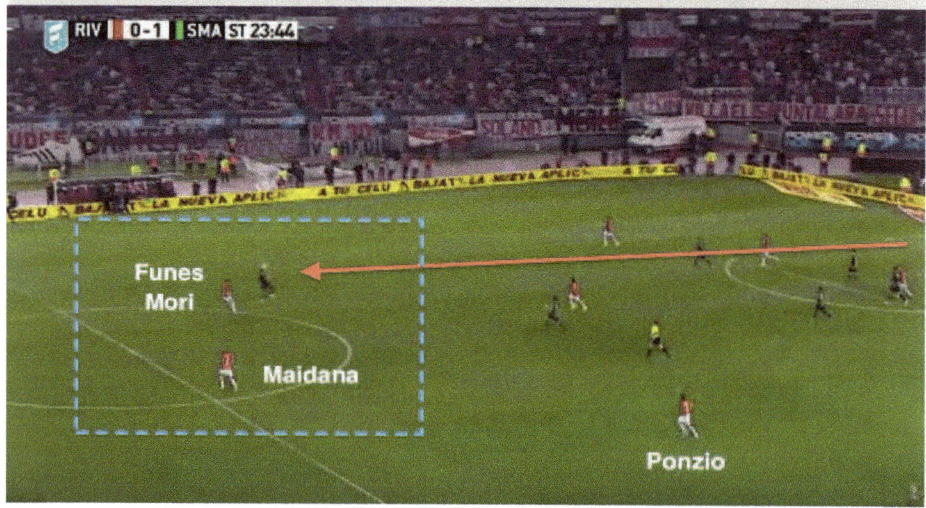

## Un obstáculo llamado Lanús

**Los recursos de Gallardo desde los nombres y los sistemas para revertir el 0-1, por la 9ª fecha en 2014, en el Sur**

### 1 Arrancó 4-3-1-2

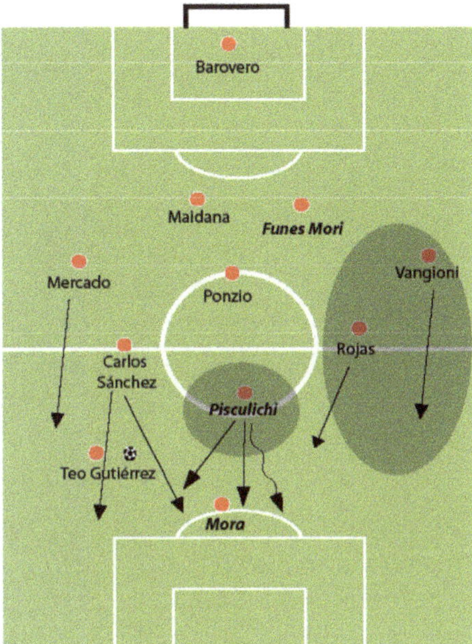


### 2 Pasó al 3-3-3-1

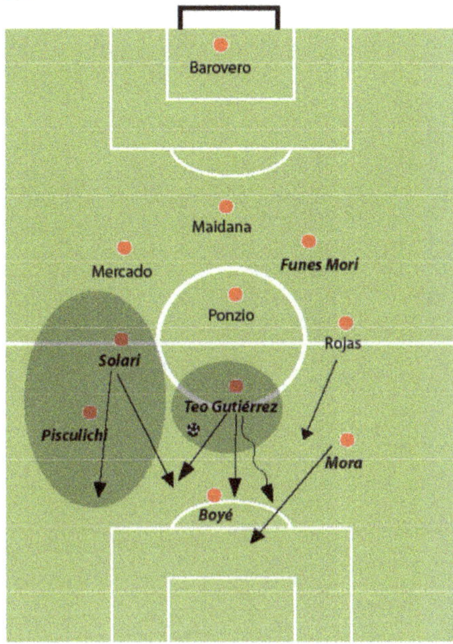


### 3 Terminó 3-3-2-2

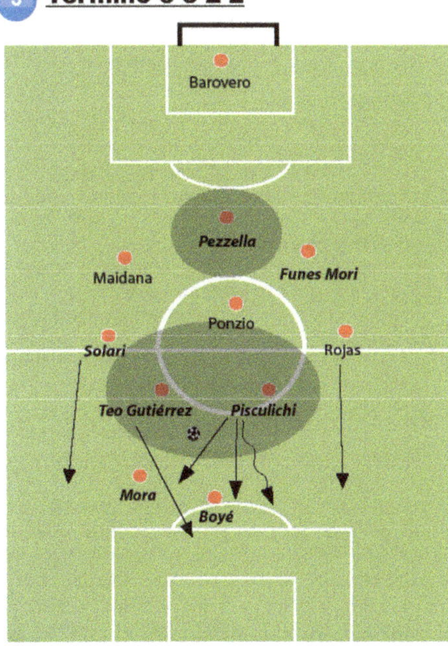


## El primer partido de real necesidad

**Movimiento de fichas.** Recién ante Lanús, Gallardo se vio obligado a hacer cambios de fondo desde los nombres y el sistema para intentar torcer el rumbo del partido, ya que casi siempre estuvo arriba o había empezado ganando. Y las dos veces que empezó perdiendo, ante San Lorenzo y Arsenal, había empatado enseguida, por lo que mantuvo la estructura táctica y de apellidos. Hasta este encuentro, por lo general el DT hacía cambio de nombre por nombre, sin alterar demasiado el sistema. Frente a Lanús fue distinto. Arrancó como siempre, con el **4-3-1-2**, pero a los (ST, 24m), con las modificaciones de Augusto Solari por Vangioni y de Lucas Boyé por Carlos Sánchez, pasó a jugar **3-3-3-1**, con Teo Gutiérrez más de armador. Así, posicionados como están en la canchita Nº 2, estaba parado el equipo un minuto después de los cambios, en la jugada donde empató Teo con un derechazo desde afuera del área. Tras el 1-1, mantuvo la línea de 3 y siguió buscando, con los centrales presionando alto y generando chances de gol. Teo se posicionó como un *8 adelantado* en un **3-3-2-2** y asumió el rol de generador junto con Pisculichi. Solari hizo alguna cobertura puntual, pero no fue lateral. Siguió en posición ofensiva y yendo al ataque. Pezzella ingresó por Mercado y fue líbero, corriéndose Maidana sobre la derecha.

## El entretiempo vs. Boca (en Mendoza)

**Una de las noches más complejas para Gallardo como DT de River: fue 0-5 en el verano 2015.**

### 1 Arrancó 4-3-1-2

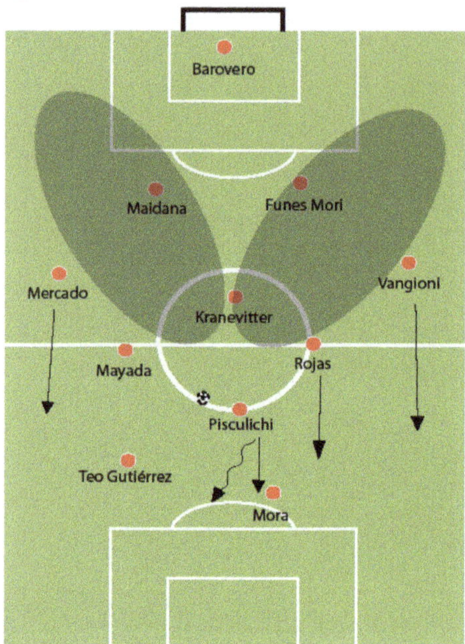


### 2 Pasó al 4-3-1-1

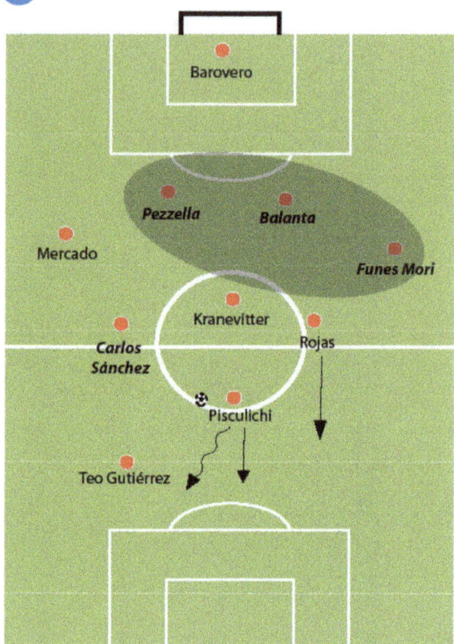


### 3 Terminó como pudo

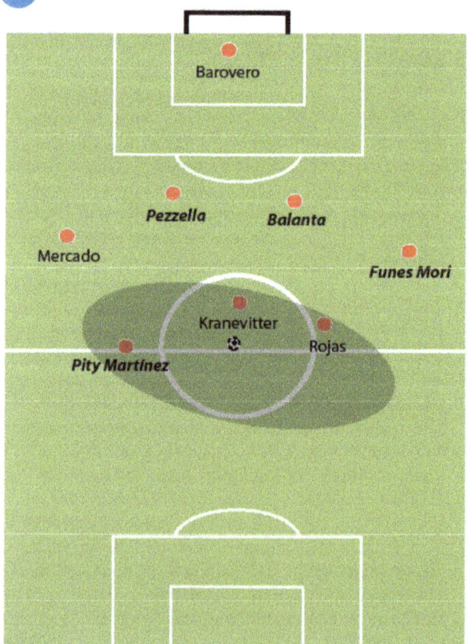


## De los tres cambios juntos a tratar de sufrir lo menos posible

**Una movida con varios retos.** Frente a Boca, en Mendoza, River arrancó con un libreto clásico: **4-3-1-2**, con la salvedad de la titularidad de Camilo Mayada, una de las incorporaciones, en lugar de Carlos Sánchez como mediocampista por la derecha. Pero el equipo de Rodolfo Arruabarrena le terminó anotando tres goles en 15 minutos, desde los (PT, 15m) a los (PT, 30m), sobre todo haciéndole daño con transiciones rápidas a las espaldas de los laterales Mercado y Vangioni, aunque fue una jornada en donde los centrales tampoco estuvieron firmes, claro. En una de sus primeras movidas de este tipo, Gallardo hizo tres cambios juntos en el entretiempo: adentro Carlos Sánchez por Vangioni, Germán Pezzella por Maidana y Eder Alvarez Balanta por Mora. River no sólo estaba 0-3, sino que además había quedado con diez futbolistas por la expulsión de Mayada, por doble amarilla (PT, 38m).

Gallardo sorprendió sacando a Maidana y Vangioni, sobre todo porque agregaba defensores en un contexto complicado, pero... también los sacaba. Fue una señal, aunque luego los respaldaría para los compromisos inmediatos ante San Lorenzo, por la Recopa. El cuarto cambio, Pity Martínez por Pisculichi (ST, 12m). Fue una noche dura, pero al DT le sirvió para sacar conclusiones.

## Los intentos frente a Huracán (Supercopa)

**El 25 de abril de 2015, en San Juan, perdió 0-1 y más allá de los cambios, el DT no pudo torcer la historia.**

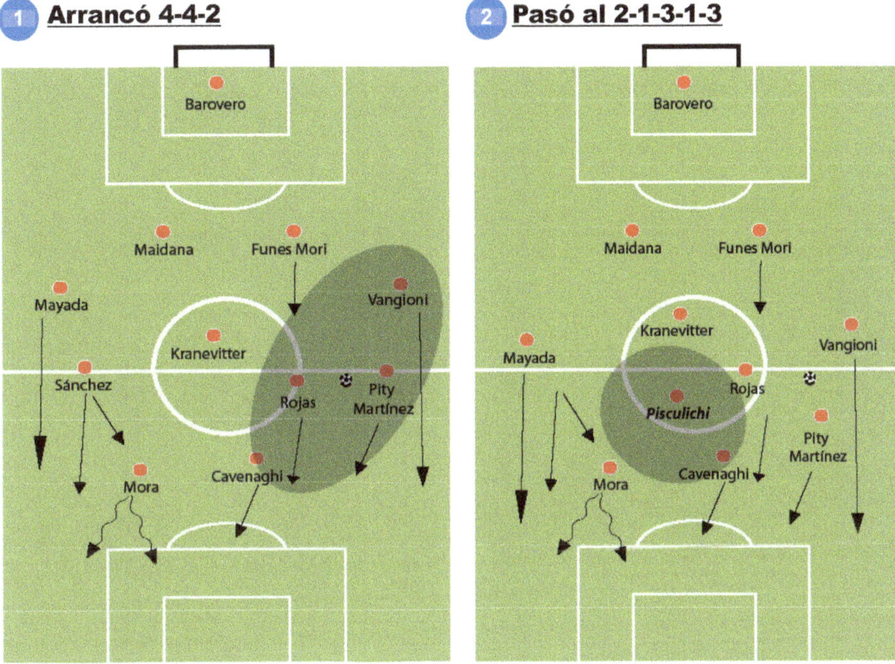


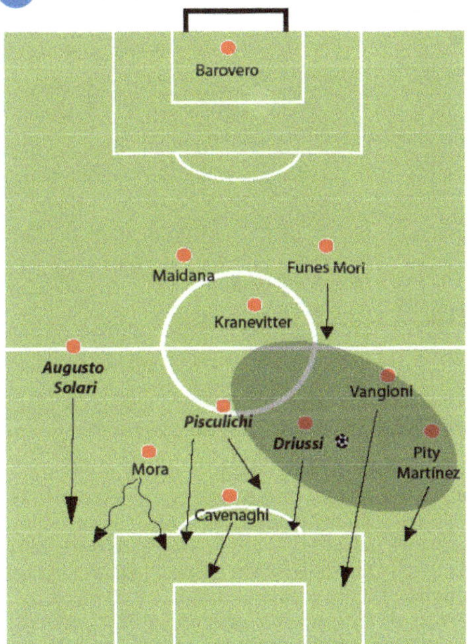


### Buscó quebrarlo por afuera, pero los centros y las definiciones no fueron precisas

**Ante un Huracán que terminó muy atrás.** Frente al Globo, en San Juan, River arrancó **4-4-2**, buscando generar por afuera y con los desdoblamientos de Mayada y Carlos Sánchez por la derecha y con el tándem Vangioni y Pity Martínez por la izquierda. Rojas apareció más centralizado y, con Martínez por delante, a Vangioni le costó encontrar espacios porque muchas veces se superponían en el mismo carril para avanzar. River perdía 0-1 con el gol de Puch y en el (ST, 13m), Gallardo hizo cambios: primero Pisculichi por Carlos Sánchez, para tener un nexo más por adentro. Al mismo tiempo, se adelantaron los laterales bien abiertos sobre la mitad de la cancha y atrás se quedaron Kranevitter más Maidana y Funes Mori. A los (ST, 18m), con el ingreso de Driussi por Rojas, el juvenil se paró por la izquierda en un **2-1-3-1-3** y con Pity Martínez mucho más abierto sobre la banda de ese costado. La última modificación fue la de Solari por Mayada (ST, 38m). River volvió a terminar muy volcado en ataque, tratando de ser ancho y llegando con gente por el centro también, pero no pudo quebrar la resistencia de un Huracán que se defendió bien y cerca de su arquero. La chance más clara fue sobre el final, con un centro de Martínez para Mora que desvió Marcos Díaz.

## Lo que probó vs. Temperley

**Gallardo eligió un equipo alternativo por la 16ª fecha del torneo 2015 para darle prioridad a la Copa Libertadores.**

### 1 Arrancó 4-3-1-2

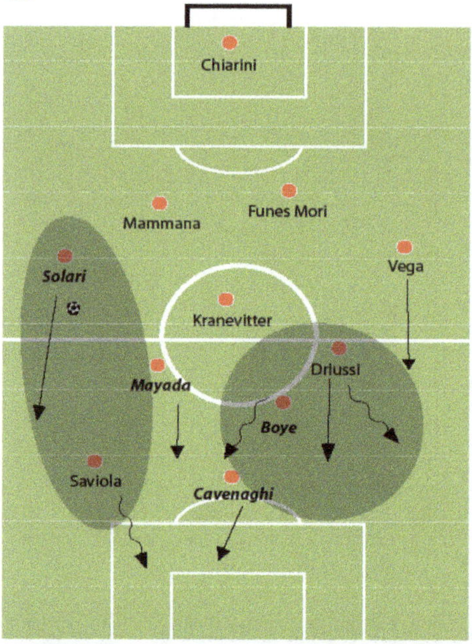

Chiarini
Mammana
Funes Mori
Vega
Solari
Kranevitter
Driussi
Mayada
Boye
Saviola
Cavenaghi

### 2 Pasó al 4-1-2-3

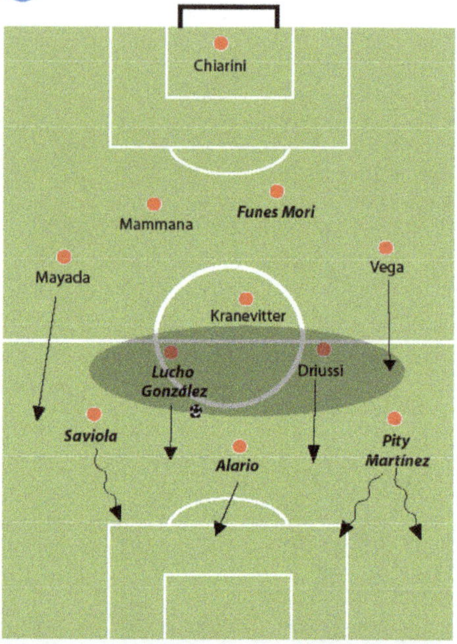

Chiarini
Mammana
Funes Mori
Vega
Mayada
Kranevitter
Lucho González
Driussi
Saviola
Alario
Pity Martínez

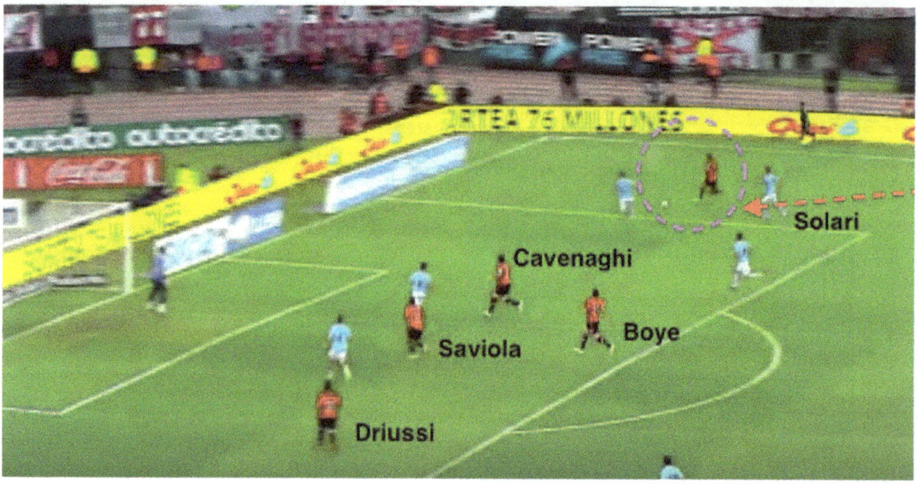

Solari
Cavenaghi
Saviola
Boye
Driussi

## De los tres puntas a los tres cambios juntos (otra vez)

**Entre Boye, Driussi y Saviola, uno siempre más retrasado para ser nexo.** Frente a Temperley, en Núñez, por la 16ª fecha del torneo de Primera División 2015, River arrancó con el clásico **4-3-1-2**, con la novedad de que tanto Boye como Driussi se alternaban para siempre aparecer por detrás de Saviola y Cavenaghi, para generar superioridad numérica por el centro y picar al punto penal ante cada proyección de Solari, que aparecía como un wing por la derecha. A los (ST, 14m), luego de ver que el equipo generó muy poco (apenas dos chances de gol en todo el partido), Gallardo dispuso los cambios de Pity Martínez por Boye, Lucho González por Solari y Lucas Alario por Cavenaghi. Pero, ante la desesperación, el equipo abusó de los pelotazos para Alario. Sin Vangioni, Rojas, Mercado y Sánchez, la calidad de los centros desde los vértices no fue buena. Empate 1-1.

## Lo que buscó vs. San Martín (SJ)

**Las modificaciones de Gallardo desde los nombres y los sistemas para revertir el 0-1, por la 20ª fecha en 2015.**

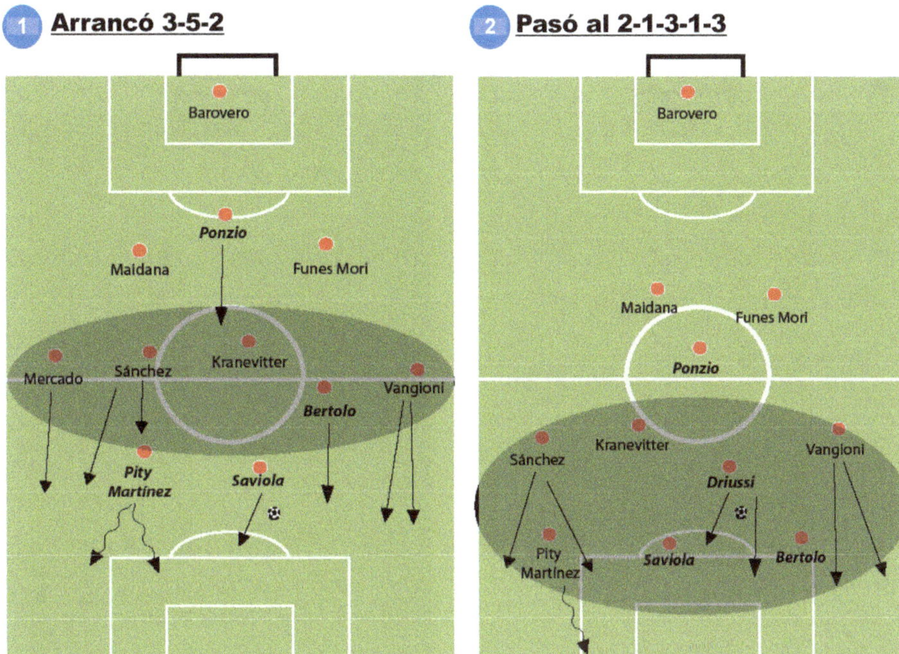


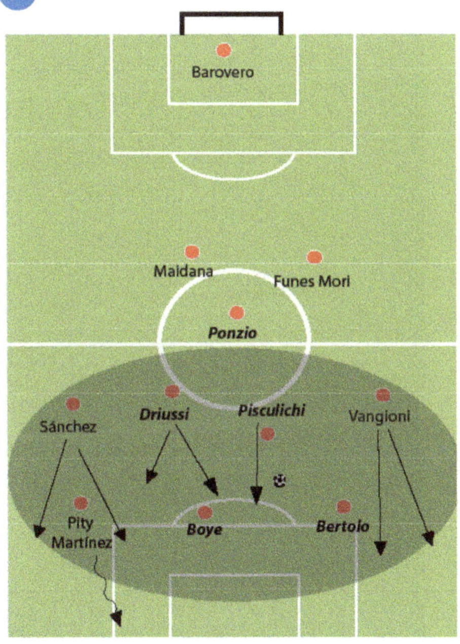


### De Ponzio como líbero a la gambeta y el desequilibrio individual

**Sin referencias fijas.** Frente a San Martín de San Juan, en el Monumental, River arrancó **3-5-2**, con la novedad de Leo Ponzio como líbero. Pero el partido nunca le quedó cómodo al equipo y, a medida que iban transcurriendo los minutos, el DT fue apostando a cambios cada vez más ofensivos: tras el 0-1 de Pumpido (ST, 5m) Gallardo dispuso que la primera modificación no sea de nombres, sino de funciones: pasó a Ponzio como líbero por delante (ST, 12m). a los (ST, 13m), con el ingreso de Driussi por Mercado, el juvenil se paró como una especie de *falso 10*, entre los puntas y los mediocampistas, y Carlos Sánchez se corrió hacia la derecha en un **2-1-3-1-3**. ¿Quedó expuesto a los contragolpes? Sí, tal es así que en breve San Martín tuvo un contraataque 2 vs. 2 que fue excelentemente resuelto por Maidana, encerrando a Leandro Martínez contra un lateral. En todo esto, también hay que apuntar que el equipo de Carlos Mayor estuvo jugando con diez por la expulsión de Daniel González (ST, 8m). Las últimas apuestas del Muñeco fueron Pisculichi por Kranevitter (ST, 17m) y la inclusión de Lucas Boye por Saviola (ST, 27m). Esa tarde, uno de los mayores enojos del técnico fue porque sus jugadores no dieron pases simples.

## EL DÍA DE LOS 4 SISTEMAS EN UN MISMO PARTIDO

**Frente a Independiente.** Por el torneo de primera división 2016, en el Monumental, Gallardo arrancó con el 4-2-3-1 con Pisculichi iniciando desde la derecha y Mora por detrás de Alario. Buscó juego por afuera con el ingreso de Mayada por Pisculichi, a los PT, 18m. En el inicio del ST, ingresó Nacho Fernández por Arzura y a los ST, 24m, puso a Alonso por Pity Martínez. Lo ganó con un centro-gol de Vangioni y un zurdazo de Alario a seis minutos del final.

### 1 Arrancó 4-2-3-1

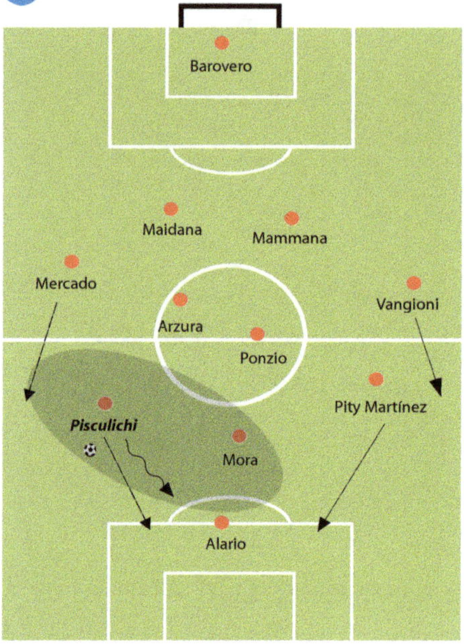

Barovero
Maidana
Mammana
Mercado
Vangioni
Arzura
Ponzio
Pity Martínez
*Pisculichi*
Mora
Alario

### 2 Cambió al 4-4-2

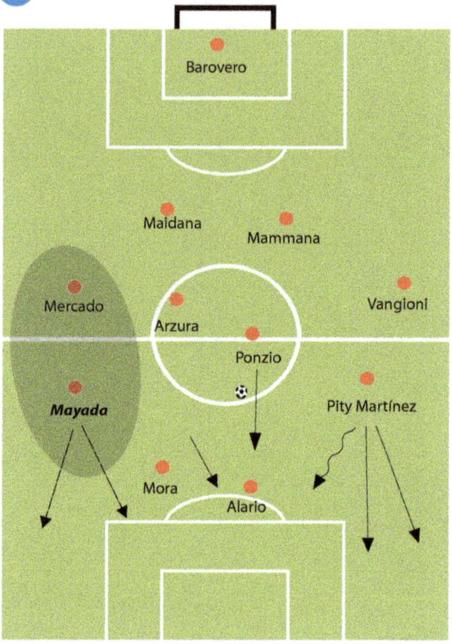

Barovero
Maidana
Mammana
Mercado
Vangioni
Arzura
Ponzio
Pity Martínez
*Mayada*
Mora
Alario

### 3 Pasó al 4-1-3-2

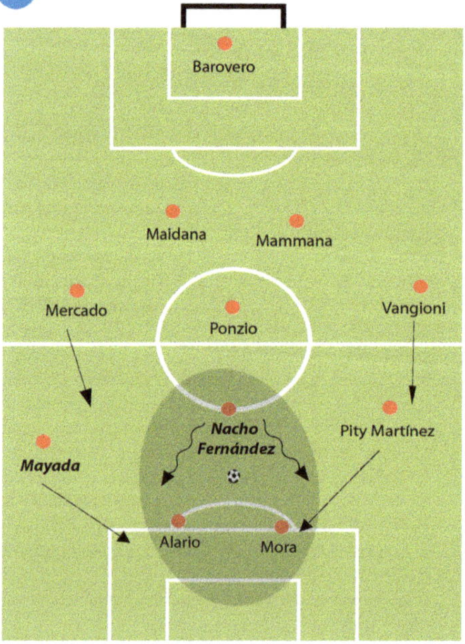

Barovero
Maidana
Mammana
Mercado
Ponzio
Vangioni
*Nacho Fernández*
Pity Martínez
*Mayada*
Alario
Mora

### 4 Terminó 4-3-3

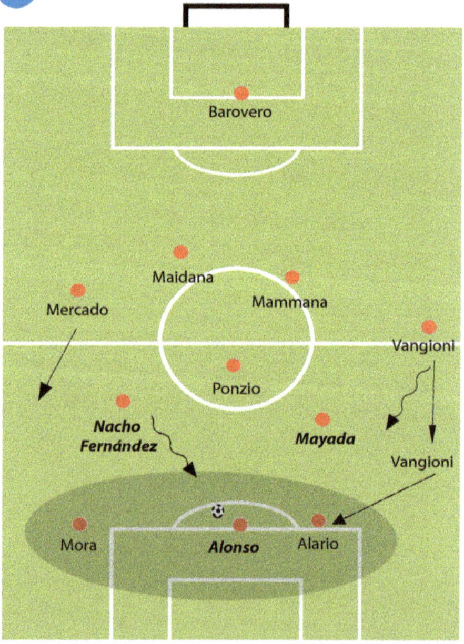

Barovero
Maidana
Mammana
Mercado
Vangioni
Ponzio
*Nacho Fernández*
*Mayada*
Vangioni
Mora
*Alonso*
Alario

# EL DOBLE 9 PARA REVERTIR LA FINAL 2016 VS. CENTRAL

River perdía con Central 3-2 en Córdoba, por la final de la Copa Argentina 2016. Gallardo resolvió dos cambios juntos: Rodrigo Mora por D'Alessandro e Iván Alonso por Pity Martínez. Dos delanteros por dos creativos habilidosos. Eso era indicador de que el conjunto millonario iba a modificar su fórmula en las búsquedas ofensivas, era sinónimo de menos elaboración y más ataques directos. Así fue que River quedó con el sistema 4-2-4, con Mora abierto por la derecha y Driussi por la izquierda; más el doble 9 compuesto por Alonso y Alario. Y, en inicio de las jugadas, Ponzio y Nacho Fernández.

El 3-3 nació de un lateral/centro de Moreira desde la derecha y finalizó en gol tras un pivoteo de Alonso para el toque de Alario. El 4-3 se inició con un centro-gol de Mora desde la derecha y esta vez los centrodelanteros invirtieron los roles: el que pivoteó fue Alario (de cabeza) para la arremetida de Alonso. Sobre el final, con la misma intención de búsqueda, River pudo llegar al 5-3 con un centro-gol de Mora y un cabezazo pinchado de Alario que dio en el travesaño. No fue la primera ni la última vez que Gallardo utilizaría a Mora como volante/extremo por la derecha.

libro
futbol
.com
AL GOL SE
LLEGA LEYENDO

Driussi
Alonso
Alario

Alonso
Driussi
Alario

Alonso

# EL SISTEMA DE BIELSA PARA EL HISTÓRICO 8-0 A WILSTERMANN

El DT de River dio otra muestra de cómo se prepara mentalmente a un equipo que debe afrontar una situación adversa por la Libertadores 2017. El obstáculo era un 0-3 ante un rival que iba a dar ventajas en el Monumental. Claro que ni Gallardo pensó que iba a estar ganando 2-0 desde los 13 minutos y con dos goles marcados de... contraataque. Frente a un equipo que había mostrado resistencia como visitante en la Copa y con mucha gente atrás (con un sistema 5-4-1), River le marcó el 1-0 con una corrida de Scocco tras un tiro libre defensivo frontal de Wilstermann; y la jugada del 2-0 nació de un contragolpe que inició Ariel Rojas saliendo como lateral izquierdo. Hasta el optimismo de Gallardo tenía un límite. Con la goleada consumada, eso sí, el tanto de contraataque de Enzo Pérez fue más normal.

El Muñeco sorprendió con el esquema bielsista 3-3-1-3, sumando un central (Montiel) para defender las pelotas paradas, pero River ni necesitó hacerlo. Fue puro ataque, convencimiento. Y contraataque también. "Esto va a quedar en la memoria de todos. Es fútbol y no hay una matemática exacta, pero hicimos el partido perfecto", analizó Gallardo tras el 8-0.

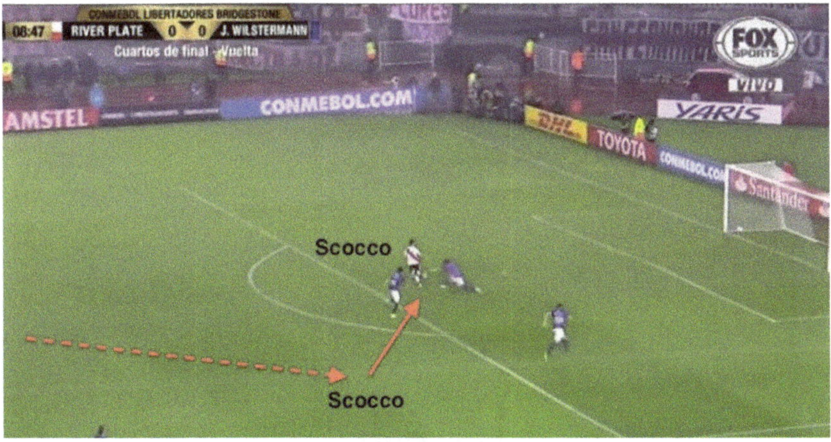

## EL DÍA QUE APOSTÓ, DESDE EL INICIO, AL 3-3-1-3

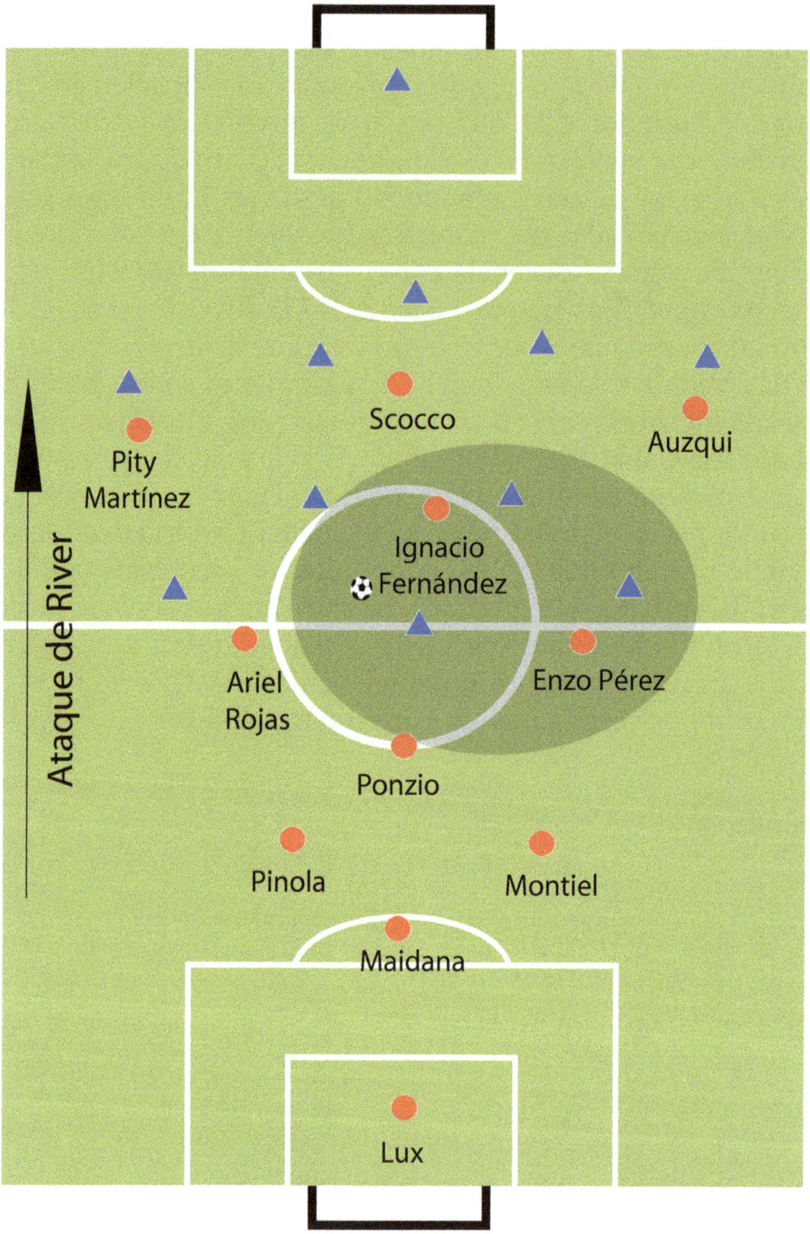

Scocco
Auzqui
Pity
Martínez
Ataque de River
Ignacio
Fernández
Ariel
Rojas
Enzo Pérez
Ponzio
Pinola
Montiel
Maidana
Lux

# CAPÍTULO 12
# EL LIDERAZGO SEGÚN GALLARDO

"En el rol de entrenador hay que errar lo menos posible porque equivocarnos, nos vamos a equivocar siempre", comenta Marcelo Gallardo. El entrenador demostró personalidad de entrada. Para manejarse con el grupo, para elegir a los titulares, para potenciar a los suplentes, para pedir a los refuerzos. Si Leonardo Pisculichi había llegado como un buen recambio de Manuel Lanzini, la sorpresiva partida del escurridizo media-

punta le hizo un lugar, pero también el DT sabía que el enganche iba a necesitar un sacrificio extra desde el recorrido, hasta le preguntó antes de firmar si conservaba el fuego sagrado para reinsertarse en el fútbol argentino luego de haber jugado tantos años en Qatar. Su arribo era una incógnita, sobre todo teniendo en cuenta que su último paso por Argentinos había sido irregular.

Otra charla importante se dio con Matías Kranevitter, quien estaba en bajo nivel y sin resolver su futuro. Incluso pocos recuerdan que arrancó el ciclo como suplente, detrás de Leonardo Ponzio. ¿Más? Reinsertar a Carlos Sánchez y Rodrigo Mora, quienes volvían de sus préstamos en Puebla de México y Universidad de Chile, elegir a Ramiro Funes Mori en lugar del consolidado Balanta. Explicarle a Ariel Rojas que debía sumar despliegue y un juego más directo en ataque, hasta plantarse frente a Teo Gutiérrez cada vez que el colombiano coqueteaba con irse a Colombia y no volver.

Con Teo Gutiérrez tomó una decisión arriesgada. Antes de las semifinales de la Copa Libertadores resolvió dejarlo de lado incluso antes de saber si iba a contar con los refuerzos pedidos. El entrenador pudo ser más político, pero dejó bien en claro su postura: "No me sirve tener a un jugador que solo está pensando en irse, que manifiesta que su ciclo en River está cumplido". Pero recién después de esa frase llegaron Alario y Tabaré Viudez.

Más decisiones: cuando resolvió que Lucas Alario, que recién había sido habilitado hacía horas, sea titular ante Guaraní, justo cuando River venía de vivir una nueva novela con Teo Gutiérrez: "Antes de los partidos me gusta mirar a los ojos a cada jugador e ir preguntándoles cómo se sienten. Hablé con Alario y le dije si estaba preparado para jugar. "Para eso me trajeron", me respondió. Ahí me convenció. Es un chico de gran personalidad, con muchas ansias de triunfar", explicaba el Muñeco.

Tanto en Nacional como en River, Gallardo logró encolumnar a casi todos los jugadores dentro de su propuesta y estilo de conducción. ¿Cómo es su vínculo con el futbolista? ¿Cómo se da? ¿Qué genera? "Yo tengo un ida y vuelta constante con el jugador. Lo respeto mucho y trato de entender su cabeza porque fui futbolista y no todos pensamos de manera parecida. Todos

asimilamos las cosas de manera diferente. Yo me baso en la posibilidad de ser honesto y estar encima de cada uno de ellos porque en algún momento ese jugador me tiene que responder. Y yo lo tengo que entrenar para que, cuando lo necesite, esté preparado. En un plantel se trata de 25 jugadores y solo entran once. Pero si hay algo que todos entienden conmigo es que si están bien, van a tener chances de jugar. Y si tienen chances de jugar, van a poder mostrar su potencial. ¿Si siento que este grupo da la vida por el entrenador? Puede ser una forma de decir, una figura. Cuando están comprometidos con algo, con una idea, con un mensaje, con una institución que les responde y encima después el hincha los reconoce a través de lo que se hace, es muy difícil que alguien no quiera involucrarse". De todas formas, no se trata de involucrarse solamente de palabra, sino también desde el compromiso y la intensidad para trabajar. "Conmigo pasa que el que no se involucra, no tiene posibilidades. También soy muy claro en eso. Pero los involucramos a través del mensaje, del trabajo", agrega Gallardo.

El no relajarse, el seguir teniendo ganas de ganar, de escribir capítulos exitosos, es una de las claves del ciclo millonario. En definitiva, lo que hizo Gallardo fue arrastrar la voluntad de los jugadores a su propia voluntad, a su propio deseo de superación, ilusión y expectativa: "Tengo un plantel que eso de competir se lo toma muy en serio. Además, a mí me cuesta mucho disfrutar porque ya pienso en el partido que viene. Más allá de lo que se ganó, más allá de todo. Después de tanta ilusión y tanto esfuerzo, cuando se arrancó mal en la Copa Libertadores… Cuando se dieron momentos de adversidad terminaron siendo puntos que fueron fortaleciendo más a este grupo de jugadores. Pero la dinámica del juego no te permite disfrutar. Hay alegría, sí, pero ya habrá tiempo para disfrutar. Uno siente adrenalina y estrés del bueno, porque me apasiona lo que hago. Uno hace las cosas con dedicación, pasión, sacrificio y humildad. Todo es cíclico y va cambiando, pero una vez que te acostumbrás a ganar, es lo más lindo que te puede pasar. Y cada vez que levanto la cabeza hay por delante un próximo desafío", cuenta un técnico que sigue aprendiendo en el día a día.

Gallardo pudo ver que River transitó por partidos buenos, malos o regulares, pero siempre a partir de una idea: seguir

ganando. Y para eso era necesario que el grupo no se relaje y que el cuerpo técnico sostenga, con su trabajo, esas voluntades. "Ir por más, querer seguir ganando, no es solo un deseo. Es una forma de vivir y sentir. El club está en un momento en el cual deberíamos aprovechar todo lo bueno que estamos viviendo a nivel institucional y deportivo. Son buenas cosas las que están pasando, seguro, pero para mí es fundamental que nos podamos sostener, no en el conformismo de lo conseguido, sino en seguir persiguiendo objetivos. Posiblemente sea difícil sostenerse, confirmar, pero es un club que exige y no podemos conformarnos. No podemos quedarnos con lo hecho. Tenemos que intentar ser mejores todos los días. Tratando de superarse permanentemente, los jóvenes, otros que están viviendo una primera experiencia de un club como River. Están los que se van, los que siguen y los que vienen. Todo eso hay que aprovecharlo en conjunto con esta directiva que está teniendo una gestión institucional muy buena y, en base a eso, nos podemos sostener. No mantener la intensidad para trabajar y en la mentalidad para seguir siendo protagonistas sería desperdiciar una chance de seguir sosteniendo una idea ganadora".

Gallardo prosigue con la idea: "El hecho de ir por más no se refleja solo en conseguir títulos. Nosotros tenemos que reforzar esta estructura, en todo sentido, se trata de algo mucho más global. Si lo que generamos es acompañado por un título mejor, bienvenido sea, pero hay que seguir intentando lo mismo. No es fácil ganar campeonatos y cada vez será más difícil, pero sí tenemos la obligación de ser competitivos. Este club ya pasó de ser campeón a ser último. Y eso no puede volver a pasar. Para nosotros no puede ser lo mismo perder en la primera fase de la Copa Sudamericana ni terminar de la mitad de la tabla para abajo en el torneo local, ni hacer la plancha hasta el final".

Una de las decisiones más complejas que tuvo que tomar Gallardo fue sentar en el banco de suplentes a Fernando Cavenaghi, otro ídolo millonario. Lo hizo sin dudar. Al Nº 9 le dio chances en encuentros donde el Muñeco rotaba y le daba pista al recambio y hasta llegó a dejarlo afuera de partidos importantes, pero al final le dio la chance de cerrar su ciclo en River siendo titular en la segunda final de la Copa Libertadores ante Tigres, en el Monumental. "Con Gallardo me calenté lo normal. Todo jugador quiere estar y uno se prepara para ser titular. El que no se enoja cuando no juega es porque no lo siente. Si no te toca, igual apoyás desde donde estés. Pero a mí, al haber sido siempre protagonista, me faltaba algo", reconoció luego Cavenaghi. Antes del partido por el torneo de Primera División 2015 donde le marcó cuatro goles a Atlético de Rafaela (5-1), Cavenaghi tuvo una charla con el entrenador donde le dijo que se sentía parte del grupo, que entendía el rol que debía asumir por más que no le toque jugar siempre, pero que para sentirse pleno completamente necesitaba jugar un partido importante. Gallardo le contestó diciéndole que se focalice en entrenar, en estar bien, que las oportunidades siempre llegan. Pero la Copa Libertadores le venía siendo esquiva a Cavenaghi, ya que apenas había jugado quince minutos en la revancha ante Guaraní y no ingresó en la primera final ante los mexicanos. Tras volver a convertir ante Colón (3-1), por la 18ª fecha del certamen local, y cuatro días antes del desquite con Tigres, Gallardo llamó a Cavenaghi y le dijo: "Vos que me rompiste tanto que querías jugar un partido importante, vas a jugar el partido más importante de los últimos 20 años de la historia del club. Así que preparate y disfrutalo".

El goleador, de 31 años, recuerda: "Marcelo sabía que yo cerraba un ciclo importante de mi vida. Fue muy emocionante. No estaba muy seguro de si podía ser titular. Mora se había lesionado, Tabaré Viudez también se había lesionado, y quedábamos pocos delanteros. Encima yo no había jugado en toda la Copa Libertadores. Pero le rompí tanto a Gallardo en seis meses con que quería jugar un partido importante... A partir de ese momento me dije: concentrate, listo, la Copa está en tus manos..."

Que Cavenaghi sea suplente estaba relacionado con la idea de Gallardo de darle la titularidad a Lucas Alario, uno de los flamantes refuerzos: "El mensaje es claro y los jugadores lo saben. Por eso no hubo problemas cuando debutó Alario contra Guaraní, y eso que estaban Cavenaghi y Saviola en el banco de suplentes. Se lo puede ver como algo lógico, pero no lo es. Tengo claro que lidiar con los egos de los futbolistas no es nada fácil y menos todavía cuando se trata de jugadores representativos. Pero cuando decís las cosas de frente y con respeto, no hay

mucho para reprochar. Yo tomo decisiones mirando a los ojos a los jugadores. Después, si alguien tiene dudas o quiere conversar sobre las decisiones que tomo, no hay problemas. Nos sentamos y lo charlamos".

Otro ejemplo en donde analizó siempre pensando en que el equipo está por encima de todos. En la segunda final ante Boca, en Madrid, Matías Biscay reemplazó a Ponzio, uno de los líderes: "No me tiene por qué temblar el pulso cuando estoy convencido de una decisión futbolística, llames como te llames", explicó Gallardo después, y agregó: "El equipo está por encima de cualquier jugador y ellos lo saben. Ponzio y Maidana juegan todavía porque nunca se han relajado, son el espejo para los demás, no juegan por el nombre. Ponzio y Maidana son los abanderados de la exigencia".

Al mismo tiempo, el Muñeco es quien suele tomar la iniciativa si ve que hay algún futbolista que no pasa por un buen momento: "Soy muy observador de las formas y los estados de ánimo. Si no te veo bien, lo más probable es que yo me acerque y vaya a hablarte para conversar. Es una cosa lógica que un DT se preocupe por sus jugadores, que intente averiguar lo que le pasa al jugador".

El entrenador sabe que los hinchas lo toman como la bandera, como el emblema de este equipo, por más que hay jugadores representativos: "Yo, de alguna manera, el afecto de la gente lo tomo con cierta naturalidad. Pero no porque me crea eso. Mi identificación con el club viene desde hace mucho, tuve un perfil que siempre se manejó igual, entonces no tomo ese bastión, no para afuera. Para adentro entiendo que dependo de todo eso para poder comunicarlo y bajar un mensaje y conformar un gran equipo de trabajo. Y yo creo mucho en los equipos de laburo, siempre remarco la calidad y capacidad de la gente que trabaja conmigo. Está lejos el yoismo conmigo y por eso no me gusta que mis equipos dependan de un jugador. Va dentro de una estructura y cuando la gente toma esa referencia, entiendo que tengo esa representación, ese dominio e identificación con River, pero yo lo vivo como cuando se elogia al entrenador porque el equipo lo está respaldando. Eso es lo que me lleva, lo que me gusta. Estoy lejos de creerme nada que fomente lo individual por encima del trabajo grupal".

Matías Biscay, uno de los ayudantes de campo y principal colaborador de Gallardo, da una de las razones por las cuales el grupo le responde al liderazgo del Muñeco: "Ellos juegan como equipo porque ven que nosotros trabajamos como equipo en el cuerpo técnico. Tenemos un líder excepcional como Marcelo y nosotros ayudamos. Por dar un ejemplo, antes de la final de la Libertadores, nosotros estábamos con la tranquilidad de que habíamos hecho todo lo que estaba a nuestro alcance desde la preparación en la semana, en los conceptos trabajados. Y siempre confiamos en los jugadores. Nosotros empujamos al plantel y ellos responden. Marcelo transmite siempre tranquilidad y eso además le da seguridad a ellos".

Gallardo no pierde el eje en ese sentido. Porque cuando se le pregunta por el futuro, llegar a ser el mejor técnico en la historia de River, él responde: "Sé que soy joven y todavía tengo un montón de cosas por aprender. Pero tengo en claro que los objetivos míos personales son a nivel grupal". Y a partir de allí es que le baja el mensaje a los jugadores: "Pasó muy rápido todo, yo mismo me tengo que reinventar. Hay que hacer cosas, trabajar. No es fácil repetir lo que se hizo, pero no tenemos miedo. Nos hicimos fuertes desde la humildad de jugar todos los partidos con la misma intensidad. Si bajamos, podemos perder con cualquiera, pero si la mantenemos le podemos ganar a cualquiera. Sabemos prepararnos para jugar finales". Claro, más allá de los compromisos previos, no bien renovó el vínculo hasta fines de 2017, era imposible no empezar a pensar en Barcelona y el Mundial de Clubes de Japón.

Uno de los puntos que pudo generar cierto ruido en el ciclo Gallardo fue la salida sorpresiva de Pablo Aimar, luego que el mediocampista hiciera muchos esfuerzos en la recuperación de la lesión. Incluso trascendió un audio en donde el Payaso manifestó su disconformismo con haber quedado afuera de la lista de buena fe de la Copa Libertadores en las instancias finales. Pasaron varios días, pero Aimar terminó dejando en claro que su enojo no había sido con el técnico, sino con la situación, una molestia permanente que no le permitía desarrollar la actividad en forma profesional como él hubiera pretendido. "Yo no me hubiera puesto en la lista de la Libertadores. En eso hubiera hecho lo mismo que hizo Gallardo. Con él está todo bien,

porque fue un tema que se habló con claridad y sinceridad. Había cinco lugares para seis jugadores y el sexto era yo, algo lógico porque así como estoy no puedo sumar para el grupo". Gallardo se enojó por las versiones que circularon y fue directo y claro ante las preguntas sobre el tema: "El que piensa que si Aimar hubiera estado bien no lo ponía, es un idiota".

Dicen que los jugadores lo conocen bien, que si toma una decisión es por algo, que es algo pensado y no por capricho, sino fundamentado desde el análisis táctico o estratégico del momento. Se fastidió cuando Martín Demichelis declaró que tenía todo listo para volver a River, pero que el técnico tenía otras prioridades. Sin embargo, Gallardo dijo que nunca se planteó la posibilidad de su llegada.

Que Milton Casco sea titular en un River vs. Boca con apenas dos prácticas con su nuevo plantel fue otra de las decisiones meditadas. Tenía que ver con el contexto y, en ese marco, Leonel Vangioni, lateral izquierdo indiscutido, estaba lesionado. Otro lateral que había sido reubicado por el entrenador para esa función fue Ramiro Funes Mori, que ya había sido vendido. La alternativa era el juvenil Daniel Vega, otro defensor central que, ante la necesidad, cumplió ese rol. Pero en el último superclásico Gallardo resolvió que el titular sea el ex Newell's: "Casco viene de jugar y tendrá una estructura consolidada de equipo. Aporta mucho ofensivamente y no le vamos a pedir nada raro. Hemos trabajado un poco en cuanto a refrescar conceptualmente qué es lo que queremos. La chance de jugar cuando se la manifesté la tomó con alegría. En un contexto ideal quizás no hubiera jugado, pero el contexto fue especial", se justificó.

Otra de las claves del proyecto de Gallardo estuvo en la elección de las incorporaciones: Hay meticulosidad también a la hora de elegir los refuerzos. "Yo puedo tener un gusto personal por el jugador apuntado y después consulto con mi cuerpo técnico. Ellos me llenan de información futbolística y también de la extrafutbolística, que nos da una pauta de su personalidad", comenta el DT.

Cuando habla, a Gallardo se le escapa muchas veces la palabra "personalidad". Es que en base a eso se formó como jugador, se probó en las juveniles de River, llegó a primera, fue campeón y empezó su camino como entrenador. Sostiene que una

de sus grandes virtudes, es decir, las cosas de manera frontal, que si hay algo que nunca haría es mentirle a un jugador. Valora mucho sus orígenes, y por eso no sorprende que sus ayudantes de campo sean Matías Biscay y Hernán Buján, a quienes conoce desde chicos. Evalúa la personalidad para formar los grupos de trabajo, también para pedir refuerzos. Si un dirigente le viene con un video de un futbolista destacado, por más que esas imágenes le llenen los ojos, siempre terminará preguntando: "¿Y qué sabemos de su personalidad?".

Los jugadores saben que Gallardo puede ganar un partido 4-0 pero si no fue jugando bien, o el resultado no fue sostenido de la forma que él quiere jugar, no se irá contento. De ahí la exigencia hacia el plantel, pero sobre todo hacia él mismo. Entiende que los esfuerzos lo deben hacer todos, empezando por su cuerpo técnico. Explicó que su trabajo se sostiene en jugadores que no se relajan nunca para no perder el lugar y que él se apoya en eso. Y sobre la psicología aplicada en los jugadores, en el trato con el plantel, analiza: "Todos no somos iguales. Por eso soy muy observador. Miro los rostros, los gestos y trato de estar encima de los que más me necesitan. Uno va haciendo la escuela mientras dirige, aprendiendo todos los días, los jugadores te enseñan". Sobre cómo resuelve el armado de los equipos, Gallardo aclara: "Me apoyo mucho en el día a día. Está la opinión pública, que tiene sus preferencias y trata de pensar quién puede jugar, pero yo me baso mucho en el trabajo de la semana, también me dejo llevar por la intuición y la percepción".

Y agrega: "Gestionar un grupo es un ida y vuelta permanente. Gestionar futbolistas implica que bajes un mensaje, pero si no te acercás para ver cómo es esa persona, o qué receptividad tiene para tomar lo que le ofrecés, estás fallando. Tiene que ver con la docencia, que es fundamental. Incluso a estos niveles, con súper profesionales. Te aseguro que tenés que seguir siendo docente, y acá trabajamos con un grupo de personas totalmente preparadas para estar cercanos a esos jugadores que dirigimos. No gestionamos solamente jugadores de fútbol, gestionamos personas".

Deja en claro que no le interesa ser campeón en forma esporádica, sino que pretende armar un equipo que pueda lograr éxitos con continuidad: "Una buena temporada la tiene cual-

quiera, los mejores equipos son los que se sostienen en el tiempo. Y a eso apunto con mis equipos".

Se apoya mucho en los jugadores, les exige al cien por ciento tanto para entrenar como para jugar, pero también sabe generar anticuerpos siendo autocrítico. Luego de uno de los peores partidos de River en su gestión, en la goleada ante Independiente 0-3, en Avellaneda, Gallardo dijo: "Erré el partido estratégicamente. Puse jugadores para defendernos con la pelota y al no tener frescura ni precisión nos costó. No pudimos desarrollar ese juego y quedamos partidos para defendernos, además hay que felicitar a Independiente que hizo un muy buen partido". Y agregó: "Otra enseñanza que me dejó la derrota es que no voy a repetir jugadores cuando venimos de jugar situaciones puntuales como hacerlo en la altura, que requiere un gran esfuerzo físico (Copa Sudamericana ante Liga de Quito, en Ecuador). Pensé que los jugadores estaban recuperados del viaje a Quito, pero no fue así. Sufrimos más de la cuenta. Y cuando nos quedamos con diez futbolistas (por la expulsión de Pisculichi) se hizo todo más difícil. Pero todo sirve de aprendizaje para el futuro...".

Una de las veces que el liderazgo de Gallardo estuvo a prueba fue cuando hizo debutar en la primera de River a su hijo Nahuel, en el partido contra Talleres, en Córdoba. Marcelo sabía que sus palabras, sus decisiones, no solo iban a marcar el rumbo de Nahuel, sino también en el contexto con el resto del plantel. "El sabe que soy riguroso conmigo mismo y después con los demás. El sabe que no le regalo nada a nadie. El tendrá su chance y después deberá demostrar el sacrificio y el talento que deberá tener para poder dar ese salto de calidad. Sé separar bastante bien esa problemática que para cualquier padre/DT-hijo/jugador representa".

Los juveniles fueron teniendo una participación mayor en su ciclo. "Nos da consejos, nos hace ver el fútbol de otra manera: te anticipa cosas que van a pasar. Somos privilegiados de tenerlo y hay que sacarle el jugo", sostuvo Sebastián Driussi, un delantero que con el Muñeco llegó a reposicionarse como extremo o mediocampista por ambos costados y que fue transferido a Rusia por 20 millones de euros.

Enzo Francescoli, manager millonario e impulsor de su llegada al club, siempre confió en su amigo: "El mérito que todos me adjudican es el de haber elegido a Gallardo, pero para eso estoy. Esta vez salió muy bien; si sigo en esto veremos si vuelvo a acertar. Dependo de los resultados, como todos. Cuando elegí a Gallardo estaba convencido de que no me equivocaba. Es un tipo de la casa, que tiene una gran personalidad; es serio, derecho, va siempre de frente. Él sabía lo que quería para River: un equipo con presión alta, que ataque mucho. Después, él terminó sorprendiendo a todos por su manejo del grupo, la toma de decisiones y la elección de los jugadores".

Jorge Valdano estuvo unas semanas en la Argentina y ante la explosión del River de Gallardo, opinó: "Es posible que la figura de un equipo sea el DT. Gallardo lo consiguió desde una discreción comunicativa, su liderazgo no es explosivo, es el mejor posible porque se basa en el conocimiento. Él sabe qué hacer con el triunfo. Su palabra está siendo fortalecida con las victorias, eso lo aprovecha de manera inteligente y así lleva la bandera de River".

Rodolfo D'Onofrio es otro que valora las capacidades conductivas de Gallardo: "Tiene una capacidad tremenda. Y si la gente lo conociera personalmente, se darían cuenta de su calidad humana y porqué puede ser líder de un grupo con el que logró muchas cosas. Porque los líderes no son porque se hacen amigotes de los jugadores o porque pegan dos gritos: es porque son líderes desde la conducción y la forma de trabajar, de convencer con su idea".

El presidente millonario, feliz por haber extendido su contrato hasta diciembre de 2021, dijo: "Marcelo es mucho más que un técnico de los domingos: tiene que ver con los valores, con la pertenencia, con un proyecto general de infraestructura, de infanto-juveniles... quiere dejar un sello para que River dé un salto de calidad tan importante como el que está dando".

2021
GALLARDO

# CAPÍTULO 13.
# EL PLUS DEL FACTOR ANÍMICO

"No me banco perder. El equipo no tiene que bajar la intensidad de haber logrado su nivel alto y ganar partidos. Y la motivación existe por sí sola, debe existir por sí sola. En los úl-

timos años River no venía bien. Ahora estamos manteniendo una estructura, pero no hay que relajarse. La historia de River exige siempre ir por todo". Gallardo siempre tuvo claro que toda construcción futbolística debe ser respaldada por un entrenamiento físico, pero también por un trabajo en equipo que cumpla su rol en los momentos de adversidad. Si los jugadores están convencidos de la idea y de cómo llevarla a cabo, es más fácil unificar decisiones dentro del campo de juego. Y también que los respaldos sean colectivos. Esto se ve en una cobertura defensiva, pero también en la ahora de atacar, porque un volante debe llegar al punto penal para ser alternativa de descarga; sino, el desborde del wing y su posterior centro atrás no sería capitalizado.

"Yo tenía que conformar un grupo sólido, mentalmente fuerte, que juegue bien, que se pueda doblar en momentos puntuales, pero que no se quiebre", comenta. Y sigue: "Nadie nos pasó por arriba. Yo recuerdo que en la Libertadores de 1996 fuimos a Perú y nos comimos un baile bárbaro. Nos hicieron dos goles y pudieron ser seis. Y, sin embargo, el grupo siguió adelante. Este plantel es igual. Se puede jugar bien, regular o mal, pero cada vez que sufrió una situación compleja se repuso. La principal virtud de este River es su fortaleza anímica para sobreponerse a todo. Tengo un grupo humano muy noble".

Mira para atrás y observa que las sensaciones fueron en paralelo con las cosas que fueron sucediendo en la realidad. "River es un equipo creado a partir de una mentalidad muy fuerte. Me acuerdo que antes de ir a Belo Horizonte había una sensación positiva. Y eso que habíamos perdido en el Monumental 1-0. Sentíamos que íbamos a seguir en la Copa, a pesar que no nos esperaba un partido sencillo. Además en esa llave había un condicionante extra: River siempre perdía en Cruzeiro, un escenario dificilísimo para el club. Pero a partir de la derrota en casa empezó a generarse una buena energía con la gente que se trasladó a todos los hinchas. Era el aniversario del club y la tribuna Centenario se había llenado. Salimos del estadio con el micro y la gente alentaba, estaba feliz, contenta. Ese apoyo fue decisivo para jugar la revancha. Y después lo de los jugadores fue tremendo, ese 3-0 en Brasil fue uno de los mejores partidos que jugamos", recuerda Gallardo. Antes de la primera final de la Copa Libertadores ante Tigres, en México, el entrenador hizo referencia a ese empate 2-2, todavía en la fase de grupos, que ante el mismo rival lo mantuvo con vida en el certamen: "Si estamos acá es porque tuve una buena señal. No digo que llegamos a los partidos decisivos por esa señal, pero sí por habernos sostenido como equipo en esas cosas que se nos presentan. Empatar ese partido (por el Grupo 6), en el que durante más de ochenta minutos nos tuvo afuera de la Copa, hizo que nos fortalezcamos. No se nos hizo fácil la primera fase, pero después empezamos a cruzarnos con los rivales más poderosos e hicimos nuestro trabajo. Si estamos acá es porque aprovechamos esas oportunidades", reconoció el técnico en Monterrey.

Si bien durante su gestión se utilizó el recurso de videos motivacionales ante compromisos importantes, el Muñeco tiene en claro que todo puede ser un buen complemento, pero la fibra tiene que surgir desde otro lado: "No suelo hacer comentarios antes de los partidos decisivos. Ellos entienden muy bien, están mentalizados en este objetivo, que es uno de los principales que el club viene teniendo desde hace mucho tiempo. El hincha desea ganar la Copa Libertadores y estamos en una situación de privilegio. Los futbolistas saben que tendrán la oportunidad de jugar, ganar y quedar en la historia del club y de su gente, y eso de por sí no es poca cosa. No hace falta que uno diga o vaya

al pasado para reflejar lo que vivió hace 19 años, porque lo que se está viviendo ahora es muy fuerte".

Ya con varios títulos en el lomo, cuando le preguntaron por el grupo de jugadores respondió: "Siempre los trabajadores merecen su premio. Y éste es un grupo de jugadores que se sometió al esfuerzo permanente y a destacarse a nivel de conjunto. Eso es una de las principales armas que tuvimos, porque en los partidos de más situaciones complejas se necesita del equipo, no de una individualidad. Cuando se tuvo que recurrir a la fortaleza anímica, el conjunto respondió, más allá de que jugamos buenos partidos. Este detalle puntual no lo puedo dejar de sostener. Fuimos muy fuertes en ese aspecto. Este es un equipo maduro que entiende cuáles son los momentos". Tras el 0-0 ante Tigres, el técnico dejó en claro la importancia del convencimiento con el que respondieron sus jugadores: "El partido lo ganamos desde lo psicológico, más allá de que haya terminado empatado. Ahora, ante nuestro público y con los jugadores mentalizados, esta Copa no se nos puede escapar". Otra vez estaban los condimentos que siempre pretende llevar Gallardo en su valija: mentalidad ganadora, trabajo grupal ante la adversidad. "Los resultados te permiten creer, pensar que se puede ir por más, consolidar una idea. Si los resultados te acompañan de entrada, podés crecer. Eso es lo que se hizo con este River y los resultados fueron cómplices de todo este proceso. Y cuando agarrás una etapa positiva, hay que apoyarla. El mensaje fue simple y claro desde el comienzo y así se construyó un grupo muy sólido".

Gallardo nunca se relajó desde los mensajes. Y siempre propuso un nuevo desafío. Tras ganar la Copa Suruga Bank, dijo: "Conseguimos un título importante en territorio extranjero. Estoy contento de ser partícipe de este grupo porque se va generando una mística a través de los logros y la consolidación de un equipo. Es un equipo que se acostumbró a ganar. Quiere ir por más. Vamos a ir inyectando la misma mentalidad. No habrá mucho disfrute, el año sigue y seguiremos compitiendo para ganar. Soy muy autoexigente, no me relajo. Y una vez que te acostumbrás a ganar, es más lindo lo que te puede pasar".

¿Cuánto tuvo que trabajar Gallardo en la mentalidad de los jugadores para que sostengan la idea de juego? El propio téc-

nico lo explica así: "Tiene más que ver con el mensaje inicial. Lo demás se va sosteniendo con la propuesta, con el funcionamiento, con los resultados. Y eso es una cadena. Una cosa va llevando a la otra. Y te terminás fortaleciendo en todas esas cosas que hacen que puedas conformar un equipo con una fuerte mentalidad ganadora".

"Para mí, la cuestión mental –continúa el entrenador– pasa por creer en algo y sostenerlo, sin importar qué suceda en el medio. Es un mensaje, una manera de competir: no podés entrenarte *light* en la semana y querer ganar el domingo. No. Primero se te debe hacer carne. Acá, si creemos que podemos jugar un fútbol lírico, cuando la sociedad nos baja todo el tiempo un mensaje agresivo, estamos equivocados. Porque es verdad eso de que se juega como se vive. Estamos preparados para destruir, y si surge algo bello, hay otro que siempre estará listo para combatirlo. Entonces tenemos que acomodarnos a estar permanentemente viendo esas circunstancias. Yo idealizo el fútbol, pero tengo que ser sensato, realista, coherente con el lugar donde estoy. El factor mental es una especie de base, de patrón que se mantuvo más allá del cambio de nombres, es lo que nos ha sostenido para luego ir rearmándonos continuamente. Es que más allá de todas las modificaciones que se han generado, subsistimos con eso".

Marcar una era en River, ganar siete títulos en tres años y medio, no lo saca del eje ni lo distiende a Gallardo. "¿Si ahora estoy más relajado que cuando empecé a dirigir a River? Ahora soy peor que antes. Porque mi sentido de pertenencia con esta institución hace que me comprometa de esta manera. Por eso mi búsqueda va mucho más allá de un resultado, trato de ver otras cosas. Y lo puedo hacer porque tengo ese respaldo, porque los resultados los tuvimos. Al principio estaba más pendiente de equivocarme lo menos posible para que la cosa funcionara, pero cuando los resultados te empiezan a avalar tomás mayor solidez. Y va a ser siempre igual: por más bueno que seas, necesitás de los resultados. Pero aprendí que no hay que quedarse solo con eso, por importante que sea. Por eso mi desafío permanente es más amplio que el resultado".

Dice que lucha contra la obsesión: "Cuando estoy encendido, no paro. Si estoy en un día pleno, puedo ser... insoportable (re-

conoce entre risas). ¿Si soy obsesivo? No. Lucho contra la obsesión. No sé qué palabra me definiría. Igual, yo creo que un poco obsesivo cada uno es en lo que hace, te tiene que gustar. Si te apasiona lo que hacés... El tema es que eso no te genere confusión, saber que en la vida hay otras cosas que son importantes. Esa obsesión por lo que uno hace no puede llevar a someterte y blindarte en un espacio en el que los demás no puedan entrar. Esa es la lucha que yo tengo con la obsesión".

# CAPÍTULO 14. DAMONTE, EL ANCLAJE URUGUAYO

## "EN NACIONAL JUGABA CON LA MISMA INTENSIDAD"

Israel Damonte, un mediocampista tenaz y táctico que pasó por Arsenal, Estudiantes de La Plata y Huracán (entre otros clubes), conoce bien a Marcelo Gallardo, ya que formó parte del plantel que salió bicampeón en la temporada 2011/2012 con Nacional de Uruguay. Hizo un repaso de lo que fue esa etapa ganadora y traza un paralelismo con el ciclo que el Muñeco logró edificar en River.

**—¿Cómo te utilizaba y qué responsabilidades te daba? ¿Qué te pedía?**

—Marcelo me lleva a Nacional como mediocampista central. Jugábamos con el esquema 4-3-3 y me pedía que sea el volante mas defensivo de los tres medios, delante de la línea de cuatro. Tenía que estar atento al relevo de los laterales y meterme entre los centrales cuando alguno salía a una cobertura por los costados.

**—¿Alguna vez te usó en otra posición? ¿Por qué?**

—En mi primer clásico con Peñarol, me puso de volante, pero en ese caso por la derecha, ya que en esa oportunidad utilizó a Facundo Piriz de mediocampista central y a mí por la dere-

cha. Quería un poco más de contención porque Peñarol tenía un equipo que atacaba mucho. Por suerte el planteo salió bien y pudimos ganar el encuentro con comodidad.

**—¿Hubo algo que mejoraste en lo individual o colectivo puntualmente? Ya sea desde la técnica individual o desde lo táctico.**

—Con Gallardo aprendí mucho. No lo tuve demasiado tiempo, pero hay técnicos que en una semana te enseñan más que otros en varios años, Marcelo era de esos. Hacía mucho hincapié en no recibir de espalda y también en el pase y la recepción para luego continuar la jugada. En Uruguay el ritmo de juego es un poco más lento y tenés un tiempo más para resolver. En la Argentina eso es más complicado, muchas veces no tenés el tiempo necesario y debés resolver no siempre bien posicionado.

**—¿Qué similitudes observás en este River (desde lo táctico) con respecto a aquél Nacional?**

—Este River tiene mucha jerarquía. Es un equipo con mucho nivel individual, muchos futbolistas con buen uno contra uno, además del recambio de jugadores en posiciones de ataque sobre todo. Y eso muchas veces te ayuda cuando el equipo no aparece. Nosotros dependíamos mucho más del equipo que del aporte individual, aunque, en ese equipo de Nacional, Recoba y Tabaré Viudez nos ayudaron mucho en ese sentido, respondían ante las necesidades de la estructura general. Algo que si teníamos en común era la intensidad, aunque es difícil comparar a un equipo del torneo uruguayo con un equipo del fútbol argentino. Cada uno en su lugar, los dos eran equipos intensos. Nacional jugaba con la misma intensidad. El tema es que cuando vos jugás con equipos con un ritmo inferior, se hace difícil mantener esa intensidad y el ritmo de juego que pretendés aplicar, también dependés de los campos de juego.

**—¿También proponía un juego ofensivo donde los centrales debían jugar lo más lejos posible del arquero?**

—Marcelo proponía un juego más directo en Nacional, aunque siempre tenía la intención de jugar. En ese equipo jugaban como

centrales Andrés Scotti y Alexis Rolin (hoy en Boca), se complementaban muy bien, ambos eran muy buenos con los pies a la hora de jugar. A la experiencia de Scotti se le agregaba la velocidad de Rolin. Hacían una muy buena zaga. Y en el juego directo teníamos futbolistas que jugaban bien de espalda y te ganaban todos rechazos largos, las segundas pelotas. En ese caso teníamos dos especialistas como Medina y Porta. Te empataban las pérdidas y te ganaban las empatadas.

**—¿Qué importancia le daban al estudio del rival?**

—Lo justo y lo necesario. Gallardo te mostraba un video donde se veía cómo atacaba y cómo defendía el adversario de turno, también cómo se paraba en las pelotas paradas, a favor y en contra. Y luego te hacía algún comentario puntual sobre los jugadores más desequilibrantes, en qué tener cuidado, dónde te pueden complicar. También si en defensa había alguna falencia individual o colectiva para explotar o aprovechar.

**—¿Cómo se manejaba con el grupo? ¿Era de hablar constantemente con el jugador? ¿Bajaba una orden o les daba espacio para el intercambio de ideas o planteos?**

—Tenía mucha llegada al jugador. También así su cuerpo técnico, eran personas jóvenes y todos ex jugadores. Sabían cómo llegar a la persona, no solamente al futbolista. Marcelo había sido compañero de la mayoría del plantel en Nacional, y hasta tenía algunos amigos, pero por su personalidad, él imponía un respeto que cuando se trabajaba, se trabajaba. Lo bueno de Gallardo era que trataba a todos por igual, para él eran todos importantes, y eso en un grupo es fundamental. Cuando vos ves al entrenador que le habla de la misma forma a los chicos que a los experimentados y corrige también de la misma forma a los grandes, el técnico se gana un plus con el jugador. Tenía mucha personalidad. Y eso como líder de un grupo es fundamental. Marcelo es un tipo ganador. Se veía que crecía en cada charla, en cada entrenamiento, un entrenador con un potencial impresionante. Además de tener un cuerpo técnico preparado.

STAFF

# CAPÍTULO 15.
# LAS 3P (LAS PELOTAS PARADAS PREPARADAS)

## Las pelotas paradas

Los tiros libres y los córners fueron clave en el ciclo Gallardo, a tal punto que **14** de los **40** goles que anotó River en los cuatro títulos internacionales que ganó fueron de pelota parada (9 de ellos, de cabeza). Fue en el rubro que más tantos anotó. Algunas referencias de la planificación en los córners a favor y en contra.

### Cómo se para en los tiros libres A FAVOR:

**En los córners 1:**
*(Jugada de referencia vs. Olimpo -16ª fecha torneo local-, PT 5m).*

- 1 para patear: Pisculichi.
- 6 fueron a cabecear: Maidana, Funes Mori, Mora, Mercado, Boyé y Guido Rodríguez.
- 1 tomó el rebote en la medialuna del área: Rojas.
- 2 se quedaron en el círculo central: Ponzio y Vangioni.

**En los córners 2:**
*(Jugada de referencia vs. Estudiantes -14ª fecha torneo local-, PT 27m).*

- 1 para patear: Pisculichi.
- 5 van a cabecear: Maidana, Funes Mori, Mora, Pezzella y Driussi.
- 2 tomaron el rebote en la medialuna del área: Solari y Rojas.
- 2 se quedaron en el círculo central: Guido Rodríguez y Vangioni.

**En los córners 3:**
*(Jugada de referencia vs. Vélez -15ª fecha torneo local-, PT 10m).*

- 1 para patear: Rojas.
- 6 fueron a cabecear: Teo Gutiérrez, Mercado, Funes Mori, Pezzella, Mora y Boyé.
- 1 tomó el rebote: Carlos Sánchez.
- 2 se quedaron en el círculo central: Guido Rodríguez y Balanta.

***(*) En el primer córner fue a cabecear Balanta, pero después se quedó. Y River metió en todos los envíos a 6 cabeceadores.***

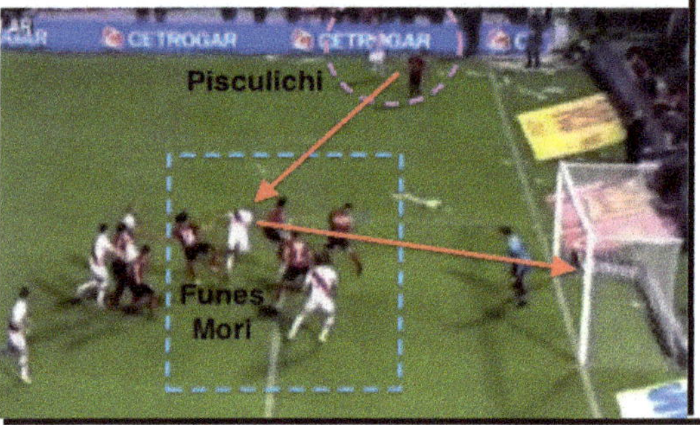


### En las Pelotas Paradas EN CONTRA:

**En los córners 1:** marca hombre a hombre.
*(Jugada de ref. vs. Olimpo -16ª fecha torneo local-, PT 16m).*

- 5 toman marcas: Mercado, Guido Rodríguez, Funes Mori, Maidana y Vangioni.
- 1 libre al balón: Mora.
- 1 tomó el primer palo: Ponzio.
- 1 tomó el rebote: Rojas.
- 2 se quedaron arriba para salir de contra: Pisculichi y Boyé.

**En los córners 2:** marca hombre a hombre.
*(Jugada de ref. vs. Estudiantes -14ª fecha torneo local-, PT 27m).*

- 5 toman marcas: Pezzella, Guido Rodríguez, Funes Mori, Maidana y Vangioni.
- 1 libre al balón: Mora.
- 1 tomó el primer palo: Solari.
- 1 tomó el rebote: Rojas.
- 2 se quedaron arriba para salir de contra: Pisculichi y Driussi.

***(*) En los tiros libres frontales volvió a mantener la línea lejos de Barovero.***

**En los tiros libres 3:** marca hombre a hombre.
*(Jugadas de referencia vs. Vélez -15ª fecha-, PT 34m)*

- 5 toman marcas: Guido Rodríguez, Mercado, Funes Mori, Balanta y Pezzella.
- 2 fueron libres al balón: Mora y Boyé.
- 2 tomaron el rebote: Sánchez y Ariel Rojas.
- 1 se quedó arriba para salir de contra: Teo Gutiérrez.

▶ **Pelotas Paradas en contra tuvo River sumando los partidos vs. Estudiantes (x 3), Godoy Cruz, Vélez, Boca (x 3), Arsenal, Tigre, Newell's, Lanús, Independiente y Olimpo:** ***y ganó de arriba en 67***. *Perdió en el juego aéreo en 53 y el balón pasó neutral, sin vencedores ni vencidos, en 19. En esos encuentros sólo le hicieron 1 gol de pelota parada: Lisandro Magallán (Boca), por la 10º fecha. Tanto en los casos de Estudiantes como de Boca, se contabilizan los cruces por el torneo local 2014 y por la ida y vuelta de la Copa Sudamericana 2014. En la ida en la Bombonera tuvo una chance clara Gago, pero la neutralizó Barovero.*

▶ **Pelotas Paradas a favor tuvo River sumando los partidos vs. Estudiantes (x 3), Godoy Cruz, Vélez, Boca (x 3), Arsenal, Tigre, Newell's, Lanús, Independiente y Olimpo en 2014:** ***y ganó de arriba en 40***. *Perdió en el juego aéreo en* ***86*** *y el balón pasó neutral, sin vencedores ni vencidos, en 14. En esos encuentros hizo 5 goles de pelota parada: Mercado (vs. Vélez), Mora y Funes Mori (vs. Estudiantes, por la Copa), Mora (vs. Godoy Cruz), Funes Mori x 2 (vs. Newell's, como se ve en la imagen, y Olimpo), Rojas (vs. Independiente) y Pisculichi de tiro libre directo vs. Independiente. Y el no penal que le cobran a Gago, nació de una pelota que Rojas gana nuevamente en un rebote de un tiro libre frontal. No gana en cantidad, pero sí en efectividad.*

## Otros ejemplos

### Cómo se para en los tiros libres A FAVOR:

**En los córners I:**
*(Jugada de referencia vs. Arsenal, PT 1m).*

- 2 para patear: Pisculichi y Rojas.
- 5 van a cabecear: Maidana, Funes Mori, Mora, Teo Gutiérrez y Mercado.
- 1 tomó el rebote en la medialuna del área: Carlos Sánchez.
- 2 se quedaron en el círculo central: Ponzio y Vangioni.

**En los córners 2:**
*(Jugada de referencia vs. Independiente, PT 28m).*

- 1 para patear: Pisculichi.
- 5 fueron a cabecear: Teo Gutiérrez, Funes Mori, Maidana, Mora y Mercado.
- 2 tomaron el rebote: Carlos Sánchez y Rojas.
- 2 se quedaron en el círculo central: Kranevitter y Vangioni.

***(*) Cuando jugaba Pezzella, solía ganar seguido cuando entraba por el 2ª palo. Así le hizo el gol a Godoy Cruz (Copa Sudamericana, en Mendoza)***

**En los córners 3: en Copa Sudamericana**
*(Jugada de referencia vs. Godoy Cruz, PT 20m).*

- 2 para patear: Pisculichi y Rojas.
- 5 van a cabecear: Mercado, Mora, Teo Gutiérrez, Funes Mori y Maidana.
- 2 toman el rebote: Carlos Sánchez y Vangioni.
- 1 se quedó en el círculo central: Kranevitter.

*(*) Si el rival le deja más jugadores para la contra quien se queda con Kranevitter es Vangioni.*

### En las Pelotas Paradas EN CONTRA:

**En los córners I:** marca hombre a hombre.
*(Jugadas de referencia vs. Arsenal, PT 14m)*

- 5 toman marcas: Rojas, Mercado, Funes Mori, Maidana y Vangioni.
- 1 libre al balón: Mora.
- 1 tomó el primer palo: Carlos Sánchez.
- 1 tomó el rebote: Ponzio.
- 2 se quedaron arriba para salir de contra: Pisculichi y Teo.

*(*) En los tiros libres frontales volvió a mantener la línea lejos de Barovero.*

**En los córners 2:** marca hombre a hombre.
*(Jugadas de referencia vs. Independiente, PT 9m)*

- 5 toman marcas: Maidana, Mercado, Funes Mori, Kranevitter y Vangioni.
- 2 fueron libres al balón: Mora y Carlos Sánchez.
- 1 tomó el rebote: Ariel Rojas.
- 2 se quedaron arriba para salir de contra: Pisculichi y Teo Gutiérrez.

**En los córners 3:** marca hombre a hombre.
*(Jugadas de referencia vs. Godoy Cruz, PT 24m)*

- 5 toman marcas: Pezzella, Funes Mori, Vangioni, Mercado y Rojas.
- 1 fue libre al balón: Mora.
- 1 tomó el primer palo: Carlos Sánchez.
- 1 tomó el rebote: Kranevitter.
- 2 se quedaron arriba para salir de contra: Pisculichi y Teo.

***(*) También probó Gallardo dejando a dos para la contra en ataque cuando el tiro libre era frontal.***

## Mantiene la línea en los tiros libres frontales

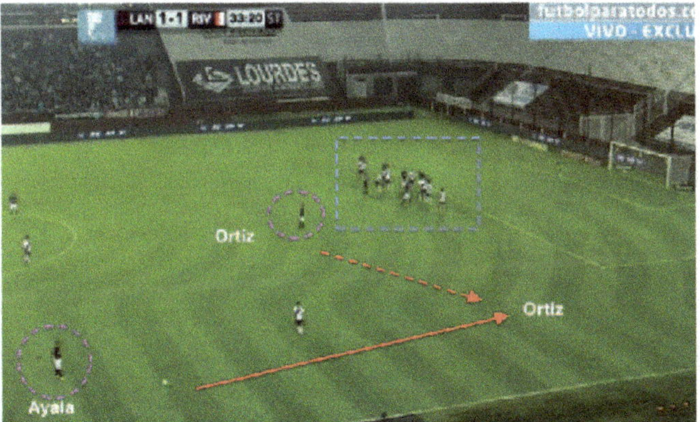


• ST, 33m vs. Lanús (2014): River defiende bien esta clase de envíos, en donde mantiene la línea lejos de Barovero y, al mismo tiempo, el arquero tiende a salir aún a riesgo del error. En esta acción, Lanús intentó una buena jugada para romper este recurso: Ayala la jugó por afuera para el pique en diagonal de Ortíz, que le devolvió la pared al volante paraguayo y él terminó enviando el centro desde una posición lateral y ahí sí con la defensa metida, obvio. La jugada terminó en córner.

## Las jugadas preparadas con Gallardo

### Gol de Mora a Godoy Cruz

**PT, 30m, en Núñez (Copa Sudamericana 2014).** Aquí sorprendió Pisculichi yendo a buscar el cabezazo de un tiro libre frontal ejecutado por Rojas, uno de los que habitualmente toma el rebote en la medialuna en los córners. El envío de Rojas irá pasado al 2º palo para Pezzella, que tiene la consigna de bajarle la pelota a Pisculichi; el ex Argentinos rematará cruzado con derecha y la pelota dará en el palo; pero el rebote lo termina empujando a la red Mora, de palomita. Fue el 1-0 a Godoy Cruz.

### Vs. Arsenal

**PT, 40m, en Sarandí (7ª fecha del torneo de primera división).** Se ponen 2 para patear el tiro libre frontal, pero Carlos Sánchez pasa de largo sobre el balón y Pisculichi la juega interior y al ras para que Teo se la pivotee de frente para la finalización de Pisculichi. La devolución del colombiano no fue buena y marcó Arsenal.

### Vs. Lanús

**ST, 31m, en el Sur (9ª fecha del torneo de primera división).** Córner jugado corto de Pisculichi para Teo, que va del 1º palo hacia la línea del área grande para devolverle de primera la pelota y que Pisculichi meta el centro pasado para el cabezazo de Pezzella, que se irá muy cerca del palo izquierdo de Marchesín.

## Vs. Belgrano, igual que ante Arsenal

**PT, 46m, en Núñez (12ª fecha).** Otra vez se ponen dos ejecutores para un tiro libre frontal: Sánchez pasa por encima y pica como descarga por la derecha, mientras Pisculichi filtra el pase al ras para Teo Gutiérrez, que parte desde atrás y pica hacia la zona de la medialuna. El colombiano recibe, gira, se pone de frente al arco y vuelve a filtrar otro pase para el pique de Carlos Sánchez, quien había arrancado la jugada como uno de los dos ejecutores de la falta.

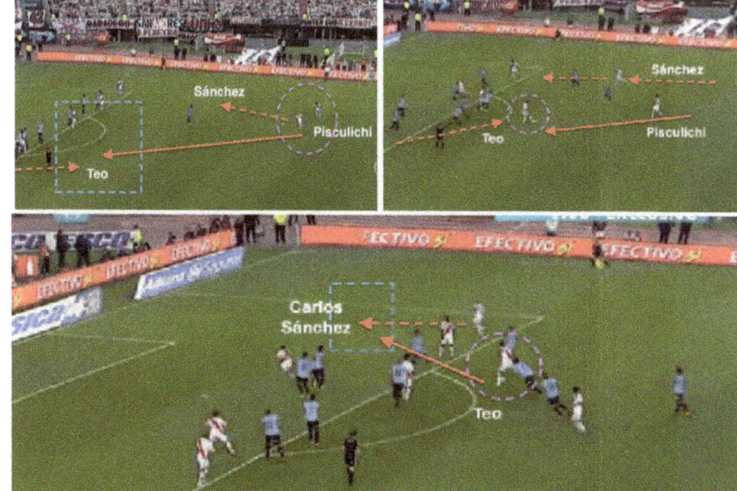


## Vs. Vélez

**Misma jugada: (15ª fecha del torneo de primera división).** ST, 20m, ahora el que pasa por arriba es Rojas y quien filtra el pase para Teo es Carlos Sánchez, mientras Teo recibe y busca descarga, Mora pega la vuelta y arrranca desde atrás para ser alternativa de pase corto de Teo; pero Vélez terminó marcando bien la jugada.

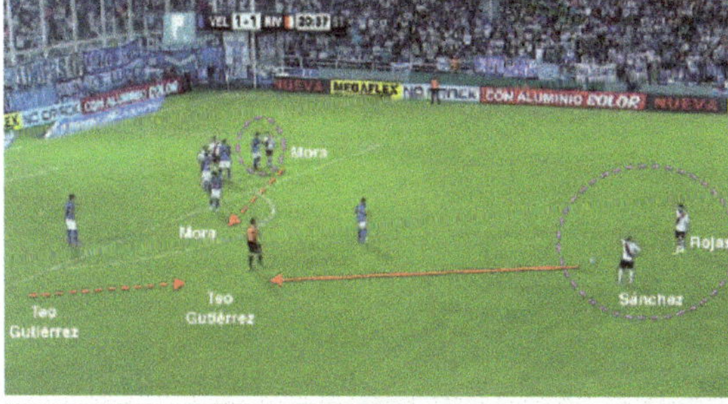


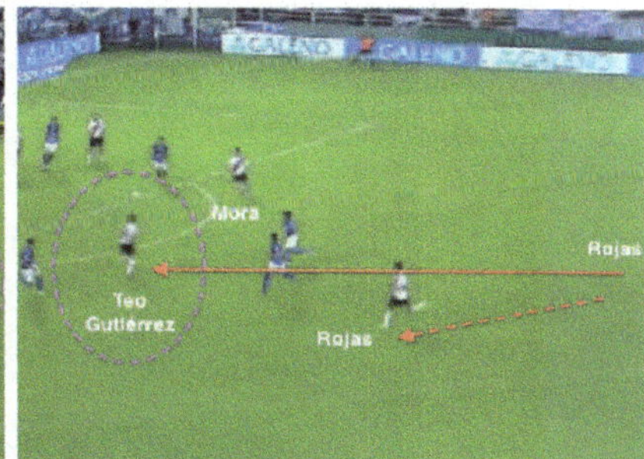


## Vs. Rafaela

**PT, 31m, en Rafaela (13ª fecha del torneo de primera división).** Tiro libre lateral desde la izquierda de Pisculichi; River manda a 6 cabeceadores para arrastrar marcas al área chica y además suma 2 rebotes. El envío de Pisculichi irá corto y hacia atrás, para el remate cruzado de Vangioni; también esperaba Rojas.

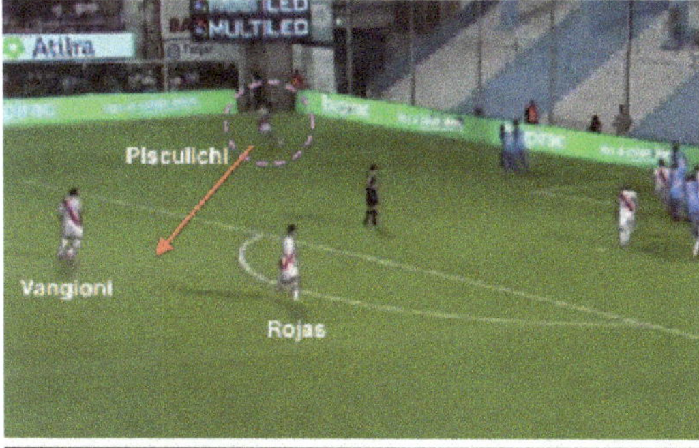


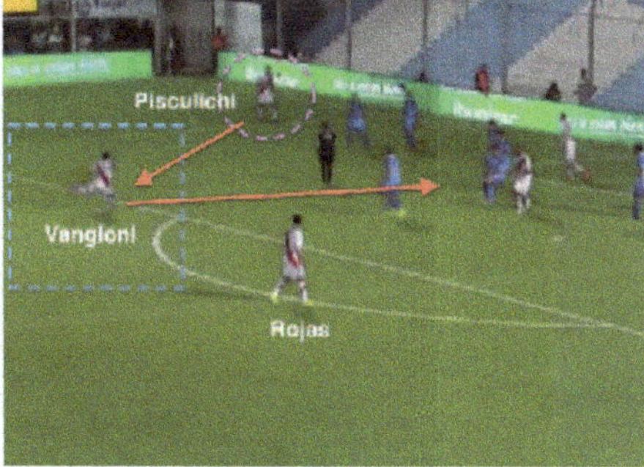

## Los goles clave vs. Estudiantes

(En la vuelta de la Copa Sudamericana 2014)

### Cómo se para en los tiros libres A FAVOR:

**En los córners:**
*(Jugada de referencia en Núñez, PT 9m).*

- 2 para patear: Pisculichi y Augusto Solari.
- 5 van a cabecear: Mercado, Mora, Teo Gutiérrez, Funes Mori y Maidana.
- 1 tomó el rebote: Ariel Rojas.
- 2 se quedaron en el círculo central: Ponzio y Vangioni.

### En las Pelotas Paradas EN CONTRA:

**En los córners:** marca hombre a hombre.
*(Jugadas de referencia en Núñez, PT 24m)*

- 5 toman marcas: Maidana, Funes Mori, Ponzio, Augusto Solari y Mercado.
- 1 fue libre al balón: Mora.
- 1 tomó el primer palo: Vangioni.
- 2 tomaron el rebote: Pisculichi y Rojas.
- 1 se quedó arriba para salir de contra: Teo Gutiérrez.

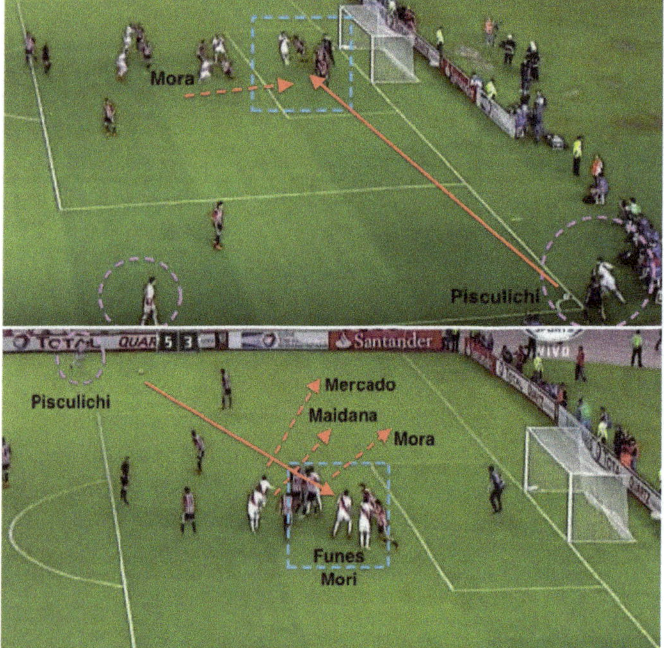


**ST, 15m.** Córner de Pisculichi (un zurdo desde la derecha), que será ejecutado a la altura del primer palo. Mora arranca desde atrás en el punto penal, pero luego picará en esa dirección y anticipará de cabeza a los dos jugadores de Estudiantes: 2-2.

**ST, 17m.** Tiro libre lateral de Pisculichi al punto penal y anotará Funes Mori, con un cabezazo junto al palo derecho de Hilario. Funes Mori arranca de más atrás, pero Mercado, Maidana y Mora pican hacia adelante para arrastrar marcas y generarle el espacio: 3-2.

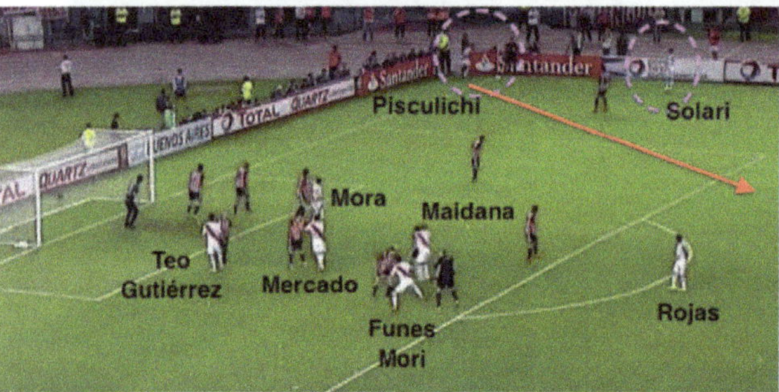

**PT, 9m.** River, como se ve, pone a dos jugadores para el córner: Pisculichi + Solari; pero el zurdo terminará sacando el córner hacia la zona del rebote, donde aparecerá Ponzio por sorpresa, uno de los que se quedaba marcando en el círculo central. Y él enviará el centro al punto penal para Mora; la acción no prosperará, aunque un segundo rebote finalizó con un centro de Funes Mori desde la izquierda.

## Cómo marcó en la final con Tigres (0-0) en México

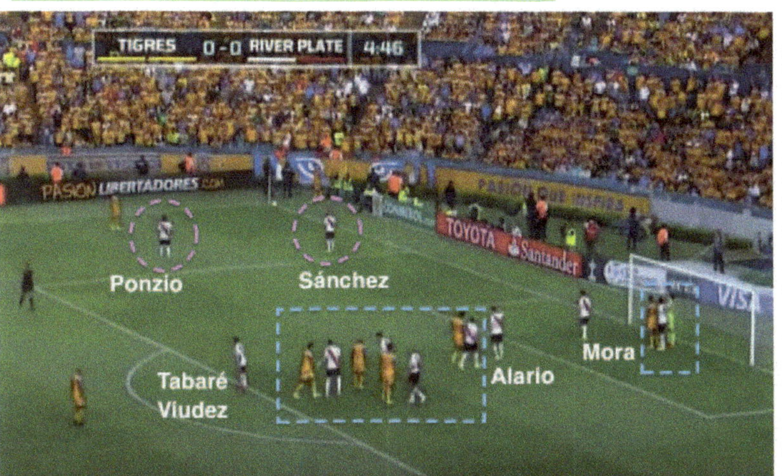


▶ **PT, 4m: córner en contra.** Por la primera final de la Copa Libertadores 2015, River mantuvo la forma de marcar con dos líbres (Mora y Alario), cinco marcas individuales, más Sánchez y Ponzio atentos para que el conjunto mexicano no juegue el córner corto; y Tabaré Viudez tomando la zona de la medialuna. Los 10 jugadores de River defendieron esta pelota. Entre las dos finales, Tigres tuvo 9 pelotas paradas a favor, pero River ganó en el juego aéreo defensivo en 6 de ellas.

▶ **El gol de Maidana a Cruzeiro.** Al haber perdido la titularidad Pisculichi, el más efectivos de los lanzadores de las pelotas paradas, la responsabilidad en Belo Horizonte, en la revancha ante Cruzeiro, fue de Ariel Rojas; el zurdo envió el córner abierto desde la izquierda y Maidana, que arrancó a picar desde la zona del rebote, terminó impactando de cabeza en el punto penal (PT, 44m): 2-0.

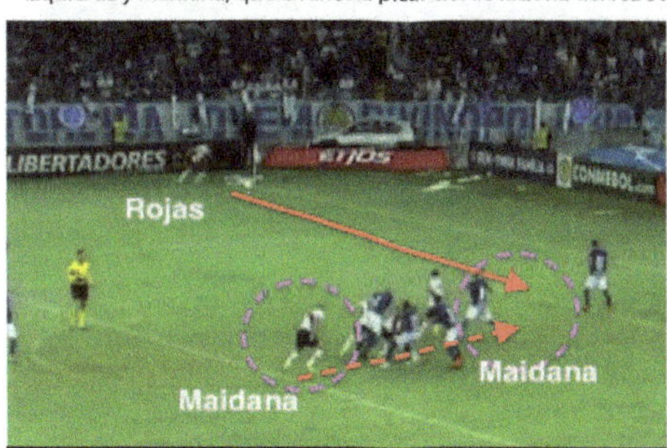

▶ **Goles de Mercado a Gamba Osaka y de Pezzella a Godoy Cruz**

▶ **De córner.** Sin Pisculichi y sin Ariel Rojas, frente a Gamba Osaka, en Japón, por la Suruga Bank, quien ejecutó los tiros libres y los córner fue Carlos Sánchez. El uruguayo lanzó este tiro de esquina con la derecha desda la izquierda pasado y Mercado convirtió con un cabezazo cruzado el 2-0 (PT, 31m).

▶ **De tiro libre frontal.** En el inicio de la Sudamericana 2014, en Mendoza, Pisculichi lanzó el tiro libre tal cual lo habían practicado en la semana, para que caiga cerrado sobre el segundo palo; hacia allí fue Pezzella, que convirtió de cabeza en tiempo de descuento y le significó la victoria a River por 1-0 (ST, 47m).

## Los Tiros Libres Laterales de Pisculichi

• **Otra fórmula que se repitió.** River le sacó rédito a los tiros libres laterales ejecutados por un zurdo (Pisculichi) para que caigan cerrados sobre el área chica: así le convirtió a **Godoy Cruz** (Mora), a **Gimnasia** (Teo Gutiérrez) e **Independiente** (no la tocó nadie y terminó en gol de Pisculichi directo). Ante Belgrano estuvo cerca de convertirle con una ejecución igual. En los envíos frontales, Pisculichi le hizo un gol de tiro libre directo a Rafaela y estuvo cerca también ante Lanús, pero el remate dio en el travesaño.

### Gol de Mora

**PT, 16m, a Godoy Cruz, en Mendoza.** Tiro libre lateral de Pisculichi a la línea del área chica y anticipo de Mora para el 3-0 de River, por la 3ª fecha del torneo de primera división 2014.

### Gol de Teo Gutiérrez

**ST, 46m, a Gimnasia, en La Plata.** Tiro libre lateral de Pisculichi a la línea del área chica y cabezazo de Teo Gutiérrez para el 1-0 de River, por la 1ª fecha del actual campeonato.

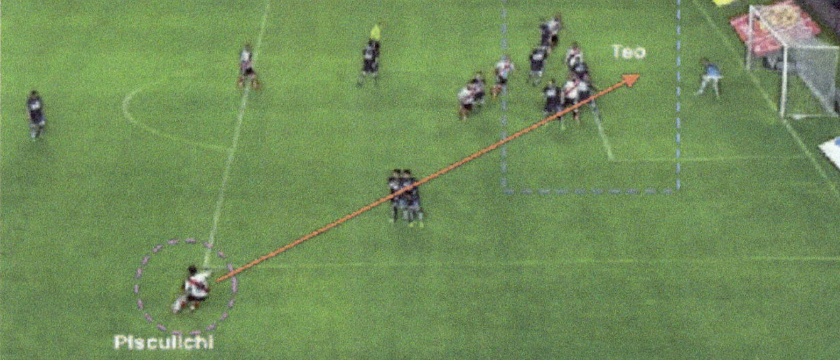


### Gol de Pisculichi

**PT, 4m, a Independiente, en Núñez.** Tiro libre lateral de Pisculichi a la línea del área chica, todos los cabeceadores atacan esa pelota, pero termina sin pegar en nadie y se mete en el arco de Rodríguez.

### Casi gol a Belgrano

**PT, 15m, en Núñez.** Tiro libre lateral de Pisculichi igual a los de arriba; Maidana casi llega a impactar en el área chica, pero atrapa Olave.

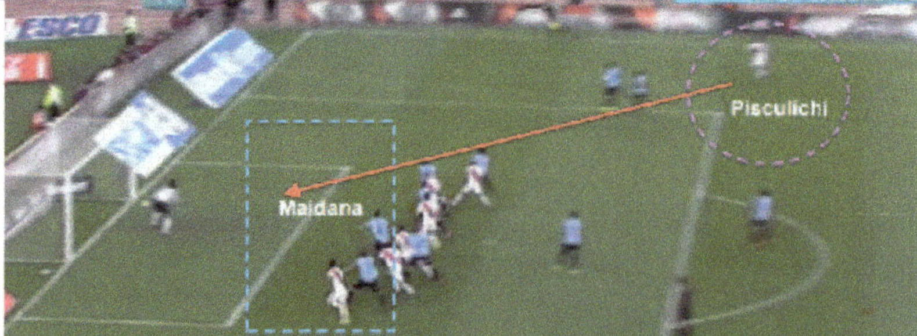

## La importancia de las pelotas paradas

▶ **Así marcó 21 de los 61 goles:** Si se toman como referencia las cifras en relación a cómo anotó los goles River en los seis títulos internacionales que consiguió con Gallardo, se podrá ver que el rubro que más explotó fue el de los tiros libres y los córners, por encima de las jugadas colectivas elaboradas, vía por la que señaló 16 (dos de ellos, de cabeza). A continuación, el detalle:

### Cómo hizo los goles

| Rubros | Sudamericana | Recopas y Suruga Bank | Libertadores 2015 | Libertadores 2018 | Totales |
|---|---|---|---|---|---|
| De jugada colectiva | 5 | 3 | 4 | 4 | 16 |
| (De Cabeza) | (1) | - | (1) | - | (2) |
| De Contraataque | 4 | - | 4 | 6 | 14 |
| De un Saque de Arco | - | - | - | - | - |
| Desde Afuera del Area | 1 | - | - | 3 | 4 |
| De un Lateral/centro | - | - | - | - | - |
| De Penal | - | 1 | 3 | 1 | 5 |
| De Tiro Libre directo | - | - | - | - | - |
| De Pelota Parada | 6 | 3 | 7 | 5 | 21 |
| (De Cabeza) | (5) | (2) | (3) | (3) | (13) |
| En contra | 1 | - | - | (1) | 1 |

**Goles** ▶ **Rodrigo Mora (9), Carlos Sánchez (8)**, Gabriel Mercado (5), Lucas Pratto (5), Pity Martínez (4) , Teo Gutiérrez (4), Lucas Alario (3), Santos Borré (3), Pisculichi (2), Quintero (2), Gio Simeone (2), Germán Pezzella (2), Ramiro Funes Mori (2), Driussi (2), Balanta (1), Maidana (1), Mayada (1), Pinola (1), Palacios (1), Scocco (1); Schunke (Estudiantes, en contra) e Izquierdoz (Boca, en contra).

**Asistencias** ▶ **Leonardo Pisculichi (7) y Pity Martínez (7)**, Carlos Sánchez (3), Juan Fernando Quintero (3), Leonel Vangioni (3), Rodrigo Mora (3), Teo Gutiérrez (2), Funes Mori (2), Lucas Alario (2), Ariel Rojas (2), De la Cruz (2), Nacho Fernández (2), Maidana (2), Eder Alvarez Balanta (1), Tabaré Viudez (1), Lucas Pratto (1), Gonzalo Montiel (1) y Santos Borré (1).

## LA FORTALEZA DE LA DEFENSA

▶ **Recibió sólo 15 goles en 29 partidos:** Si se toman como referencia las cifras en relación a cómo recibió los goles River en los cinco títulos internacionales que consiguió con Gallardo, se podrá ver que no tuvo puntos flacos desde lo estratégico, sí puntuales de desconcentración. Y desde la solidez, registró un promedio bajo de 0,5 tantos por encuentro. A continuación, el detalle:

### Cómo los Recibió

| Rubros | Sudamericana | Recopas | Libertadores | Suruga Bank | Totales |
|---|---|---|---|---|---|
| De jugada colectiva | 2 | - | 2 | - | 4 |
| (De Cabeza) | (1) | - | (1) | - | (2) |
| De Contraataque | 1 | - | 2 | - | 3 |
| De un Saque de Arco | - | - | 1 | - | 1 |
| Desde Afuera del Area | 1 | - | 1 | - | 2 |
| De un Lateral/centro | - | - | 1 | - | 1 |
| De Penal | 1 | - | - | - | 1 |
| De Tiro Libre directo | - | - | 1 | - | 1 |
| De Pelota Parada | - | 1 | 1 | - | 2 |
| (De Cabeza) | - | (1) | - | - | (1) |
| En contra | - | - | - | - | - |

**Expulsados** ▶ Gabriel Mercado (vs. Tigres), Teo Gutiérrez (vs. Boca) y Ramiro Funes Mori (vs. San Lorenzo).

# EL VALOR DE JUGAR RÁPIDO LOS TIROS LIBRES

La picardía y el oficio, en su cuota justa, pueden generar resultados en cualquier profesión. En el fútbol, ambas virtudes se pueden observar desde la concentración y el entendimiento entre los compañeros a la hora de jugar hasta el tiro libre o córner más sencillo o (aparentemente) inofensivo. River, entre varias de sus virtudes ofensivas, también le sacó rédito al "factor sorpresa", ejecutando rápido un tiro libre.

Así, le convirtió a Independiente Santa Fe en el arranque del partido de la Recopa Sudamericana, para destrabar el 0-0; y a Banfield, en la primera fecha del Torneo de Primera División (agosto de 2016), para quebrar el 1-1. En la foto final del gol de Driussi aparece el muy buen centro de Pity Martínez desde la izquierda; en el de Alario, otro centro del zurdo, el rechazo hacia adentro de Prósperi y el muy buen control y la definición del 9.

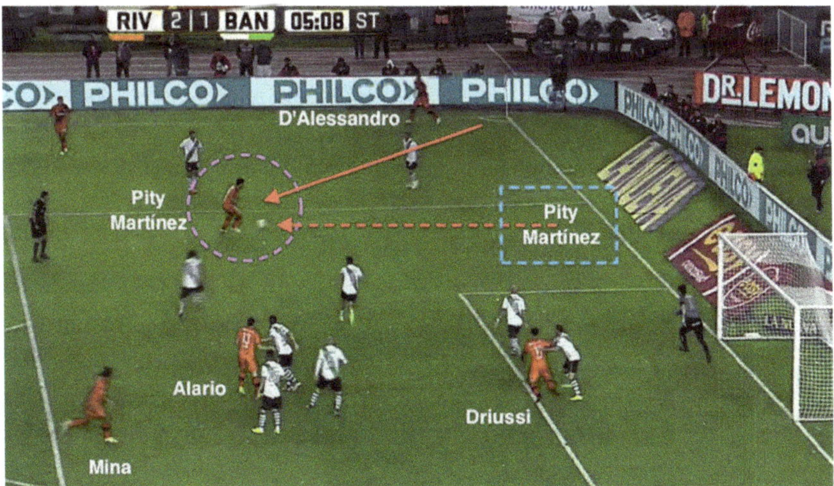

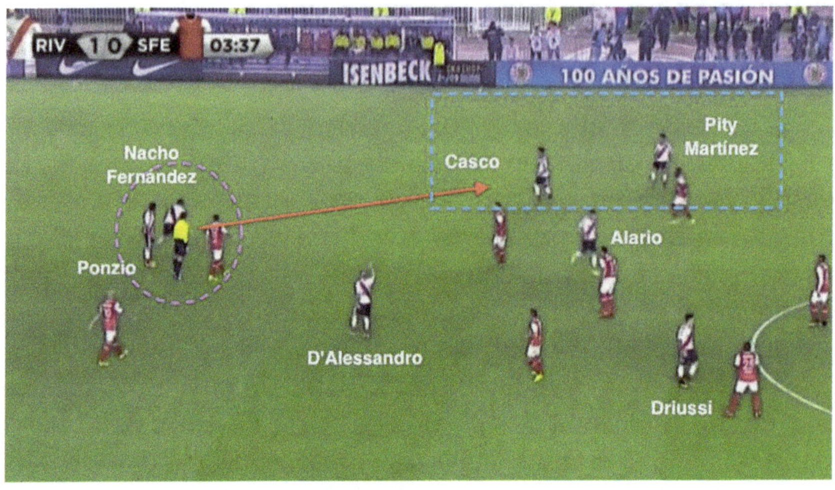


Cómo nació el primer gol ante Independiente Santa Fé por la Recopa 2016: lo inicia Nacho Fernández jugando rápido hacia la izquierda, donde esperaban Casco y Pity Martínez.

## LA DEFENSA DE LOS TIROS LIBRES FRONTALES ANTE BOCA

River venía sufriendo en defensa con los tiros libres frontales y los córners. Le anotaban de pelota parada. Y ante Boca, en la primera final, no fue la excepción: tiro libre frontal de Sebastián Villa y gol de cabeza de Darío Benedetto.

El equipo de Gallardo también anotó por esa vía en el segundo tiempo: tiro libre frontal de Pity Martínez y gol en contra de Izquierdoz, de cabeza. Ambos envíos, cuando caen así de cerrados sobre el punto penal, son muy difíciles de defender. Cualquier toque, incluso de un jugador propio, puede terminar dentro del arco.

En ese primer partido en la Bombonera, River tuvo 12 pelotas paradas en contra, de las cuales ganó en el juego aéreo en 7, perdió en 3 (una de ellas fue gol) y en las dos restantes los envíos no tuvieron vencedores ni vencidos.

No hay fórmulas infalibles, como se ve en las imágenes, aunque siempre es preferible que el arquero –si el envío del ejecutante es cerrado y el balón caerá cerca del área chica– vaya en busca del balón. Mantener la línea defensiva lejos (Rossi) o cerca (Armani) son estilos, estrategias. Y si bien de las dos formas te pueden vulnerar, si "salir" a atacar la pelota no está entre las fortalezas del arquero, preferible que el equipo se defienda manteniendo su línea defensiva cerca. Al menos así, no solo será el arquero el que defienda de frente y hacia delante esa pelota, sino varios jugadores más. Como hizo River.

# CAPÍTULO 16.
# EN JAPÓN, CON PONZIO SOBRE INIESTA Y ALARIO TOMANDO A BUSQUETS

Dos meses antes de disputar el Mundial de Clubes en Japón, Gallardo decía: "Venimos analizando a Barcelona y viendo los cambios que va haciendo, pero por una cuestión de ir viendo todo lo que va sucediendo. Pero las etapas no se pueden medir mucho en relación porque no se sabe cómo estará en el momento de jugar con ellos. Barcelona perdió un par de partidos y si te dejás llevar por eso, cuando se despierta… A mí me llegan mensajes todo el tiempo y de todas partes: ¿Viste cómo le jugó tal equipo a Barcelona? Así hay que jugarle. Sí, les digo yo, así habría que jugarle hoy. Dentro de varias semanas andá a saber…"

Pero más allá de los momentos, el Muñeco siempre tuvo en claro la superioridad del rival desde lo técnico: "Hay que ser inteligentes también y ser realista con el oponente. Si vos tenés un rival que es superior técnicamente, hay que llevarlo al límite. Llevarlo al límite tiene que ver con jugar el partido a la máxima exigencia y que no permitas que, cuando vos bajás la intensidad, ellos –que son superiores técnicamente– te hagan un gol. Eso es lo que les pasa, generalmente, a todos los equipos que se enfrentan con Barcelona, Bayern Munich o Real Madrid, equipos que solo por la calidad de los futbolistas te hacen la diferencia en cualquier momento. Entonces, para preparar un

partido así, tenés que estar en un extremo de máxima calidad en todo sentido".

Gallardo sabía que River no llegaba en su mejor forma al Mundial de Clubes. No como él hubiera pretendido. Le ganó bien a Sanfrecce 1-0 con gol de Lucas Alario, pero luego debía el plantel hacer el "partido perfecto" ante el Barcelona de Luis Enrique. Y si bien buscó variantes y hasta se la jugó con decisiones tácticas de peso (como que Ponzio le haga marca personal a Iniesta), sorprendió cuando buscó (quizás con apuro) las modificaciones para revertir el 0-1 de Messi.

En el entretiempo ante Barcelona dio la impresión de que al Muñeco lo traicionó el hincha. Se salió de su libreto habitual. Quiso dar vuelta el partido enseguida, generar un golpe de efecto. Las dos modificaciones parecieron apresuradas en función del desarrollo. Es cierto que Ponzio y Kranevitter estaban amonestados, que River debía dar vuelta la derrota parcial pero -desde lo táctico-, había hecho un muy buen primer tiempo. Presionando alto (quizás demasiado, teniendo en cuenta lo bien que juega Bravo con los pies), sin dejar mover a Barcelona y tratando de aplicar contraataques directos. La faceta ofensiva no salió bien, pero defensivamente era meritorio lo de River, con Ponzio haciéndole marca personal a Iniesta, con Alario bloqueando desde atrás a Busquets.

Fue un acierto ubicar a Tabaré Viudez como titular. Pero las modificaciones de Lucho González y Pity Martínez por Mora y Ponzio (adelantando a Viudez) sumaron audacia y desarmaron, desde la estructura, la simetría entre líneas. Fue una apuesta del DT, pero en diez minutos había esfumado los tres cambios de un partido que podía tener alargue, con la sustitución obligada de Viudez (ingresó Driussi). El equipo se quedó sin intensidad, sin presión, y la estructura se quebró. River, a contramano de lo que siempre quiso Gallardo, quedó desarmado.

Después, en esa búsqueda de "partido perfecto", hubo un River que no llegaba en plenitud y errores individuales que le costaron caro: la falta de presión de Maidana sobre Messi en el 0-1 y el pase lateral interior de Carlos Sánchez a Lucho, en el arranque del contraataque del 0-2 de Suárez. Pero River, como equipo, se había deshilachado antes.

En chances de gol el conjunto catalán se impuso 12-4, pero la diferencia en el juego la hizo en el segundo tiempo, con 8 llegadas contra 2. En la previa, la pelota parada era una buena arma para River, aunque 5 de los 9 tiros libres que tuvo a favor fueron ganados por Piqué en el juego aéreo.

Lucas Alario jugó un gran partido. Lo que no pudo hacer fue por culpa de Piqué. Se esforzó, inquietó. Alario y Mora necesitaron más de Sánchez (irreconocible) y Vangioni, que recién logró proyectarse y enviar un buen centro-gol a los 32 minutos del segundo período. Alario y Mora recibieron muy poco juego externo.

Pocas veces el Gallardo DT se salió de su eje. Siempre tuvo frialdad para evaluar los contextos y tomar las mejores decisiones. Pero en Japón, ante Barcelona, dio la sensación que el hincha (su amor por River) lo pudo haber condicionado en la toma de decisiones.

## CÓMO LE JUGÓ A BARCELONA

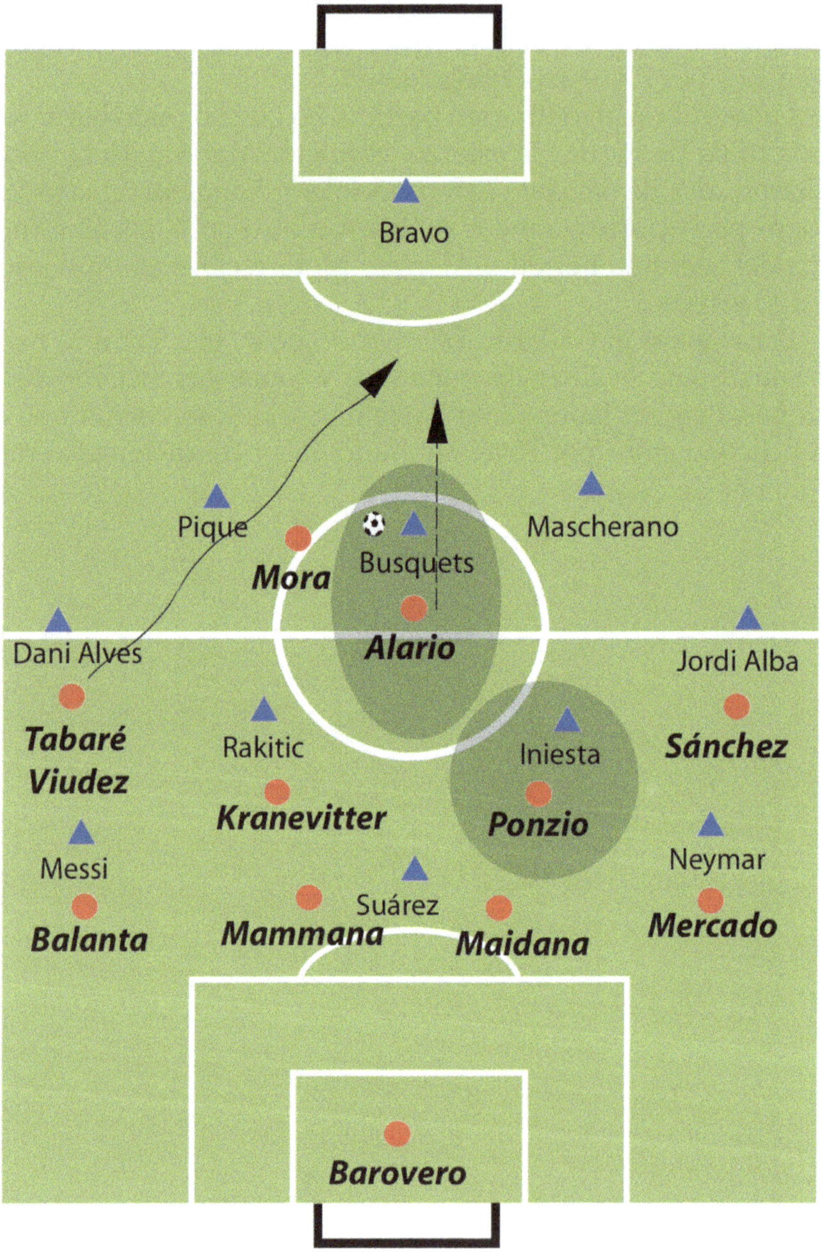

Bravo

Pique
Mascherano
Busquets
***Mora***
Dani Alves
***Alario***
Jordi Alba
***Tabaré Viudez***
Rakitic
Iniesta
***Sánchez***
***Kranevitter***
***Ponzio***
Messi
Neymar
Suárez
***Balanta***
***Mammana***
***Maidana***
***Mercado***

***Barovero***

# CAPÍTULO 17. LOS ZURDOS AL PODER

Gallardo respira fútbol. Está todo el tiempo pensando variantes, analizando situaciones, el armado de sociedades. "Soy muy inquieto, siempre estoy buscando la forma de jugar mejor, eso me mantiene vivo. Pienso todo el tiempo en jugadores, estoy mirando fútbol y pienso qué bueno sería tener este futbolista para jugar de esta manera, como hicimos durante todos estos años. La forma de pensar no ha cambiado. Y en esa búsqueda podés acertar y errar, y es parte del juego. Nadie acierta todo

el tiempo. Pero pienso y sigo intentando. Porque sé que me voy a equivocar muchas veces más, pero el ir tratando de conseguir esos futbolistas y esa manera de jugar que uno quiere, me sigue manteniendo con el deseo de estar. Si no lo pudiera hacer acá, no estaría. Yo tengo esa cosa de querer estar porque mi desafío pasa por esto, más allá de si podemos ganar o no cosas. Es lo que más me motiva", reconoce.

Y se le ilumina la cara al Muñeco cuando se le pregunta por la cantidad de jugadores de buen pie que suele ubicar entre los titulares. Y más si una buena parte de ellos son zurdos. Tratar de ubicar a futbolistas zurdos sobre la derecha, ya sea de manera sistemática o como efecto sorpresa, fue otro de los rasgos de su etapa en River.

River no terminó jugando en 2017 como pretendía Gallardo, pero sí hubo rasgos del estilo del DT en el último partido del año frente a Atlético Tucumán. La intención protagónica, la búsqueda desde la proyección de los laterales y los centros, también la presión alta. Pero, sobre todo, el rol de los zurdos por la derecha. En la final de la Copa Argentina 2017 fue el turno de Ignacio Fernández, quién le dio una caricia al alma del entrenador, primero con el control tras el centro de Saracchi y luego con el remate a colocar al ángulo superior derecho de Sánchez.

En el 4-1-4-1 al que volvió el Muñeco al sacar un delantero y sumar un mediocampista, el plan para vulnerar a un buen equipo como Atlético Tucumán era generar una superioridad numérica 3 vs. 2 sobre la derecha. Por eso, sobre todo en el primer tiempo, casi aparecieron superpuestos Fernández y el Pity Martínez.

A Gallardo le gusta juntar a varios zurdos, no lo ve como un exceso. Al contrario: si eso le garantiza buen control y pase filtrado, bienvenidos. "Es un tema interesante, no es normal que se junten tantos zurdos en un equipo. Siempre admiré a los jugadores creativos, a los talentosos. A nosotros nos estuvo pasando en los últimos tiempos, con cuatro jugadores de una calidad ofensiva que hasta se encontraron en el mismo momento del partido, que son Nacho (Fernández), D'Alessandro, Martínez; que puede ser Rojas, Andrade cuando le tocó, hasta cuando jugaba Iván Alonso. Pero no tengo dudas de que se pueden encontrar con el mismo perfil. Yo creo en el jugador inteligente, soy un enamorado de aquel que sabe resolver situaciones complejas con facilidad. Y compleja no hablo de sacarse de encima cuatro tipos o algún gesto técnico, sino jugadores que simplifican el fútbol con tan solo pensar antes que el rival. A esos los considero extraordinarios, me siento identificado y tengo varios en el equipo que pueden resolver situaciones con una facilidad increíble".

En la final de la Copa Argentina 2017 frente a Atlético Tucumán, Gallardo terminó juntando en la zona del medio campo (dentro de un esquema 4-1-4-1) a Nacho Fernández, Pity Martínez y Rojas; sumando a Saracchi con sus proyecciones por la izquierda como si fuera un volante más.

En la final de la Copa Argentina 2016, River le ganó 4-3 a Rosario Central saliendo a jugar 4-3-1-2 con una zona de volantes compuesta por Nacho Fernández, Ponzio, Pity Martínez y D'Alessandro tirado como enganche; y el lateral izquierdo que se sumaba para generar desdoblamientos fue Olivera. Pero Gallardo fue variando según el rival y las características, más allá de que mantenía la presencia de los zurdos. En esa misma Copa, ante Independiente de San Luis (2-1), Pity Martínez arrancó por la derecha, Andrade por la izquierda y Nacho Fernández como interior, más suelto. Frente a Unión (3-0), fue Andrade quien comenzó por la derecha y Pity Martínez por la izquierda; y el doble 5 de Ponzio fue Iván Rossi.

Alguna vez fue el propio DT quien, ante la partida de Carlos Sánchez y la imposibilidad de incorporar a Montoya, les dijo a los dirigentes: "No hay problema, juego sin N° 8". Fue así que aparecieron Pity Martínez, Nacho Fernández, Pisculichi (eventualmente) o D'Alessandro por ese carril; hasta Tomás Andrade. Nació a partir de la imposibilidad de tener a Montoya, pero terminó siendo un recurso bastante utilizado más allá de los nombres que lo desempeñaban. En realidad, la búsqueda de poner un zurdo sobre la derecha lo intentaba generar como punto de partida: arrancaban por afuera, luego se cerraban para quedar con su mejor perfil para un buen remate. Como hizo Nacho Fernández ante Atlético Tucumán para darle un nuevo título a Gallardo.

# EL JUEGO DE LOS ZURDOS

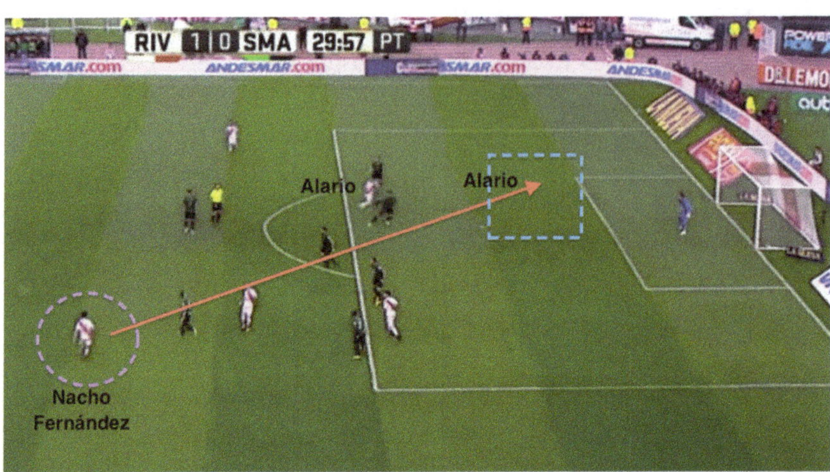

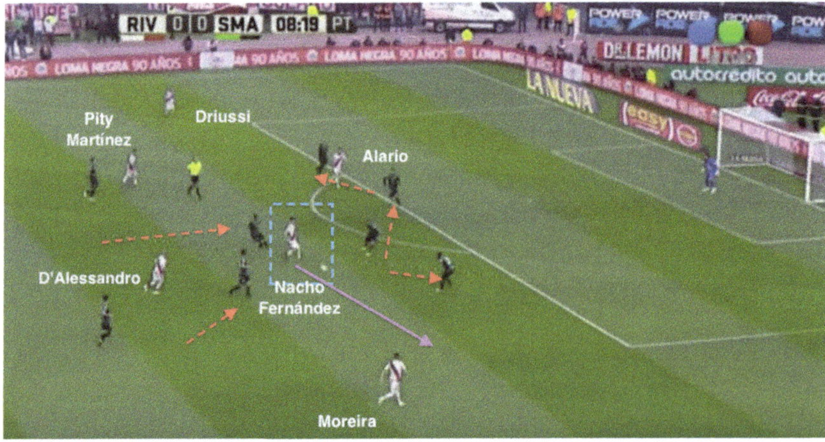

# POR DÓNDE SE MOVIÓ NACHO FERNÁNDEZ EN LA FINAL 2017 VS. ATLÉTICO TUCUMÁN

| Fernández (90 min.) | Cen |
|---|---|
| Evento | Tot |
| Recuperaciones | 5 |
| % de entradas con éxito | 100% |
| Posesión perdida | 18 |
| Centros | 1 |
| Pases largos buenos | - |
| Pases buenos | 43 |
| Ocasiones de gol | 2 |
| Remates realizados | 2 |
| Remates al arco | 1 |
| Porcentaje de acierto al arco | 50% |
| Efectividad | 50% |
| Goles | 1 |

Estadísticas de Opta

El gol de Nacho Fernández que definió la Copa Argentina 2017

# LO IMPORTANTE NO ES ESTAR, SINO LLEGAR

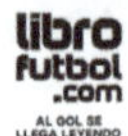

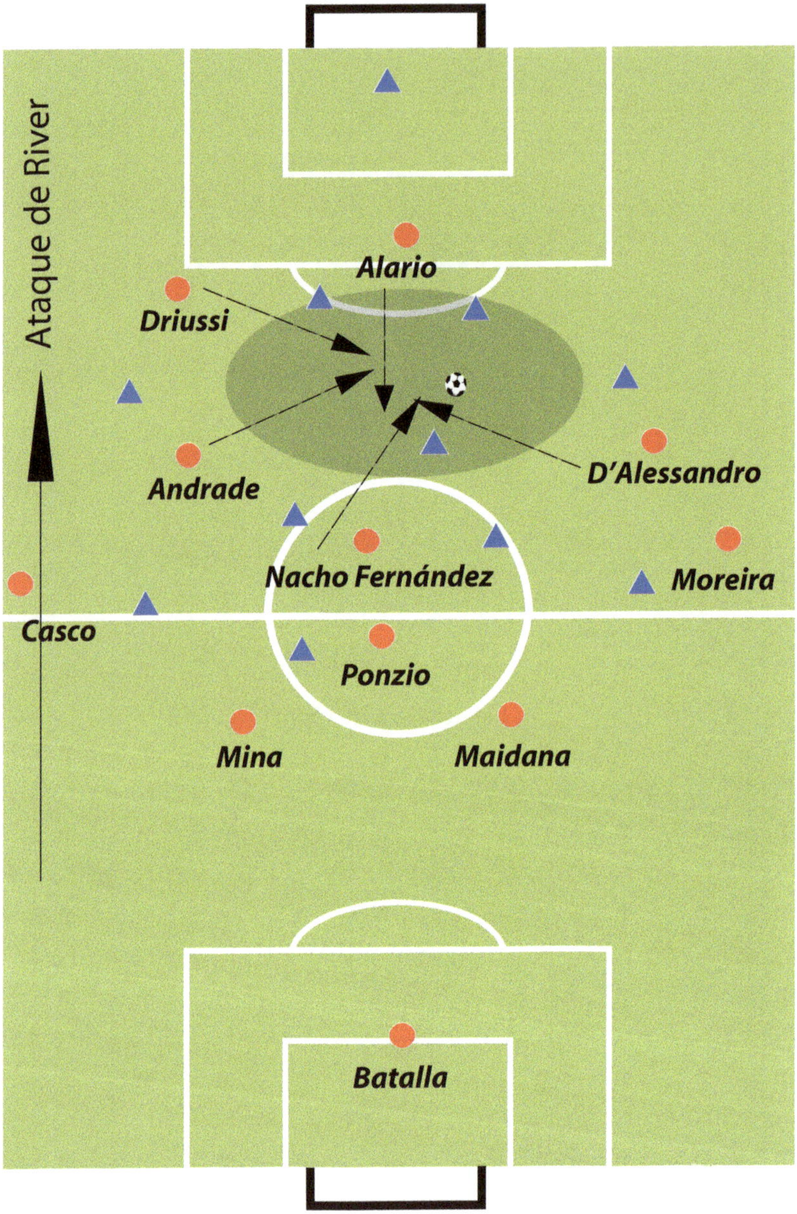
Ataque de River
Alario
Driussi
Andrade
D'Alessandro
Nacho Fernández
Moreira
Casco
Ponzio
Mina
Maidana
Batalla

# CAPÍTULO 18.
# LA COPA LIBERTADORES 2018

## LA COPA DE LOS 7 SISTEMAS TÁCTICOS, EL FACTOR BORRÉ Y LOS ATAQUES INTERIORES

"No creo que algo pueda superar esto". Marcelo Gallardo todavía no caía de lo que había sido la consagración ante Boca en Madrid, pero la frase ya rondaba por su cabeza. Incluso se

permitió aflojarse solamente un poco cuando caminando por el estadio Santiago Bernabéu, dijo: "No puedo más, no puedo más". Pero la final de España será analizada puntualmente en otro capítulo. Fue el epílogo de un recorrido en una Copa Libertadores donde River debió volver a esgrimir esa mentalidad ganadora y sólida que le permitió hacerse fuerte en las competencias internacionales.

Era una Libertadores difícil, donde había equipos como Flamengo, Cruzeiro, Palmeiras, Gremio, Boca, Racing, Independiente...

¿Cuál fue la columna vertebral de River? ¿Cuál fue el equipo en donde más se apoyó? Hay futbolistas que fueron más gravitantes que otros, claro, pero quizás la clave estuvo en que no hubo un equipo que saliera de memoria, pero sí apuestas específicas desde lo táctico y lo estratégico, modificaciones en función de las realidades de cada jugador y las variables que se fueron dando en función de las lesiones y suspensiones. Pero al margen de los contratiempos, Gallardo reconoció: "Fuimos variando durante toda la Copa, por el momento de los futbolistas".

Lo que se desprende de esa frase y del análisis en el recorrido millonario para levantar la Copa de todos los tiempos, es que más que un equipo, River tuvo un sello: ser protagonista juntando a futbolistas de buen pie, marcar el ritmo del juego con y sin la pelota, sostener la presión sobre todo en la zona del mediocampo con intensidad y vulnerar a los rivales con ataques interiores, con esos desequilibrios que podían transformar un pase filtrado en una asistencia para un gol. Pero todos bajo la premisa de que ninguna individualidad iba a ser más importante que el equipo.

Por eso quizás, en apenas 14 partidos, se hayan visto en River siete sistemas tácticos distintos si tomamos como referencia el parado del once en los inicios de cada encuentro. El DT siempre analiza variables de sus propias características, momentos y las potencialidades del rival. Los dibujos que usó fueron: el 4-4-2, el día del debut ante Flamengo; el 4-3-1-2 (vs. Independiente Santa Fe, en el Monumental), el 4-1-3-2 (vs. Emelec, en Ecuador), el 3-4-2-1 (vs. Independiente Santa Fe, en Colombia), el 4-3-3 (vs.

Independiente, en el desquite en Núñez), el 5-3-2 (vs. Boca, en la Bombonera) y el 4-1-4-1 (vs. Boca, en Madrid).

El sistema más utilizado por Gallardo en la Libertadores 2018 fue el 4-1-3-2 (cinco veces). Veamos:

**4-1-3-2 / 5 veces:** vs. Emelec (1-0), en Ecuador; vs. Flamengo (0-0), en el Monumental; vs. Independiente (0-0), en Avellaneda y en los dos partidos vs. Gremio (0-1 y 2-1), en Núñez y Porto Alegre, respectivamente.

**4-3-1-2 / 4 veces:** vs. Independiente Santa Fe (0-0), en el Monumental; vs. Emelec (2-1), en Núñez y los dos partidos vs. Racing (0-0 y 3-0), en Avellaneda y el Monumental, respectivamente.

**4-4-2:** vs. Flamengo (2-2).

**3-4-2-1:** vs. Independiente Santa Fe (1-0), en Colombia.

**4-3-3: vs.** Independiente (3-1), en el Monumental.

**5-3-2:** vs. Boca (2-2), en la Bombonera.

**4-1-4-1:** vs. Boca (3-1), en Madrid.

Y hubo un partido de ajedrez, en donde Gallardo utilizó tres esquemas distintos, en función de lo que le estaba entregando el desarrollo y las modificaciones que otro muy buen entrenador, Ariel Holan, estaba haciendo. Esa serie con Independiente fue extraordinaria desde lo táctico, tanto en la ida en Avellaneda como en la vuelta.

Fue en el Monumental, en la victoria por 3-1, cuando el Muñeco comenzó jugando 4-3-3. Sin el Pity Martínez, se la jugó con tres delanteros: Scocco, Pratto y Borré, ellos por delante de una zona media compuesta por Nacho Fernández, Ponzio y Palacios. Esa noche, el Rojo también comenzó jugando 4-3-3 y luego pasó a los esquemas 5-3-2 (Holan reubicó a Franscico Silva como líbero) y 3-5-2 (cuando Gigliotti reemplazó a Pablo Hernández).

River salió a jugar con presión alta y el punta de lanza para ese factor fue Santos Borré. La consigna fue ir sobre Nicolás Domingo y Francisco Silva (los dos volantes más retrasados del triángulo compuesto además por Pablo Hernández); la premisa era robar y atacar con transiciones rápidas. Gallardo no quería perder tiempo: "¡Juga para adelante!", "busca directo a los puntas", fue la orden del DT a los diez minutos.

River ganaba 1-0 e iba a entrar Bruno Zuculini, pero el empate de Silvio Romero modificó la idea de Gallardo: adentro Juan Fernando Quintero, afuera Pratto. Y 4-3-1-2. En seis minutos el colombiano hizo un golazo con otro ataque vertical e interior, naciendo todo de una presión en un intento de salida de Independiente. Y cuatro minutos después del 2-1, ingresaron Zuculini por Nacho Fernández y De la Cruz por Scocco. Un 4-1-4-1 con la línea de fondo habitual, más Ponzio por delante; De la Cruz, Palacios, Zuculini y Quintero; Borré solo arriba, encargado de hacer un golazo para cerrar el partido.

En la ida, en Avellaneda, Gallardo le había propuesto a Holan también un 4-1-3-2 bien ofensivo, con Ponzio como eje central; Quintero, Palacios y Pity Martínez por delante; y arriba Pratto y Borré. Le generó (solo en el primer tiempo), seis situaciones de gol a Campaña. A los 15 minutos de ese juego, con River amplio dominador, Gallardo volvió a la carga con el mensaje de siempre desde el banco: "Vamos para adelante", haciendo gestos con las manos para que filtren pases y que las entregas hacia atrás o a los costados sean solo por necesidades puntuales.

El primer partido ante Independiente también había sido muy estudiado. Con los cambios, Gallardo terminó jugando 4-4-2, con Mora como volante por la derecha, Ponzio y Palacios en el doble 5 y Mayada como mediocampista por la izquierda; arriba: Scocco y Borré.

## BORRÉ, LA PUNTA DE LANZA

Si bien muchos son sistemas que se desprenden de la propia familia (el 4-3-3 con el 4-1-4-1, también el 4-1-3-2 con el 4-4-2), los dibujos tuvieron sus diferencias, ya sea desde las características de los intérpretes o desde la postura de las líneas en el campo de juego.

Dentro de esas variables (y más allá de la influencia que terminó teniendo Lucas Pratto), fue impresionante cómo se metió en el equipo Rafael Santos Borré. Porque no estaba entre los preferidos del entrenador, incluso en un momento era el cuarto delantero, pero a base de un sacrificio táctico (un esfuerzo siempre vinculado con las necesidades del equipo) y un movimiento ofensivo sin la pelota, con diagonales que eran indescifrables para todos los defensores rivales, se fue ganando su lugar.

Se sabe que incluso las principales referencias de área en River, así como sucedía con Lucas Alario, no solo debían saber desmarcarse y convertir goles, sino que además debían ser los primeros marcadores del equipo, los punta de lanza para la presión sobre los centrales adversarios y quienes debían ser los primeros recuperadores del equipo. Por eso no fue casualidad que, si tomamos como referencia sus últimos seis partidos en la Libertadores 2018, Borré haya cometido 21 de las 109 infracciones que totalizó River. Por eso esa amonestación que lo dejó afuera del desquite ante Boca no solo le significó a Gallardo tener un delantero menos, sino también una característica difícil de reemplazar. Y por eso ante la ausencia del colombiano

terminó dejando de lado el esquema con dos delanteros para jugar en Madrid 4-1-4-1.

Gallardo siempre pretendió un "River avasallante". Así salió a jugar ante Independiente y Racing, así también ante Boca en la Bombonera y en Madrid, aunque en España la falta de precisión le jugó una mala pasada en el primer tiempo. Y frente a Gremio intentó lo mismo, aunque en Núñez no estuvo en una buena noche. Antes de esa primera semifinal ante el conjunto brasileño, las estadísticas también hablaban por sí solas: entre Borré (10) y Pratto (8) habían hecho 18 de las 65 faltas que River había cometido en los cuatro partidos de las llaves coperas ante los equipos de Avellaneda. El plan del DT siempre fue que, más allá de los nombres (incluso el juvenil Julián Álvarez también debió cumplir con ese rol) los delanteros no solo debían ser las principales variables ofensivas, sino colaborar en la recuperación, ser los punta de lanza de la presión alta. Y ser ellos quienes generen ataques directos con movimientos ensayados y perfeccionados a puro entrenamiento. Si hubo algo que demostró River como equipo es conocimiento desde las resoluciones individuales. Así armó pequeñas sociedades que le dieron resultado colectivo, así potenció virtudes de cada uno porque cada delantero se complementó bien con el compañero de turno.

El ímpetu avasallante de los delanteros se notó desde el arranque, marcaron el pulso para atacar y también para mostrar presencia. Ante Racing, como visitante, River tardó un minuto en generar una chance de gol, con un zurdazo de Pity Martínez que Arias mandó al córner. Ante Independiente, como visitante, necesitó un minuto en generar otra chance, con un remate de Montiel que controló Campaña. En el desquite, el propio Borré generó una presión alta a los cinco segundos de iniciado el juego.

# ANTICIPARSE A LA JUGADA DEL OPONENTE

River jugó uno de sus mejores partidos de la Libertadores 2018 ante Racing, en el Monumental. El 3-0 con el que se clasificó a los cuartos de final fue completo desde el funcionamiento colectivo, la intensidad, la inteligencia en la toma de decisiones y la claridad para generar situaciones de riesgo con precisión y velocidad. Fueron varias jugadas en donde se observó esto, una de ellas (particularmente) en la que finalizó en el segundo gol, el de Palacios. Cómo pasa con una transición defensa-ataque en solo 15 segundos. Desde que el mediocampista millonario interfirió el pase de Neri Cardozo, nacido de un tiro libre lateral, hasta que convirtió con zurda, pasaron 15 segundos.

Palacios tuvo intuición y... algo más. En la charla táctica anterior al partido, Gallardo habló de esa jugada preparada que tenía Eduardo Coudet con Racing. En caso de haber un tiro libre lateral, iban a amagar enviar un centro pero la jugada, según el pizarrón del Chacho, se debía lanzar con un pase atrás a la zona del rebote, en la medialuna. Palacios fue a un sector intermedio para generarle la "trampa" a Cardozo y no se dejó influenciar por un segundo ejecutor que corrió como para recibir a espalda suya. Palacios tenía como prioridad defender esa pelota, pero (si además podía) activar el contraataque. El DT de River conocía esa jugada preparada de Coudet que no solo había intentado hacer en partidos anteriores con la Academia, sino que ya aplicaba desde que era entrenador de Rosario Central.

En el video de ese gol, se ve como Palacios relojea a Matías Zaracho (quien aparece ubicado como posible receptor a la altura de la medialuna del área grande) varios segundos antes. También se ve que Palacios comienza a correr a la zona donde intercepta el pase segundos antes de que Neri Cardozo ejecute la falta. Después, fue una acción de contraataque a pura velocidad, que también contó con la fortuna de que la marca desde atrás de Zaracho a Quintero: en la desesperación por el retroceso y por cortar el avance, le terminó generando una asistencia a Palacios.

Otro ejemplo de cómo un detalle puede terminar jugando a favor. En este caso, la ventaja que le sacó Gallardo a Coudet fue porque pensó antes en la jugada que le podía hacer el oponente. Y, al mismo tiempo, buscó no solo la forma de contrarrestarla, sino también una forma de utilizarla a favor. No se dejó sorprender y, al mismo tiempo, terminó él sorprendiendo al técnico rival. Dicen que "no hay mejor defensa que un buen ataque". En este caso, River aplicó a la perfección las dos facetas.

Todo el recorrido llevó a River a Madrid. Cada partido, cada gol, cada detalle. Claro que hubo tensión y nerviosismo, pero Gallardo siempre quiso jugar una final ante Boca: "Cuando decían que nadie quería jugar por el temor a perder que había en los hinchas de un lado y del otro yo decía: *¿cómo nadie pensaba en ganar, en lo que significaba ganar?* Estábamos ante una posibilidad que quedaba marcada eternamente, ¿cómo no íbamos a querer jugarla?".

### 1) 4-4-2 VS. FLAMENGO (2-2), EN BRASIL

Armani

Maidana

Martínez
Quarta

Montiel

Saracchi

Ponzio

Bruno
Zuculini

Enzo
Pérez

De la Cruz

Mora

Pratto

## 2) 4-3-1-2 VS. INDEPENDIENTE SANTA FE (0-0)

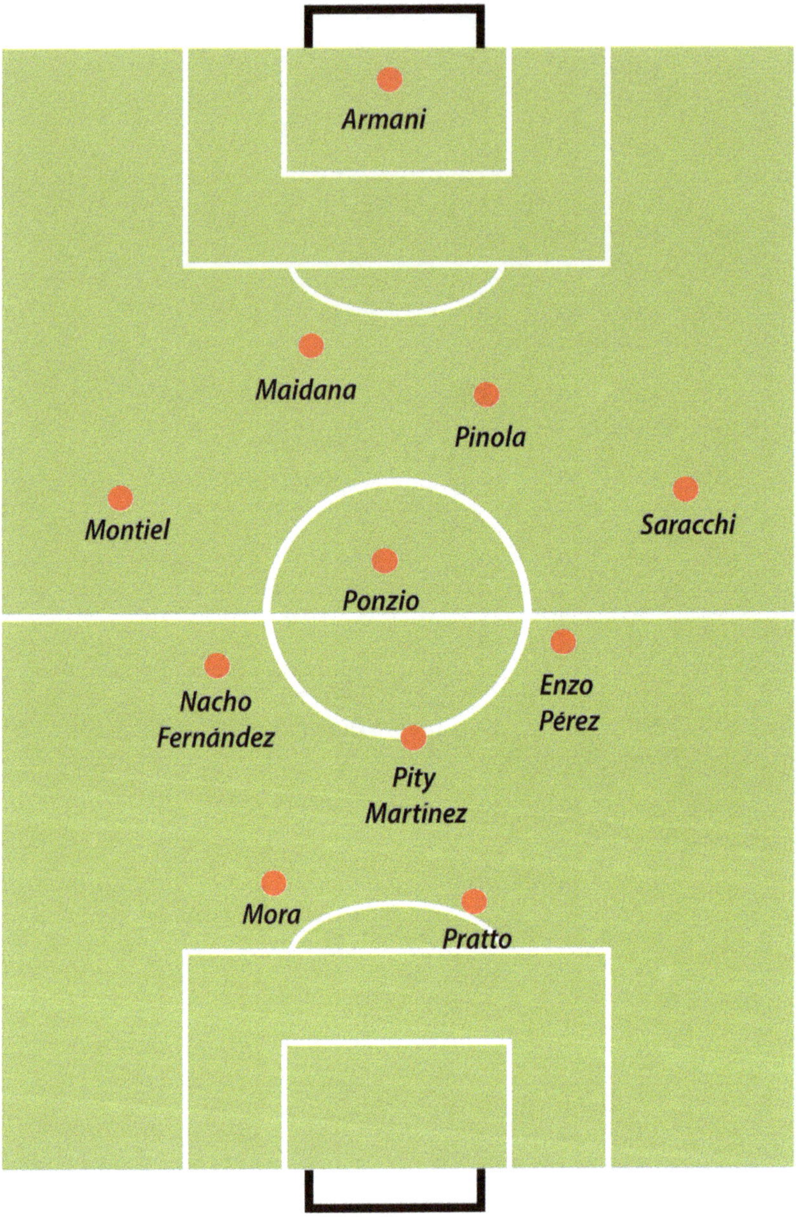

Armani

Maidana

Pinola

Montiel

Saracchi

Ponzio

Nacho Fernández

Enzo Pérez

Pity Martínez

Mora

Pratto

### 3) 4-1-3-2 VS. EMELEC (1-0), EN ECUADOR

Armani

Maidana

Pinola

Montiel

Saracchi

Ponzio

Nacho Fernández

Enzo Pérez

Pity Martínez

Santos Borré

Pratto

## 4) 3-4-2-1 VS. INDEPENDIENTE SANTA FE (1-0), EN COLOMBIA

*Armani*

*Maidana*

*Martínez Quarta*

*Pinola*

*Ponzio*

*Montiel*

*Enzo Pérez*

*Saracchi*

*Quintero*

*Pity Martínez*

*Pratto*

## 5) 4-3-3 VS. INDEPENDIENTE (3-1)

Armani

Maidana

Pinola

Montiel

Casco

Ponzio

Palacios

Nacho Fernández

Santos Borré

Scocco

Pratto

### 6) 5-3-2 VS. BOCA (2-2), EN LA BOMBONERA

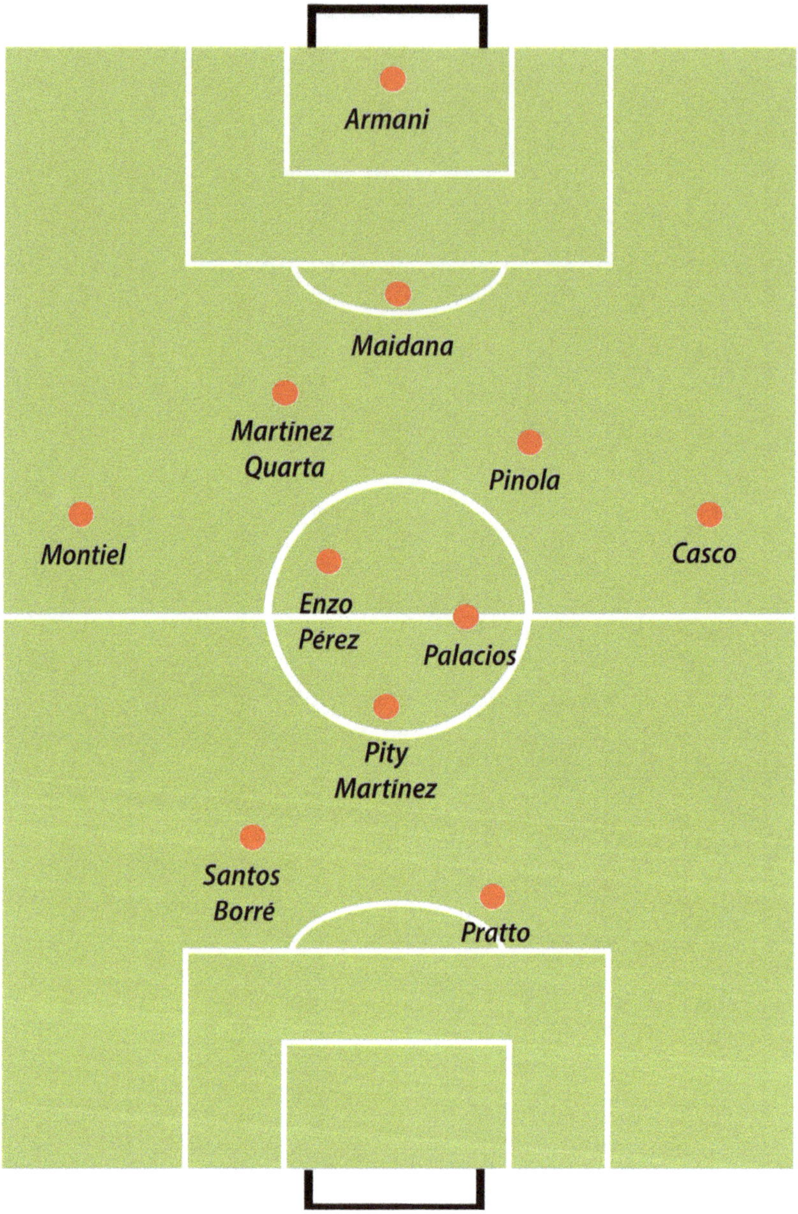

## 7) 4-1-4-1 VS. BOCA (3-1), EN ESPAÑA

# CAPÍTULO 19. LA CHARLA TÁCTICA EN MADRID (LA FINAL DE TODOS LOS TIEMPOS)

Diez minutos. La charla táctica de Marcelo Gallardo en España fue de diez minutos. Sancionado por la Conmebol, la hizo en el hotel Eurostars Madrid Tower, antes de salir hacia el estadio Santiago Bernabéu. Sin pizarrones, apenas algunas imágenes de videos para refrescar conceptos en función de lo practicado en las semanas previas y también con proyecciones de un compacto de jugadas puntuales generadas de los duelos anteriores con Boca, con repeticiones de cómo habían vulnerado al eterno rival en los choques previos por la Copa Libertadores o la Superliga. Todo por computadora y con palabras simples. Dos equipos (dos entrenadores) que se conocían bastante, aunque eso –en el fútbol– no significa necesariamente una ventaja. "Mantener la intensidad e insistir con el estilo nuestro. Si nosotros logramos imponernos desde el juego, no nos van a poder aguantar el ritmo...", fue uno de los mensajes del DT millonario. Una primera forma de empezar a convencer, a partir de su seguridad y de tener en la cabeza el plan a ejecutar.

Desde el esquema táctico, un 4-1-4-1. Sin Rafael Santos Borré (suspendido) y con Ignacio Scocco lesionado, Gallardo dejó de lado el 4-1-3-2 habitual y sumó un mediocampista. Como se observa en el gráfico, con la línea de fondo compuesta por

Montiel, Maidana, Pinola y Casco; Ponzio delante de ellos; otra línea de 4 con Nacho Fernández (arrancando desde la derecha), Enzo Pérez, Palacios y Pity Martínez (abierto sobre la izquierda); y Pratto como la referencia más adelantada.

En la charla, Gallardo habló sobre la postura que iba a tomar Boca. "Se van a replegar, van a tratar de salir rápido de contra, van a esperar que nosotros dejemos espacios. Tenemos que mantener la concentración en ese sentido. Nuestro juego no debe cambiar, no debemos condicionar nuestro estilo ni funcionamiento ni búsqueda. No vamos a resignar protagonismo, pero sí aumentar la concentración". Los centrales Maidana y Pinola están acostumbrados a jugar mano a mano atrás, aunque siempre reciben el auxilio de Ponzio. Y pese a que estaba todo ensayado y analizado, así vino el gol de Benedetto sobre el final del primer tiempo, con ese pase largo filtrado de Nández entre Pinola y Maidana para la corrida y definición del centrodelantero xeneize.

"La concentración defensiva y la intensidad para marcar no solo hay que tenerla en un plus porque es una final y porque el rival es Boca, sino porque ellos también tienen jugadores de calidad y son capaces de convertir un gol sin generar demasiado. Es así. Boca puede hacer un gol sin haber hecho méritos previamente para convertir".

El mensaje del entrenador seguía en esa dirección, al mismo tiempo que le pedía a los defensores y mediocampistas de corte más defensivo no solo concentración, sino también "eficacia en los anticipos y coberturas". Gonzalo Montiel debía seguir de cerca de Cristian Pavón, Maidana y Pinola (uno encimando y el otro sobrando) sobre Darío Benedetto y Milton Casco en su duelo con el colombiano Sebastián Villa), por más que los wines podrían luego enrocar posiciones. Todos saliendo como flechas para tratar de anticiparlos cuando estaban por recibir de espaldas (preferentemente, a la altura de la mitad de la cancha). En el análisis estuvo sobre la mesa que el campo de juego corto y rápido del Bernabéu, el pique veloz de la pelota, podía beneficiar a Boca, a sus transiciones de defensa-ataque. Boca no contaba con muchas chances, pero con generar una o dos, te convertía. El gol de Benedetto fue en la tercera aproximación al arco de Armani, las dos anteriores habían sido de pelota parada.

Justo la pelota parada, otro de los ítems en donde Gallardo hizo hincapié en la semana y en la charla, aunque sin necesidad de practicarlo o mencionarlo más de la cuenta. No sea cosa que tanta insistencia genere un afecto adverso, potencie la inseguridad. Porque no solo se trataba de un ítem en donde River ofrecía grietas, sino que también Boca había ganado en eficacia por esa vía en los últimos seis meses desde las ejecuciones de Cardona, Zárate y hasta el propio Villa.

Tomando en cuenta los últimos siete partidos (las series ante Racing, Independiente y Gremio, más la ida ante Boca en la Bombonera), River había tenido que defender 83 pelotas paradas, de las cuales se había impuesto en el juego aéreo en 50 de ellas; perdió en 27 y 6 balones pasaron de largo, sin vencedores ni vencidos. Pero había recibido tres goles y también pasó sofocones en varias acciones que no finalizaron en gol, pero que estuvieron cerca de serlo.

En la charla se dejó en claro que más allá de no estar Santos Borré (uno de los libres: no tenía marcas, pero debía atacar la pelota), no se iba a modificar la forma en que River estuvo defendiendo los córners.

Gallardo mantuvo la fórmula de los dos libres al balón (Pratto y Ponzio), un jugador tomando el primer palo (Nacho Fernández), cinco marcas individuales (Montiel, Maidana, Pinola, Casco y Enzo Pérez) y dos rebotes (Pity Martínez y Palacios). Ninguno específicamente más adelantado, lanzado para esperar la contra. ¿Por qué? River podría generar un contragolpe peligroso de una pelota parada en contra desde la velocidad (una de las características) de sus futbolistas puestos en la zona de la medialuna. (Así pasó con el 3-1 a Boca, así había sucedido antes con el 2-0 a Racing, en el Monumental). En la concentración defensiva, con la particularidad de que Ponzio, uno de los libres, estaba siempre atento a ser la primera marca de relevo ante un compañero que hubiera sido "cortinado" por otro jugador de Boca. Y en los tiros libres frontales, tomando nota de que Franco Armani no es de salir a "atacar" esos balones, mantuvo a la línea defensiva metida, casi a la altura del área chica.

No hubo diferencias en la forma de marcar. Si se toma como referencia la estrategia ejecutada ante Gremio, en el

Monumental (gol de cabeza de Michel tras un córner cerrado de Alisson), se verá que River defendió con dos libres (Borré y Scocco –después Pratto–), uno más tomando el primer palo (Casco), cinco marcas individuales (Maidana, Pinola, Montiel, Ponzio y Palacios), y dos futbolistas para defender el rebote y salir rápido de contraataque (Pity Martínez y Quintero).

¿Y si Boca salía a jugar con otro sistema? ¿Si de arranque aparecía con un doble 9 con Wanchope Ábila y Benedetto? ¿Gallardo hubiera cambiado su esquema? Hasta último momento se especuló con la posibilidad, ya que el Mellizo –para la revancha– intentó despistar con varias alternativas de nombres y dibujos tácticos, entre ellos el 4-4-2. Pero Gallardo fue claro: "se mantiene el plan", en todo caso se suma Ponzio como líbero por delante para generar un 3 vs. 2 con Maidana y Pinola. Nada de pensar en incluir a otro central (Martínez Quarta) o de repetir el 5-3-2 de la ida en la Bombonera. Eso había sido algo específico por ese primer duelo, con tarjetas amarillas que podrían haber condicionado suspensiones en futbolistas de experiencia para el desquite.

A la hora de atacar, la consigna principal era buscar ganarle la espalda a Wilmar Barrios, generar superioridad numérica por los tres carriles interiores, a partir del volante adicional que se sumaba en River frente a un Pratto que debía recibir más compañía llegando desde atrás, "atacando el espacio" y con los pivoteos que debía generar el propio Pratto. Era esa variable antes que pensar en un compañero que termine haciendo diagonales a la par suya.

Esto lo intentó River en el primer tiempo (como se puede ver con pases filtrados de Ponzio o Enzo Pérez para Palacios o Nacho Fernández), aunque sus jugadores no estuvieron precisos y Boca –además– tuvo las líneas más juntas que en partidos anteriores, la simetría defensiva del equipo de Barros Schelotto estuvo más sincronizada.

Otro de los pedidos de Gallardo en la charla previa al partido fue la de sumar eficacia en las situaciones generadas, ir con mayor determinación "al gol", tomar cada avance como si fuese el último. Esto lo hizo porque si bien River siempre fue peligroso a la hora de atacar, muchas veces se quedaba en el juego vistoso pero sin concretar la mayoría de las ocasiones generadas.

Y para las pelotas paradas a favor, más allá de las jugadas preparadas, los roles estaban claros también: un ejecutor (Pity Martínez), cinco posibles cabeceadores (Maidana, Pinola, Palacios, Montiel y Pratto), dos rebotes en la zona de la medialuna del área grande (Enzo Pérez y Nacho Fernández) y dos que se quedaban marcando en ataque (Ponzio y Casco), a la altura del círculo central si Boca dejaba a futbolistas adelantados, más cerca del área de Andrada si el oponente no dejaba a nadie para fijarlos.

Desde lo táctico, River terminó imponiéndose desde la posesión del balón a lo largo de los 120 minutos (un total de 67% vs. 33%, según datos de Opta). El único momento favorable para el equipo del Mellizo fue en el primer tiempo, donde convirtió el gol. Pero después, la mayor parte del encuentro se jugó como quería River, con la superioridad numérica de sus volantes y los desequilibrios en los tres carriles interiores. Montiel y Casco subían y abrían el campo, pero no debían ser ellos los encargados del último pase (salvo algún centro esporádico para un cabezazo de Pratto), sino que debían ser los receptores de Ponzio, Nacho Fernández, Pity Martínez o Palacios a la altura de la posesión de cada ataque para "descomprimir" esa zona media y que esas entregas hacia ellos no hagan otra cosa que "liberar marcas en el centro".

Siempre la clave estuvo en el centro, incluso cuando la pelota iba hacia una banda. Siempre buscó romper líneas con pases filtrados a los costados de Barrios y a las espaldas de Gago y Jara (cuando ingresaron como doble 5 dentro del sistema 4-4-1 xeneize), pero recién cuando entró Quintero (a los 13 minutos del segundo tiempo) River encontró mayor precisión en esa zona. Matías Biscay, el primer colaborador del Muñeco en el cuerpo técnico, leyó que le estaba sobrando un mediocampista de marca ante un equipo de Boca que esperaba con su línea defensiva demasiado retrasada y que River necesitaba alguien más capaz de vulnerar ese cerrojo con un pase. Quintero hace el golazo en el alargue, pero en el segundo tiempo de los 90 minutos la pared interna que "rompe líneas" con velocidad y precisión fue la que generaron Nacho Fernández con Palacios, una gran maniobra con velocidad y precisión antes del muy buen gol de Pratto.

"Si nosotros mantenemos la intensidad en la mayor parte del partido, no nos van a poder aguantar el ritmo, no lo van a poder aguantar...". Y así fue. River terminó ganando 3-1 en el alargue, haciendo las dos últimas anotaciones en el segundo tiempo de la prórroga. Con un futbolista más, es cierto, por la expulsión de Wilmar Barrios tras una falta sobre Palacios, pero con el ímpetu, el empuje, la dirección y el convencimiento que había pedido de Gallardo.

Andrada

Izquierdoz Magallán

***Pratto***

Buffarini Olaza

***Pity Martinez***

Barrios

***Nacho Fernández***

***Palacios*** ***Enzo Pérez***

Pablo Pérez

Nández Pavón

Villa

***Ponzio*** ***Montiel***

***Casco***

Benedetto

***Pinola*** ***Maidana***

***Armani***

## CUANDO EL PLANTEO NO TUVO EFICACIA EN LOS PASES NI MOVILIDAD EN LOS RECEPTORES

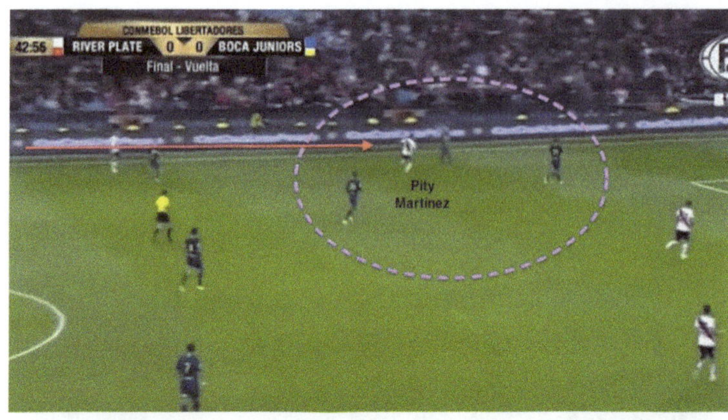

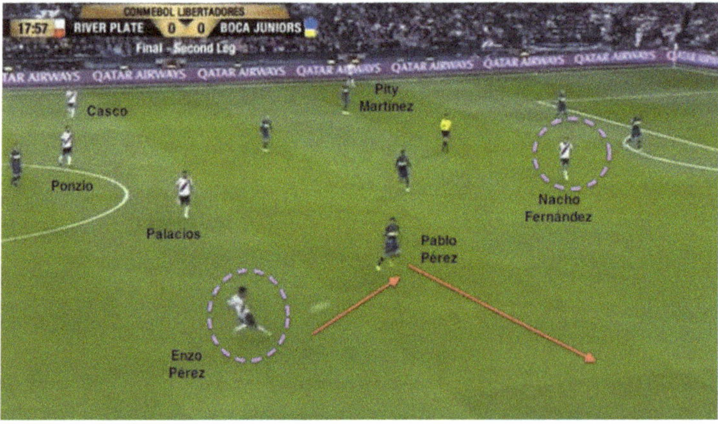

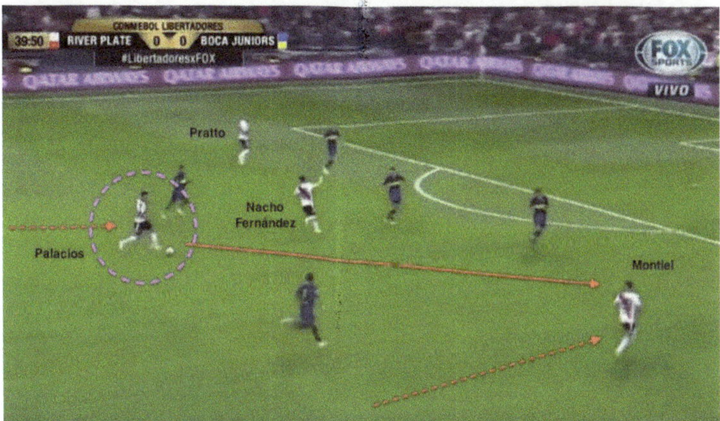


La excepción: un contraataque comandado por Palacios.

## CUANDO LOS PASES FILTRADOS ROMPIERON LÍNEAS.

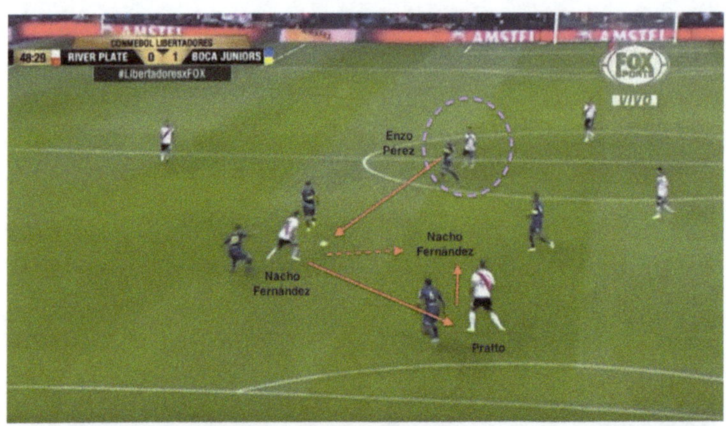


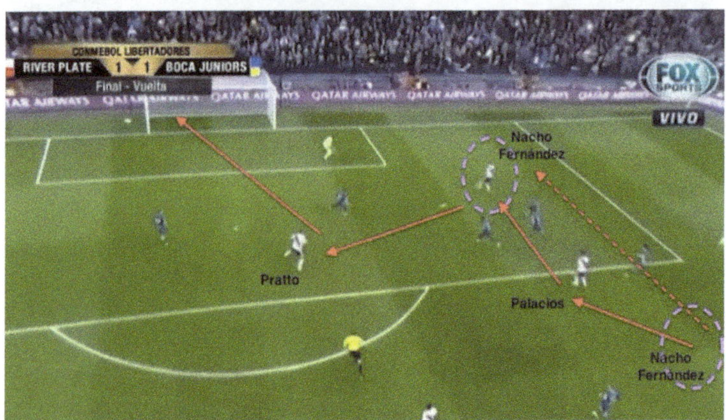


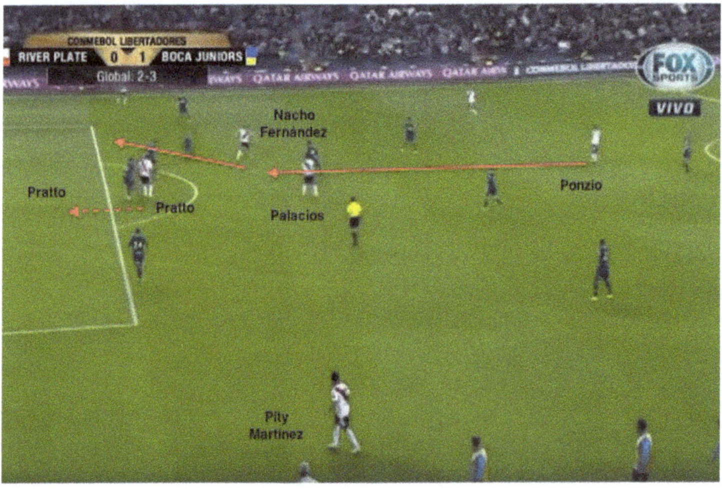

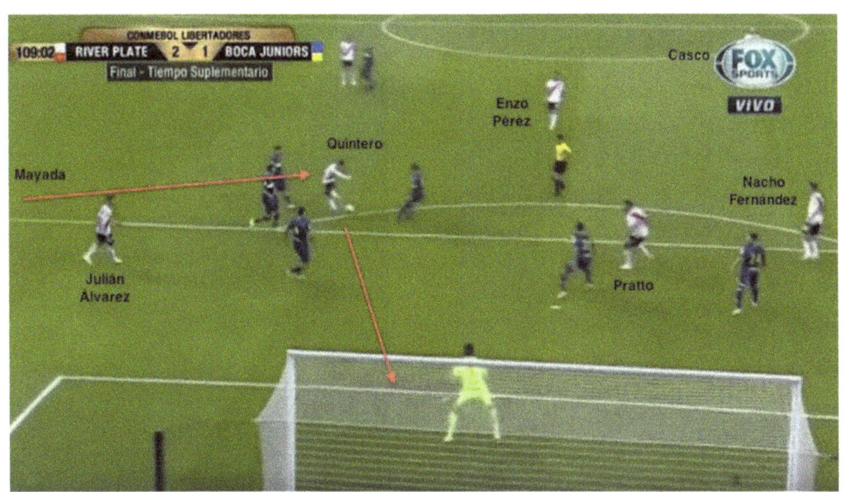


## LAS ESTADÍSTICAS DE LA FINAL

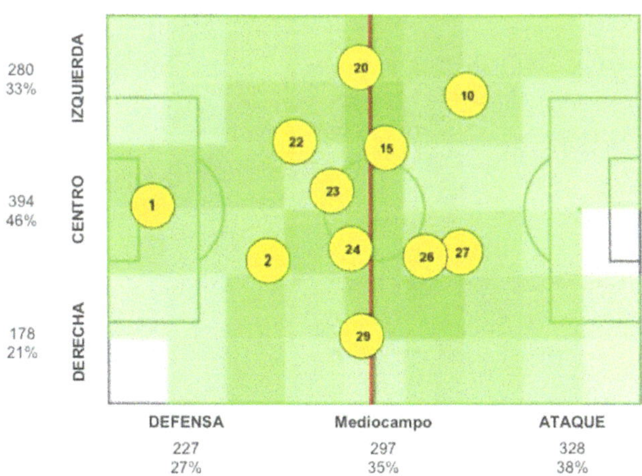


Fuente: Opta

## Matriz de pases - River Plate

| # | | Armani | Maidana | Casco | Pinola | Montiel | Martínez | Palacios | Ponzio | Pérez | Fernández | Pratto | Zuculini | Quintero | Álvarez | Mayada | Total |
|---|---|---|---|---|---|---|---|---|---|---|---|---|---|---|---|---|---|
| 1 | Armani | | 3 | 1 | 5 | 3 | 1 | 2 | 3 | 2 | 1 | 3 | | | | | 24 |
| 2 | Maidana | 2 | | 1 | 14 | | 1 | 1 | 2 | 14 | 5 | 1 | | 2 | | | 43 |
| 20 | Casco | | 1 | | 16 | | 16 | 5 | 3 | 3 | 2 | | | 2 | 1 | | 49 |
| 22 | Pinola | 2 | 5 | 13 | | 1 | 3 | 10 | 11 | 20 | 2 | 1 | 1 | 6 | | | 75 |
| 29 | Montiel | 1 | | | | | 1 | 1 | 3 | 6 | 4 | | | 6 | | | 22 |
| 10 | Martínez | | 1 | 6 | 1 | 1 | | 7 | | 1 | 7 | | 2 | 2 | 1 | | 29 |
| 15 | Palacios | | 3 | 7 | 5 | 3 | 5 | | 5 | 10 | 6 | 1 | | 2 | | | 47 |
| 23 | Ponzio | 1 | 2 | 5 | 4 | 1 | 5 | 5 | | 9 | 2 | 2 | | | | | 36 |
| 24 | Pérez | 1 | 13 | 6 | 14 | 7 | 8 | 8 | 3 | | 15 | 2 | 1 | 14 | 1 | 2 | 95 |
| 26 | Fernández | 1 | 2 | 3 | 2 | 4 | 4 | 5 | 3 | 8 | | 4 | | 7 | | 2 | 45 |
| 27 | Pratto | | | | | 2 | 1 | 1 | | 2 | 3 | | | 3 | 2 | | 14 |
| 5 | Zuculini | | | 1 | 1 | | | | | | | 2 | | 1 | | | 5 |
| 8 | Quintero | 1 | 2 | 3 | | 2 | 4 | 1 | | 7 | 9 | 4 | | | 3 | 11 | 47 |
| 9 | Álvarez | | | | | | 1 | | | 1 | 1 | 1 | | 1 | | 2 | 7 |
| 18 | Mayada | | | | | | | | | 1 | 2 | | | 11 | | | 14 |
| | | 9 | 32 | 46 | 62 | 24 | 50 | 46 | 33 | 84 | 59 | 21 | 4 | 57 | 8 | 17 | |

# Eventos clave - River Plate

Faltas cometidas [23]

| # | Jugador | Tot |
|---|---|---|
| 10 | Martínez | 4 |
| 27 | Pratto | 4 |
| 26 | Fernández | 3 |
| 22 | Pinola | 3 |
| 20 | Casco | 3 |
| 15 | Palacios | 2 |
| 2 | Maidana | 1 |
| 9 | Álvarez | 1 |
| 23 | Ponzio | 1 |
| 24 | Pérez | 1 |

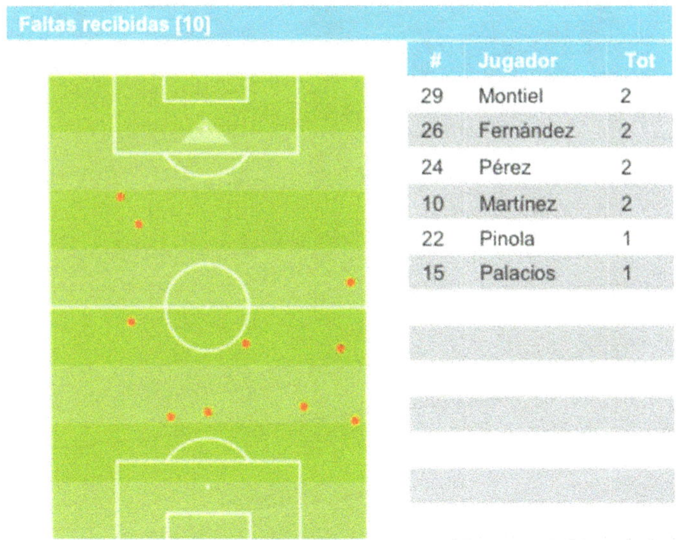

Faltas recibidas [10]

| # | Jugador | Tot |
|---|---|---|
| 29 | Montiel | 2 |
| 26 | Fernández | 2 |
| 24 | Pérez | 2 |
| 10 | Martínez | 2 |
| 22 | Pinola | 1 |
| 15 | Palacios | 1 |

Fuente: Opta

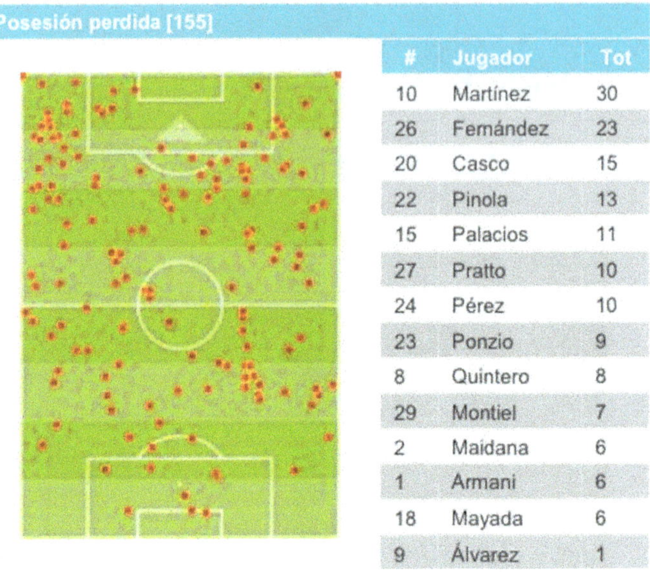

Posesión perdida [155]

| # | Jugador | Tot |
|---|---|---|
| 10 | Martínez | 30 |
| 26 | Fernández | 23 |
| 20 | Casco | 15 |
| 22 | Pinola | 13 |
| 15 | Palacios | 11 |
| 27 | Pratto | 10 |
| 24 | Pérez | 10 |
| 23 | Ponzio | 9 |
| 8 | Quintero | 8 |
| 29 | Montiel | 7 |
| 2 | Maidana | 6 |
| 1 | Armani | 6 |
| 18 | Mayada | 6 |
| 9 | Álvarez | 1 |

Recuperaciones [64]

| # | Jugador | Tot |
|---|---|---|
| 1 | Armani | 13 |
| 20 | Casco | 9 |
| 22 | Pinola | 8 |
| 15 | Palacios | 6 |
| 10 | Martínez | 5 |
| 24 | Pérez | 4 |
| 26 | Fernández | 4 |
| 2 | Maidana | 4 |
| 8 | Quintero | 4 |
| 29 | Montiel | 3 |
| 23 | Ponzio | 3 |
| 18 | Mayada | 1 |

Fuente: Opta

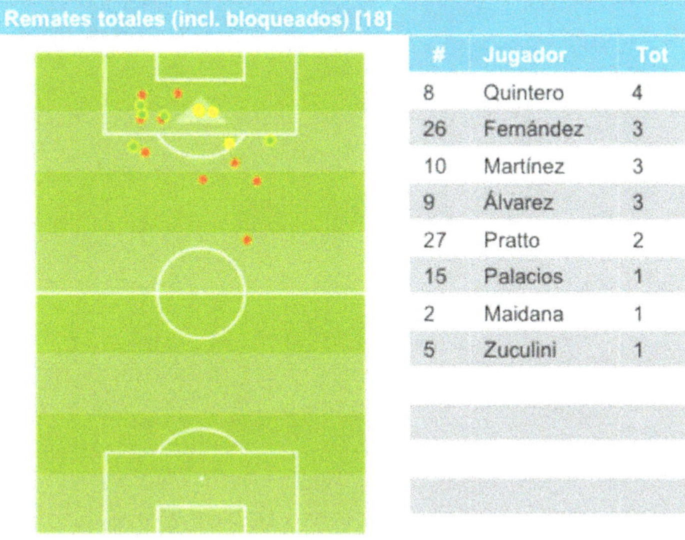

Remates totales (incl. bloqueados) [18]

| # | Jugador | Tot |
|---|---|---|
| 8 | Quintero | 4 |
| 26 | Fernández | 3 |
| 10 | Martínez | 3 |
| 9 | Álvarez | 3 |
| 27 | Pratto | 2 |
| 15 | Palacios | 1 |
| 2 | Maidana | 1 |
| 5 | Zuculini | 1 |

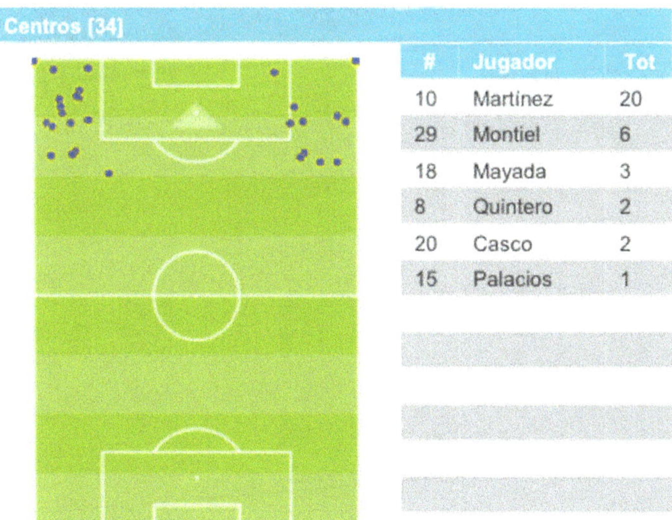

Centros [34]

| # | Jugador | Tot |
|---|---|---|
| 10 | Martínez | 20 |
| 29 | Montiel | 6 |
| 18 | Mayada | 3 |
| 8 | Quintero | 2 |
| 20 | Casco | 2 |
| 15 | Palacios | 1 |

Fuente: Opta

# CAPÍTULO 20. LIBROS DE GUERRA, LA NBA Y LA ADMIRACIÓN POR NADAL

Camina por un Monumental vacío. El día está nublado. "¿Cómo me gustaría que se recuerde mi River?". Sonríe. La respuesta no sale enseguida. Alcanza con tener una charla con Marcelo Gallardo para confirmar que es un entrenador con ideas claras, pero principalmente, con el convencimiento para llevarlas adelante. Quizás allí surja el primer *feeling* con los jugadores. Sabe lo que quiere y cómo conseguirlo. Todavía no tuvo oportunidad de hablar con José Mourinho o Josep Guardiola, dos referentes mundiales. Dice que le gustaría tomar un café con ellos, por sus logros y por todo lo que han marcado en esta

década futbolística. Pero mira a todos sus colegas, dice que no para de aprender. Admira a Arsène Wenger, técnico de Arsenal de Inglaterra, porque a pesar de que hace muchos años que está en el arco insiste con su idea más allá de si gana o pierde un partido.

Pero para analizar a Gallardo como entrenador hay que ir más allá de la pelota de fútbol: "Leo libros de guerra, me gusta analizar, ver un poquito de todo en lo que tiene que ver con tácticas y estrategias, con formas de pensar. También tomar cosas de otros deportes. Me gusta la NBA, aunque no digo que saque cosas puntualmente de eso. Me gusta el tenis, que no tiene nada que ver con el fútbol, pero ¿viste? Lo hago por una cuestión mental. Hay personajes que te pueden aportar algo ya desde lo mental. Un Rafa Nadal por ejemplo, que ya te ganaba con una filosofía mental que él tenía para sí y te lo expresaba cada vez que salía a jugar. En algún momento parecía que le tenías que pegar un tiro para ganarle. Nadal llevaba a un nivel de frustración a sus rivales…, esas son las cosas que vos intentás sacar, no solo de los deportes en conjunto, las tácticas o estrategias, sino las personalidades, la parte mental. Y yo, como creo mucho en lo mental… Creo que el futbolista debe estar capacitado para resolver situaciones límites o extremas, además tiene que resolver todo el tiempo en porcentaje de segundos, en tramos que son muy pero muy pequeños. Y tenés que resolver bien. Y encima se juega con los pies. Entonces… es mucho más complejo todo. En el básquetbol, que también me encanta, las situaciones las resolvés con las manos. Mano y cabeza. Pero en el fútbol, pies y cabeza ya es mucho más complejo. Tenés que tener la ductilidad con los pies y que la cabeza además piense en la misma dirección", explica el Muñeco.

Teniendo eso en cuenta, está claro que uno de los ítems que tiene en cuenta Gallardo a la hora de incorporar un jugador es su mentalidad. ¿Cuántos filtros debe pasar un refuerzo para ser elegido? "No, no son muchos los filtros que pasa. Tengo un montón de defectos, pero si hay algo que tengo de virtud es que soy muy intuitivo. La intuición me lleva a poder sentarme con vos, hablar y muchas veces sacar cosas que no sé si las voy a sacar en otro nivel o contexto. Viéndote jugar veinte partidos hay igual cosas que no voy a saber hasta no estar sentado con vos y teniendo una conversación. No son muchos filtros más allá de que hacemos un análisis de cada futbolista que nos interesa incorporar. Hay un seguimiento profesional, qué buscamos, qué necesitamos, cuáles son las variantes que nos puede dar, recorrer un poco su círculo más íntimo, ver de dónde viene, analizamos un montón de cosas que luego nos sirven para achicar los márgenes de error porque después la verdad está en el campo de juego. Vos podés traer a un modelo perfecto y es lo que vos querés, pero después hay que venir acá y ponerse la camiseta de River y jugar ante 60.000 personas. Y ahí ya no sé cómo vas a responder. Uno con todo esto lo que trata es achicar los márgenes de error con un seguimiento y análisis previo, pero después me dejo llevar mucho por la intuición".

## EL MEJOR EQUIPO DE LOS ÚLTIMOS 30 AÑOS

En total, son casi veinte personas las que trabajan para Gallardo, aunque los más conocidos y cercanos de su cuerpo técnico sean Matías Biscay y Hernán Buján. Cuando River juega como local, Buján se ubica en la platea San Martín para tener una visión más elevada de la que ofrece el banco de suplentes, un panorama distinto. Él va recibiendo, además, en tiempo real toda información en su iPad. Tiene desplegado el campo de juego dividido en 12 rectángulos y puede ver el rendimiento de los jugadores en pequeñas películas en cada uno de esos sectores. Por handy, se comunica con Biscay, que está en el banco junto con Gallardo. Ahí le marca errores. En el entretiempo, se juntan con las computadoras y los iPads en el vestuario y pueden corregir cuestiones tácticas de un futbolista específico, mostrándole en video lo que acaba de suceder. También se filman entrenamientos. Gallardo puede estar con su Tablet durante las prácticas y le gusta compartir esa información y las imágenes con su plantel. "A los jugadores tratamos de darle la mayor cantidad de herramientas para minimizar errores. Les entregamos materiales de los rivales, de los partidos que jugaron y todo lo que sirva para mejorar", cuenta el técnico.

Gallardo reconoce que mira mucho fútbol, tanto del torneo argentino como de las ligas del exterior. ¿Sos de tomar módulos de equipos europeos? Por ejemplo: la presión de Bayern Munich, la posesión de Barcelona. "El copiar y pegar es muy difícil de lograrlo (comenta el DT de River). Si bien uno mira y copia y trata de ponerle una idea adaptada a lo que cree que está bueno copiar, el copiar y pegar es muy complicado porque te puede frustrar muy rápidamente. A todos los entrenadores del mundo nos gustaría jugar como el Barcelona de Guardiola, pero intentar copiarlo es complejo. La materia prima es fundamental para jugar como jugó el mejor equipo de los últimos 30 años, desde que tengo uso de razón, pero siempre estamos en la búsqueda. Porque hoy lo que tenemos los entrenadores a disposición son herramientas, como decía antes. Y esas herramientas no hacen en forma directa que puedas ser mejor, sí que estés más capacitado para afrontar los desafíos. Y siempre se encuentra algo que llama la atención, siempre estamos atentos con mi grupo de trabajo; vemos algunas cosas que nos gustan y las comentamos, la observamos, la analizamos".

## "LA P... M... ¿CONTRA ESTE EQUIPO NOS TOCA JUGAR?"

"Hay un montón de cosas que me llaman la atención. Chile en 2015/16 por ejemplo: A mí me tocó enfrentarlo a Jorge Sampaoli con Nacional de Uruguay, en la primera etapa, en la Copa Sudamericana que él ganó con la Universidad de Chile. Nosotros habíamos jugado dos partidos con Nacional por el torneo uruguayo. Pero el torneo chileno arranca antes, entonces ellos ya habían jugado siete partidos del torneo local y dos más de la instancia anterior de Copa Sudamericana. Yo me vi los nueve partidos de la Universidad de Chile y dije 'la p… m…. ¿Contra este equipo nos toca jugar?'. La gente piensa: vos estás en un equipo grande, Nacional, que desde la historia era superior a la U, entonces nosotros estábamos recién arrancando con el tercer partido y ellos con mayor rodaje además. Yo volvía a repetir: ¿Contra este equipo nos toca jugar? Claro, hasta ahí nadie

sabía quién era Sampaoli, menos cómo jugaba la Universidad de Chile. Pero ya desde ahí me había llamado la atención. ¿A qué iba esto? Cuando nosotros lo enfrentamos a Sampaoli en aquél torneo, la U. de Chile era un equipo insoportable para cualquiera. No lo podías atacar porque todo el tiempo te tenía sometido a su presión e intensidad de juego. Hoy Chile no. Hoy a la selección de Chile la podés atacar porque ataca de una manera, pero defiende de otra. Hoy Chile da ventajas al defender, entonces es más peligroso cuando ataca que cuando defiende. Y antes te sometía permanentemente al error, y te seguía el ritmo. Hoy no lo puede mantener quizás por diferentes motivos, por ahí porque no puede tener a todos los jugadores, porque los entrenamientos con una selección es distinto. Esto tiene que ver con eso, de que hay cosas que nos llaman la atención y las analizamos.

"El Borussia Dortmund. Después de la etapa de Jürgen Klopp parecía que… Y ahora se reconstruyó y aparece con un modelo de juego renovado. Hasta que te agarra el Bayern Munich, te hace cinco goles y decís 'hasta acá llegué'. Que en Alemania el Bayern haya sacado en la mitad del torneo diez puntos de diferencia… Son esos estímulos que cuando estás en Europa te preguntás ¿por qué jugamos? ¿Por el segundo lugar? ¿Qué sentido tiene jugar por el segundo lugar? Igual que en España, por el tercer lugar.

"Dame el campeonato argentino, en donde todo es mucho más difícil. Y dámelo así como está. Complicado, complejo de sostener una estructura, tener que mantener un cierto nivel, la exigencia de los clubes, todo hace que nosotros como entrenadores tenemos que estar a un límite continuo. Y cuando te vas a otro lado te das cuenta que las culturas son distintas. Acá estamos sometidos todo el tiempo".

Entiende que uno de los desafíos para los entrenadores argentinos sean reconstruir equipos constantemente: "Es un desafío, es un estímulo. A ver…, el ideal no existe muchas veces. Se podría establecer con unas normas en donde decís a lo largo de tantos meses me voy a sostener en esto. Pero el análisis es mucho más llano. Porque decís me voy a sostener en esto y después se te van tres jugadores, llegan dos. Esa realidad es un círculo vicioso permanente. Y en ese círculo tenés que estar bajando una línea que los que ya están establecidos puedan

seguir sosteniendo la idea y los que llegan puedan adaptarse lo más rápido posible. A veces no es fácil porque después está la competencia. Y en la competencia tenés que salir a jugar y tenés que ganar. Porque después te respaldás en cuanto a los resultados. O sea, los resultados son los que te van respaldando las formas. Sin los resultados es mucho más frustrante porque decís 'estamos haciendo las cosas bien, pero los resultados no acompañan'. ¿Y cuántos entrenadores en el mundo...? Acá hubo técnicos que tuvieron buenas intenciones, pero los resultados no los acompañaron y se tuvieron que ir antes que los frutos se pudieran ver. Esto es así: los resultados terminan respaldando una forma.

"Por eso fue clave arrancar ganando en River en el primer semestre. Ganar es el respaldo a lo que uno quiere seguir elaborando. Te vas proyectando y vas viendo y es estimulante poder seguir trabajando cuando los resultados se te dan. Cuando no ganás te vas frustrando porque sos mucho más cuestionado cuando no ganás. Porque son muy pocos los que cuestionan las formas. Se cuestionan los resultados. Suele haber una cierta brisa de aire cuando vos hacés las cosas bien y no ganás y aparece alguien que dice: 'Bueno, pero jugando así tal equipo va a tener más chances de ganar que de perder, va a resultar más fácil que pueda llegar a la victoria'. Pero es una brisa, apenas una brisa. Porque dicen: 'River volvió a perder'. O 'este equipo volvió a perder'. Y no se profundiza el análisis, sólo el resultado. Pero bueno, tengo claro que hay que convivir con eso".

## UN EQUIPO INSOPORTABLE

Gallardo habla de la confianza que dan los resultados, del plus que genera ganar un título para fortalecer los mensajes. El entrenador explica cómo nació su River, cuál fue el mensaje que le dio al plantel no bien asumió: "El desafío incluía a ciertos jugadores que venían de vivir un proceso amargo y otros que venían con ese dulce de poder haber ganado un título después de todo lo que se vivió anteriormente. El tema fue bajarles un

mensaje fuerte y sólido y que se laburara a full. Porque, en definitiva y uno que ha sido futbolista lo sabe, el jugador siempre está midiendo el aceite. Siempre. Vos podés venir con el mejor discurso, pero si después ahí adentro no lo respaldás con trabajo, es muy posible que sea una cosa superficial. Pero nosotros... el punto de partida fue haber ganado un partido jugando de la manera que nosotros queríamos. A partir de ahí el jugador dice: Jugamos a lo que nosotros queremos y ganamos. Esa es la sensación más linda que te puede pasar. Uno como entrenador, que se vean algunas cosas, aunque sean esporádicas, ya te reconforta. Pero que se vean también en forma sostenida en el tiempo, las cosas que vos trabajás y que los jugadores la pueden llevar a cabo, eso ya es formidable. Cuando sale en el conjunto de un partido donde casi en su totalidad lo llevás a cabo, a partir de ahí los jugadores lo toman como propio. Pasó en un partido contra Rosario Central. Previo a ese choque nosotros habíamos jugado dos encuentros oficiales, uno con Ferro, por Copa Argentina, que empatamos 0-0 y después nos clasificamos por penales; y contra Gimnasia, con la problemática, me acuerdo, de que tuvimos que jugar de arranque con Boyé y Driussi en el ataque. Se nos había ido Lanzini en esos días previos. Entonces, claro, estábamos abocados al rearmado. Pero el rendimiento y el resultado fue contra Rosario Central, en el Monumental, en el 2-0. Y después siguió durante diez partidos seguidos. Pero porque creían en la idea, en el mensaje".

Toda época positiva debe prepararse para una merma en el rendimiento: "Después uno va tomando sus recaudos. Yo decía en un momento que a River lo analizaban hasta en un programa de cocina. Se hablaba tanto que vos te ponías a ver cualquier programa de televisión y aparecía '¿Cómo juega River?' Y hoy los entrenadores estamos todos en la misma, buscamos información, nos sometemos a esa búsqueda de ver cómo estamos generando y cómo tratamos de opacar el rendimiento del rival. Y, en serio, aparecíamos en todos lados, analizaban que ataca por acá, hace esto por allá, nace las jugadas desde tal o cual. Y nosotros no teníamos los mejores futbolistas del planeta... Porque Barcelona te lo hacía y por más que lo estudiaras, Barcelona iba y te lo hacía otra vez porque los jugadores eran extraordinarios. River se basaba en un funcionamiento, con ju-

gadores que empezaban a crecer a partir del funcionamiento. Y fue así. Duró lo que duró y nos fuimos reconvirtiendo, porque te lo exigía la competencia. Un equipo que se fue automáticamente reconvirtiendo cuando le fueron tomando la mano; cuando caía uno, subía el otro. Este año el pico fue así.

Nosotros nos habíamos convertido en un equipo insoportable, insoportable en serio. Porque era imposible mantenernos el ritmo. Cuando los rivales bajaban, nosotros subíamos. Nos emparejaban los primeros 45 minutos, nos hacían un partido con igual intensidad. Pero después, cuando ellos aflojaban, nosotros aumentábamos. Y eso fue lo que hizo la diferencia, lo que terminó haciendo la diferencia en muchos de los momentos decisivos".

River siempre se sintió más cómodo en los cruces directos, en los ida y vuelta. Como si ante esa situación, Gallardo y Cía. hubieran pensado: "a nuestro juego nos llamaron". "Cuando hubo una definición, el equipo siempre respondió. Se sigue sosteniendo en algo más allá de que algunos partidos nos compromete la eliminación directa. Hay algo que siempre nos respalda, más allá del incentivo que puede generar una competencia internacional, hay un respaldo detrás que te hace creer en el potencial del grupo. Así nos sostenemos".

Cuando Gallardo habla de un equipo insoportable, se refiere, entre otras cosas, a las virtudes futbolísticas que marcaron su sello desde el primer día que asumió en River: La presión alta, el convencimiento, el estilo ofensivo, un rendimiento físico para sostener la intensidad y el ritmo de juego: "Es un conjunto de todo eso, si (continúa el desarrollo de la idea el Muñeco). Nosotros detectamos que a hacia fines de octubre, por ejemplo, nos costaba hacer goles en los primeros 45 minutos, que sí podíamos convertir más en los segundos tiempos. Antes teníamos la chance de anotar en los primeros minutos y eso nos daba la posibilidad de manejar los ritmos. River marcaba en los primeros 25, 30 minutos y, a partir de ahí, nos hacíamos fuertes porque manteníamos tres posibilidades: la de seguir presionando cuando el rival tenía la pelota -y eso al adversario le provocaba un estrés mental terrible-; también estaba la alternativa de descansar porque no podemos sostener la presión todo el tiempo. Sostener una presión los noventa minutos no es normal. Ese juego nos permitía hacerlo, manejando los momentos del partido. Siempre seguimos intentando hacer lo mismo, pero se nos complica cuando no podemos marcar. Ahí el desgaste es muy grande porque vos seguís insistiendo en querer hacer la diferencia, insistís, insistís. Y después bajás el ritmo; y cuando bajás, te pegan un cachetazo. Y después, claro, la respuesta es diferente. Pero nos seguimos sosteniendo con una idea y una forma. Igual para esa idea y esa forma tenés que ser eficaz. Sino sos eficaz, se hace difícil sostenerla".

## "TENGO VARIOS SISTEMAS IDEALES"

Como si se tratara de un juego, se le propuso a Gallardo que elija el mejor esquema táctico para poder desarrollar su idea de juego. En su paso por River, teniendo en cuenta los dibujos desde el arranque, él utilizó el 4-3-1-2, 4-4-2, 3-4-1-2, 4-1-4-1, 3-3-1-3, 4-2-2-2, 4-2-3-1 y 4-3-2-1: "¿Si tuviera las características necesarias para llevarlo a cabo, cual sería mi sistema táctico ideal? Tengo varios sistemas ideales. No me encierro en uno solo. No me gusta jugar con los números y los sistemas. Lo que más me gusta es la orientación que nosotros podamos tener para atacar de diferentes maneras y también para defendernos de diferentes maneras. Por eso nunca fui un tipo que llegó y dijo: 'voy a jugar de esta manera'. No. Dije: voy a proponer una idea y mi idea va a ser con el arco de enfrente en la mira. También tengo que saber que si me atacan, tengo que saber defenderme. Nos tenemos que defender con intensidad. Prefiero defenderme lo más lejos posible de mi arquero, pero necesito jugadores muy valientes para eso, de mucho carácter y personalidad para saber que si estás a 40 metros de tu arco y te pasan, tenés que correr para atrás. Y pude tener esos jugadores. Por eso te digo que los jugadores te van marcando cuáles son las posibilidades y las variantes. Por eso no tengo un esquema predilecto".

Uno de los títulos invisibles que logró Gallardo fue que todos los futbolistas que emigraron en su ciclo se fueron siendo mejores futbolistas: "Todos los jugadores que se fueron lo hicieron

con un valor agregado. Y eso para mí es importante, me reconforta de alguna manera. Para un entrenador, saber que pudiste aportarle algo para que sean mejores futbolistas, es algo muy bueno. Siempre les digo: 'para ser un equipo funcional, lo primero es el equipo'. Porque el jugador mal interpreta esa situación. El "yoismo" está muy marcado. Pero lo que han entendido muy bien es que cuando nosotros fuimos fuertes como equipo, cuando todos jugábamos en función de equipo, ellos rindieron mejor desde lo individual, se potenciaron. Ahí las individualidades reflotaban solas y eran mucho más remarcadas. A mí me empezó a preocupar el rendimiento de River cuando se nombraba a uno solo como la figura del partido. Ahí te preocupás porque decís: 'Hoy estamos dependiendo de este jugador'. Y en otro momento vos no sabías a quién destacar porque era un conjunto de buenos futbolistas que se destacaban en su mayoría. Cuando se destaca uno solo, pasás a ser un poco dependiente. Y eso es lo que yo tengo que tratar, desde mi lugar, de que no pase".

Alguna vez Rodolfo D'Onofrio pensó en que Gallardo sea el Alex Ferguson de River. Pero, ¿es posible hacer un proyecto integral en el fútbol argentino lleno de urgencias y contratiempos? El Muñeco sostiene: "En un club como River lo podés hacer. Sacando los resultados. En un club como River, que hoy es institucionalmente un modelo a seguir, porque realmente lo que está generando a nivel de gestión es muy bueno. Y cuando vos tenés buena gestión y hay una idea, una orientación, se pueden armar las bases. Después los resultados determinan si fue exitoso o no, pero a nivel cultural-institucional no son muchos los que pueden sostener un desarrollo. De todas formas, nos falta mucho todavía. En la calidad de futbolistas, en la formación, está un poco atrás. Hoy cuesta ver buenos futbolistas en las inferiores, que se destaquen, que sean diferentes. No solo en River, pasa en todo el fútbol argentino. Es una dificultad que el fútbol argentino debe transformar porque ¿la verdad? Se está viendo poco desarrollo de buenos futbolistas. Jugadores va a haber siempre, el tema es que creo que se están quemando etapas y la formación queda un poquito de lado".

El sueño de D'Onofrio para que Gallardo sea el Ferguson de River tomó impulso luego de que el presidente ganara las elec-

ciones de diciembre de 2017 y le renovara el contrato al entrenador por cuatro años. Allí, el Muñeco le dio un nuevo envión a lo que imaginaba hace mucho tiempo: "Me siento bien. Estos tres años y medio los he vivido con mucha intensidad y pasión. Siento que he aprendido un montón. Esa experiencia es impagable. No es fácil estar a la cabeza de un club tan importante y exigente como River, y menos haber sido competitivo a través de los años, y formar grupos con jugadores que siempre me han respondido. Siento que estoy en mi mejor momento. Uno se pone a prueba constantemente, y año tras año uno analiza y se pone a pensar si está para los desafíos que vienen. Y hoy me siento pleno. Pero no soy yo solo, esto es un gran desafío con todo el cuerpo técnico y la dirigencia. Queremos ser más sólidos y dar un salto mayor de jerarquía. Estoy con mucha energía y en el momento justo, eso hace que tenga mucha fuerza".

Nadie sabe cómo continuará la historia de Gallardo en River y, menos, su carrera como entrenador. Se le ve un gran potencial y, sobre todo, convencimiento. Él, mientras tanto, no sueña mucho más allá del próximo paso: "Lo más importante es dejar algo, que el día de mañana te recuerden y te reconozcan por lo que dejaste, no solamente por lo que ganaste".

# Mejor racha invicta en la historia de River Plate (32 partidos)

River completó la mejor racha sin derrotas en partidos oficiales de su historia (32), logrando 21 victorias y 11 empates. De esos 32 encuentros, 17 fueron por Superliga, 10 por Copa Libertadores, cuatro por Copa Argentina y uno por Supercopa.

| Competición | Partidos | Victorias | Empates | Goles a favor | Goles en contra |
|---|---|---|---|---|---|
| Superliga | 17 | 11 | 6 | 31 | 6 |
| Copa Libertadores | 10 | 5 | 5 | 12 | 4 |
| Copa Argentina | 4 | 4 | 0 | 15 | 2 |
| Supercopa | 1 | 1 | 0 | 2 | 0 |
| TOTAL: | 32 | 21 | 11 | 60 | 12 |

- En estos 32 partidos, River anotó 60 goles y recibió solo 12, permitiendo más de un gol en solo el primero de esos encuentros (2-2 ante Flamengo).
- El rival al que más veces enfrentó fue Racing Club, logrando una victoria y un empate en Copa Libertadores, y una victoria en Superliga.
- La victoria más abultada fue por 7-0 ante Central Norte, por Copa Argentina.
- De esos 32 juegos, 14 fueron como visitante (8V 6E), 13 como local (8V 5E) y cinco en cancha neutral (5V).
- En el 65% de esos partidos mantuvo su valla invicta (21/32).

Con esta serie de resultados, logró avanzar hasta semifinales de Copa Libertadores, semifinales de Copa Argentina, ganó la Supercopa ante Boca Juniors y al momento se encuentra entre los primeros siete puestos de la actual Superliga.

# SOBRE EL AUTOR

Christian Leblebidjian es director técnico y periodista del diario *La Nación*. Trabajó para varios cuerpos técnicos de la Primera División y en el Nacional B en el fútbol argentino, dirigió a Pura FT2 en el torneo interno de la Universidad de Buenos Aires (UBA) en 2009-2010 y Peyote (desde 2016); también a la Facultad de Ciencias Exactas (2014-2015). Trabaja en *La Nación* desde 1995 y entre sus coberturas se destacan la Copa América de Paraguay 1999, la Copa Intercontinental de 2000, 2001, 2003 y la Recopa Sudamericana de 2004. Cubrió también al seleccionado sub-20 en el Mundial de Canadá 2007; viajó a Pekín en 2008 para los Juegos Olímpicos y estuvo en los Mundiales de Sudáfrica 2010 y Brasil 2014. También trabajó en *Radio Argentina* y *Radio El Mundo*.

www.ingramcontent.com/pod-product-compliance
Ingram Content Group UK Ltd.
Pitfield, Milton Keynes, MK11 3LW, UK
UKHW021831270726
14058UKWH00001B/91

9 789873 979057